地底城市

地底城市
Underground Cities
你不知道的神秘空間、奇景、交通網絡與指揮總部
Mapping the Tunnels, Transits and Networks Underneath Our Feet

作者：馬克·歐文登（Mark Ovenden）

插圖：羅伯·布蘭特（Robert Brandt）

地圖：羅弗·強斯（Lovell Johns）

譯者：楊詠翔、吳琪仁

內文與封面構成：賴姵伶

行銷：劉妍伶

編輯：陳希林

發行人：王榮文

出版發行：遠流出版事業股份有限公司

地址：臺北市南昌路2段81號6樓

客服電話：02-2392-6899

傳真：02-2392-6658

郵 撥：0189456-1

著作權顧問：蕭雄淋律師

2021年03月01日　初版一刷

定價新台幣　499 元

遠流博識網　http://www.ylib.com

E-mail: ylib@ylib.com

如有缺頁或破損，請寄回更換

First published in 2020 by Frances Lincoln Publishing,
an imprint of The Quarto Group.
The Old Brewery, 6 Blundell Street
London, N7 9BH,
United Kingdom
T (0)20 7700 6700
www.QuartoKnows.com
Text © 2020 Mark Ovenden
Illustrations © 2020 Robert Brandt
Map Illustrations by Lovell Johns

遠流出版公司

地底城市：你不知道的神秘空間、奇景、交通網絡與指揮總部/ 馬克.歐文登(Mark Ovenden)著；楊詠翔, 吳琪仁譯. -- 初版. -- 臺北市：遠流, 2021.03
面；　公分
譯自：Underground cities : mapping the tunnels, transits and networks underneath our feet
ISBN 978-957-32-8851-0(平裝)
1.都市地理學
545.1　　109011149

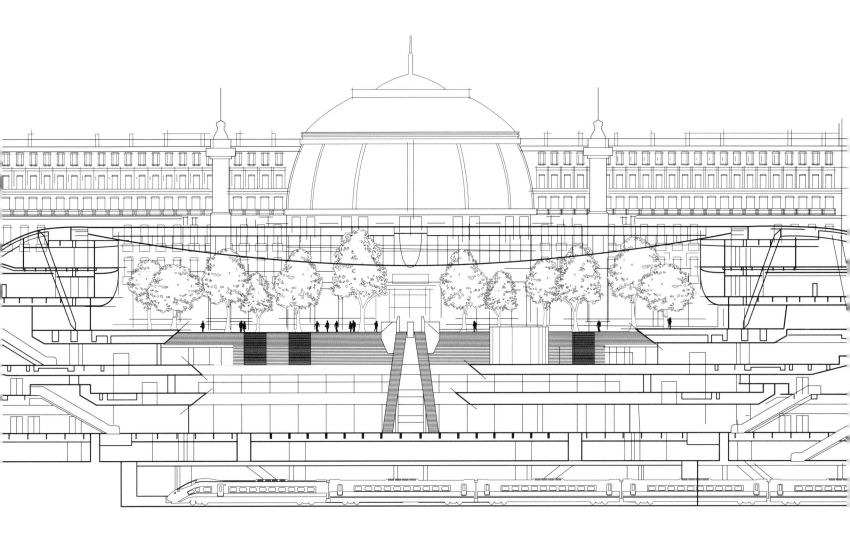

地底城市
Underground Cities

你不知道的神秘空間、奇景、交通網絡與指揮總部

Mapping the Tunnels, Transits and Networks Underneath Our Feet

馬克·歐文登　著　**Mark Ovenden**

楊詠翔、吳琪仁　譯

從國際換日線當作起點，朝西展開環球之旅，看看這32個城市如何巧妙運用它們的地底空間吧。

前言 6

北美洲與南美洲

洛杉磯 10
為路面電車打造的城市

墨西哥市 18
乾涸湖床上興起的都市

芝加哥 26
高架之城

辛辛那提 36
幻滅的地鐵夢

多倫多 38
風雨無阻購物趣

蒙特婁 46
雙語地下室

紐約 54
寰宇首善之都

波士頓 64
始於茶黨

布宜諾斯艾利斯 72
高壓與抗壓

歐洲

直布羅陀 80
迷之岩

馬德里 82
迷宮與地鐵

利物浦 86
首創地鐵隧道

曼徹斯特 90
先行者的白日夢

倫敦 94
站在羅馬的肩膀上

巴塞隆納 104
事先規劃的城市

巴黎 112
歐洲的瑞士起司

鹿特丹 122
力阻怒海

阿姆斯特丹 126
隱藏在運河之下

Contents

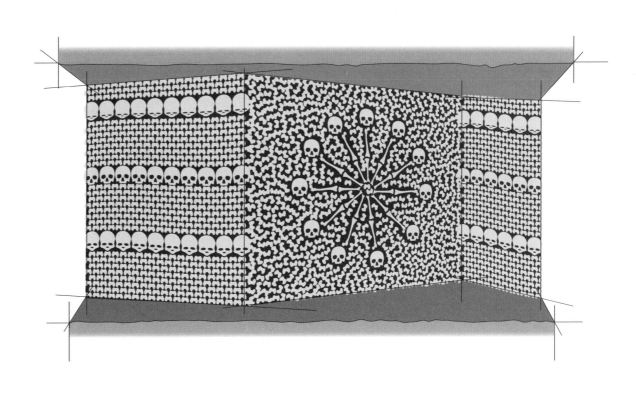

馬賽 132
隧道鋪出來的海灘

米蘭 134
地窖與遺跡

奧斯陸 .138
天賜良機

羅馬 142
屋頂變地基

慕尼黑 .150
從瓦礫中重生

柏林 152
分裂後的癒合

布達佩斯 160
地下溫泉

斯德哥爾摩 168
愛上隧道

赫爾辛基 176
防護整座城市

莫斯科 .182
神秘的地底世界

亞洲與大洋洲

孟買 194
七島之城

北京 196
一磚一瓦

東京 200
超級大都會底下相見

雪梨 208
此路不通

前言

在21世紀的今天走在全球大部份的城市裡，我們腳下踩著的那片地，恐怕不是只有人行道而已。假如我們能夠把腳下的土地一層一層剝開，看見的除了鼴鼠或各式地底怪蟲之外，還會有一大堆令人目眩神迷的纜線導管、公共事業的地底管道、排水設施、墓穴、地窖、水井、地道、捷運或地鐵、許多古老建築的地基等等。特別是那些比較有歷史的城市，可以說真的是「站在」昔日文明巨人的肩膀上。

為什麼人類社會一直要在古老的建築結構上面，一層又一層的興建新的建築物呢？那些被壓在底下的古舊建築遺跡，後來到哪裡去了？一個羅馬聚落，或一個史前聚落的遺址，到底還剩下多少存留在今日的摩登大都市底下呢？一條新的地底捷運路線施工過程中，打穿了城市的地下，此時又會找到什麼呢？自幼我就想知道這些問題的答案——1960到1970年代，我那位充滿研究精神又喜歡在廢棄的鐵道、荒蕪的運河旁一直散步的父親，老是拉著不情願的我，在凋敝的英國工業廢墟裡到處走。

後來我們搬家了，從我生長的大城市搬到一個鄉下小村。剛搬過去不久，新學校的老師就要求同學們寫作一首四行詩。我的創作詩是這樣的：

再次來到倫敦城
盎然綠地不見蹤
新房竄起舊房去
建案何年才完工

詩裡雖然看不出文學才華，卻可看出我因為都市不斷的更新，而很想要探究為什麼都會區域永遠處於更新變化的過程中。人類活動遺跡之所以會出土，最大的兩個原因應該就是公共交通系統的興建與新建物的地基工程。像我這樣的交通系統粉絲自然很想要知道，在捷運工程的地下連續壁背後，到底埋藏了什麼。

我大半輩子都在蒐集那些壽命短暫的交通事業紀念物：地圖、手冊、照片等。1990年代我有幸加入音樂產業，而有了大量出國機會，因此我的收藏品中又多了不少來自世界各國的東西。有些朋友到了遙遠的異國，也會幫我索討紀念

品，例如墨西哥市或東京地鐵路線圖。我看著這些藏品，心中不免會想，為什麼沒有人寫本書，把所有的這些東西一起呈現出來。這個想法後來變成我的第一本書，於2003年出版的《世界各國地鐵路線圖》。上市後的盛況跌破大家眼鏡，該書版權也被大公司買走，推出了好幾種語言的國際版，還逐年更新內容。該書在市場上成功後，我也搬到法國專門研究巴黎地鐵系統，然後我又搬回倫敦，及時配合倫敦地鐵150週年慶，於2013年推出了一本關於倫敦地鐵系統的專書。我的這些興趣嗜好及知識，不斷驅策著我展開更多的都會調查研究，而《地底城市》這本書的初衷也因此誕生：除了我熟悉的地鐵之外，更涵蓋了地底一切形式的過去人類建築結構遺跡。

在為本書內容進行調查研究時，陸續出現了更多令人訝異的資料。例如在赫爾辛基市底下挖鑿出來的巨大空間，原本是冷戰興建的國民避難處所。結果這個避難空間多年來持續擴大，不斷維護，現在已經成為這個美麗城市的另一處工作空間了。另一方面，加拿大的蒙特婁、多倫多等城市的購物中心底下，則有著規模龐大、錯綜複雜又彼此相互連結的行人通道系統。當然，我也聽過「莫斯科現有地鐵系統底下，還存在一個『深層軍用地鐵系統』」這種傳言，不過我倒是後來才瞭解，莫斯科市底下有些秘密地堡的規模是多麼的巨大。以上種種，都會在本書裡出現。

書中由藝術家羅伯・布蘭特（Robert Brandt）繪製的插畫，更為本書的內容增色。布蘭特的風格清晰，讓閱讀者更容易理解書中提到的地底空間是怎麼回事。我也要感謝洛威・強斯（Lovell Johns）及克萊兒・華妮（Clare Varney）所繪製的精美地圖。

要如何安排本書各章節當中的城市出現順序，確實煞費苦心。我們可以依照人口數量來排序，可以依照英文字母順序，但最後為了公平起見，我們決定從國際換日線為起點，朝西環繞地球依序排列這些城市。

本書提到的地底空間用途各異，有的是地下游泳池，也有神秘的控制中心。各種不同的用途，應當會激發讀者們持續思考：到底我們腳下所踩的這片土地，其下會存在著什麼呢？不管你是想要出國旅遊，因而研讀本書記載的各個城市，還是只想當個在家的探險者，我都希望你能像我一樣，體會到我們地底世界的神奇。下一次你走在都市的街道上，你對於「未知世界」的想像力將會激增。

北美洲
及南美洲

圖為1906年的明信片，可見布魯克林—曼哈頓運輸公司（BMT）
的地鐵以及布魯克林大橋終點站（Brooklyn Bridge Terminal）。

洛杉磯

為路面電車打造的城市

洛杉磯市位於美國加洲太平洋濱，是世上規模最大的都市之一，人口超過四百萬，整個大都會區人口則超過一千兩百萬。即便現今此地的高速公路與塞車惡名昭彰，出乎意料之外的是，洛杉磯其實曾抱有建設大眾運輸系統的雄心壯志。

現代的洛杉磯簡稱LA，都會區坐落於聖塔莫尼卡山（Santa Monica）及聖蓋博山（San Gabriel）下廣闊的平原地區。西元前五千至三千年就有原住民居住於此，西班牙探險家則是在1542年首次抵達，兩百年後又再度回到此地，據說當時已有五千名蓋博里諾族（Gabrielino）居住在現在的洛杉磯盆地。1781年，四十四名殖民者建立了「聖母天使之后鎮」（Town of Our Lady the Queen of the Angels），雖然號稱是座小鎮，實際上卻只比小型農場大不了多少。到了1820年，小鎮的人口已經來到六百五十人，並受墨西哥統治至1847年。南太平洋鐵路（Southern Pacific）於1867年通車後，洛杉磯有了車站，聖塔菲鐵路（Santa Fe）也在一八八五年延伸至此，洛杉磯接著在1892年發現石油，到了1900年，人口便已超過十萬大關。

洛杉磯的半乾燥氣候

雖然洛杉磯不像一般傳說中的那麼乾燥，但在十九世紀末期，洛杉磯盆地的雨量仍不足以供應居民的飲用水，於是興建了「洛杉磯輸水道」，透過長達六十公里的水道，加上七十公里長的暗渠以及一百五十六公里長的成排明渠，從北方的歐文谷（Owen Valley）輸水。這項浩大的工程於1905年展開，1913年才宣告完工。工程的成效非常好，連帶使得附近同樣缺水的村莊及城鎮，例如好萊塢等，都宣布要加入洛杉磯，以從中獲益。但這也造成水資源的消耗超出原先預期，導致整個工程接下來必須不斷擴建，包括1930年的莫諾盆地（Mono Basin）擴建，以及1956年的二號輸水道（Second Aqueduct）等。現今的輸水道則是遠自內華達州界處，輸水至加州的洛杉磯。

而八十二公里長的洛杉磯河，則是從城市後方的山脈帶來融雪及雨水。1930年代中期，洛杉磯河經常氾濫，迫使市政府請託美國陸軍工兵部隊改正河道，在四周築起寬闊的混凝土堤防。洛杉磯河空曠的堤防，又稱「水的高速公路」，曾是無數電影及影集取景的地方，包括〈火爆浪子〉（Grease）及〈魔鬼終結者2〉（Terminator 2）等。今日的洛杉磯市政府正和知名的建築師如法蘭克・蓋瑞（Frank Gehry）等人攜手合作，將混凝土堤防改成天然植被的露台，希望讓洛杉磯擁有更環保的樣貌，以便角逐2028年的奧運主辦權。

電車與地鐵

聖塔克拉拉（Santa Clara）地區最初的街道網路，是由西班牙人的都市計畫發展而來，呈現方格狀，擁有開敞的中央廣場。這種風格延續下來，意外地對洛城第一個大眾運輸系統，也

上左： 洛杉磯輸水道從距離都會很遠的地方取水，輸送至都市裡。

上右： 太平洋電車公司隧道一隅，隧道通往一九二五年啟用的地鐵終點站大樓，每日平均運量達六萬五千人次，本圖大約於一九四五年前後拍攝，大樓則於一九五五年停用。

就是1873年開始的拓荒者公共馬車公司（Pioneer Omnibus Street Line），帶來重大的助益。不過，因為道路的路面實在太差，因此拓荒者公共馬車公司自第二年起就把載客路線改至春天街（Spring Street）與第六街（Sixth Street）。公共馬車系統可以載客橫越城市，帶來了便利，也促進了鄰近地區的地產買賣，因而在1876年，東洛杉磯一帶（現今的林肯高地Lincoln Heights和鮑伊高地Boyle Heights）也隨著新路線的開通，成為洛杉磯的第一個郊區。不過這時的大眾運輸系統，仍然是靠馬兒的力量驅動。1877年，另一間洛杉磯及艾利索大道公共馬車公司（Los Angeles and Aliso Avenue Street Passenger Railway）也展開了通往鮑伊高地的路線。郊區——由公共運輸路線帶動發展——自此蓬勃發展，完全將過往人跡罕至、林木蓊鬱的區域，轉變成我們熟悉的現代都市。

1880年代出現了新科技，大眾運輸系統也進入了新動力時代。1885年，第二街纜線運輸公司（Second Street Cable Railway）在地底挖了一條壕溝，埋入纜線，透過纜線往上拉，使得交通工具可以輕易爬上邦克丘（Bunker Hill）陡峭的斜坡，這是馬車無法做到的。因為技術的突破，也促使地形陡峭的洛杉磯西部發展成新的郊區。1887年，電力時代正式到來，洛城隨處可見高架電線。末代的公共馬車運輸，由主街及農業公園公共馬車公司（Main Street and Agricultural Park Street Railroad）提供，僅再撐了十年，就被淘汰了。

當時在洛杉磯及鄰近地區，掌控窄軌路面電車的公司叫做洛杉磯鐵路公司（Los Angeles Railway），簡稱LARy，也稱黃色電車公司（Yellow Cars），後來改稱洛杉磯交通公司（Los Angeles Transit Lines）。該公司是地產大亨亨利·E·杭亭頓（Henry E. Huntington）於1901年併購了幾家公司後設立，他將其他公司的路線和自己原有的合併，使他手中掌握的路線來

11

到二十五條，每條路線都生意興隆，獨家標誌就是漆成黃色的路面電車。

杭亭頓深知，雖然黃色電車非常適合市中心的大眾運輸，但要連接洛杉磯盆地內蓬勃發展的郊區，勢必需要更龐大的系統。於是在1901年，他成立了太平洋電車公司（Pacific Electric Railway Company），合併其他小型或較為偏遠的公司的運輸路線，並用新軌道連接這些路線。新軌道全部採用標準軌距，如此便能發展更大型的都市運輸網路。太平洋電車公司亮紅色的路面電車，很快就以「紅色電車」之名風行。1911年，野心勃勃的併購政策發展到最高點，因而產生了「新太平洋電車公司」。到了1920年代，該公司已是世界上最大的電車公司，軌道總長度超過一千六百公里，紅色電車的身影，遍布整個南加州地區，加州都會區的骨幹，也因而誕生。

新太平洋電車公司的事業發展極為迅速，各項服務遍及偏遠地區及洛杉磯市中心，公司高層不惜耗資數百萬美元興建地鐵終點站大樓（Subway Terminal Building），各條路線透過長長的隧道交會於此。大樓於1925年啟用，貝爾蒙特隧道（Belmont Tunnel）是當時洛城第一條地下隧道，能縮短市區到偏遠郊區的車程大約十五分鐘。雖然大樓現存的部分不多，但在希爾街（Hill Street）下方一度擁有六個月台，電車能夠從此處的雙軌隧道一路往西行駛將近兩公里，直至格蘭代爾大道（Glendale Boulevard）的入口，這條路線隨後就以「好萊塢地鐵」（Hollywood Subway）聞名。洛杉磯的電車系統雖已在1960年代關閉，但巨大的地底空間在冷戰時代獲得新生命，成為核子避難所。

汽車的崛起

或許是受到好萊塢地鐵的啟發，洛杉磯市政府及郡政府也產生了自己的狂想，那就是1925年的綜合高速公路交通計畫（Comprehensive Rapid Transit Plan）。該計畫預計建設類似波士頓及芝加哥的高架高速公路，同時也透過隧道和市中心及鄰近地區接壤。在郊區部分，該計畫預計接管某些重要的太平洋電車公司路線，加以拓寬並「立體化」，以達電車及汽車分流。當時至少有四條應該「即刻開工」的路線後來從未付諸實踐。二戰結束後，該計畫又重新提出，規模也縮減不少，但最後針對地底建設的建議，僅有重新規劃好萊塢地鐵，以及在百老匯大街地底增設一段距離相當短的隧道。不過，這些構想也從未實現。在1930年代，路面電車和私有汽車交織造成的交通堵塞，已經到達引爆點。南加州汽車協會（Automobile Club of Southern California）呼籲政府興建高架高速公路，並以公車取代電車。可是市政府在規劃高速公路時，依舊在雙向車道的中間預留一塊中央區域，寬度足夠舖設

雙軌，本意是讓軌道車輛使用。後來私家汽車越來越多，地面電車的服務才逐漸衰退。1950年代初期，為了興建嶄新的大型高速公路，充滿爭議的土地收購大行其道，而紅色電車提供的大型都市運輸網路，和密集的在地黃色電車服務，也絕大部份遭到廢棄，剩下的電車路線則由全國城市運輸公司（National City Lines）收購。後來證實，該公司是由通用汽車的高層資助，目的是要摧毀路面電車產業，以強迫人們購買自用汽車。這樁「美國電車大陰謀」（Great American Streetcar Scandal），日後成了1988年電影《威探闖通關》（Who Framed Roger Rabbit）的靈感來源。

洛杉磯捷運系統

雖然先前建造地下隧道的計畫並不成功，洛城依然持續開挖地底隧道。1954年，洛杉磯都會區交通運輸局（Los Angeles Metropolitan Transit Authority）提出建造單軌運輸的構想，這段路線預計從全景市（Panorama City）延伸到長灘（Long Beach），還有一條地鐵從市中心的希爾街下方貫穿而過。但到了1960年，除了完成一些基礎測試之外，幾乎沒有任何成果。後來出現了新的東西向計畫，納入高架構想，包含一條從威爾夏大道（Wilshire Boulevard）底下經過，通往世紀市（Century City）的長隧道，以及從聖伯納迪諾高速公路（San Bernardino Freeway）上方通過的高架路段。新計畫雖然建造出一條「骨幹路線」，但隨著時間過去，開工仍然遙遙無期。其他構想也陸續出現，像是1968年的「五線系統」。這些想法，雖然在當時沒有順利落實，但看起來和現今洛杉磯的捷運網路仍非常類似。

情況不能一直這樣空轉，1970年代中期，洛杉磯已迫切需要大眾運輸系統，市政府討論了許多提案，以便替這座幾乎快被廢氣嗆死、天空一片灰濛濛、汽車上癮的城市，建造完善的捷運系統。最後，在1980年，選民終於投票同意開徵稅收，以供應建造洛杉磯捷運系統的資金。

經過數年的設計，洛杉磯捷運系統於1985年動工，藍線於1990年6月正式啟用。藍線在地底的部分較少，為的是方便和紅線交會。紅線則於1993年完成，大部分都位於隧道中。至於絕大多數路段皆為高架的綠線，則是在1995年啟用。洛杉磯捷運的某些車站，堪稱是擁有精美裝飾的地底教堂，例如好萊塢─藤街站（Hollywood/Vine）等。

邦克丘

1970年代的洛杉磯市區自動導引捷運系統（LA Downtown People Mover），目標是要建造一條二點五公里長、設有四個車站的運輸路線，其中一個車站位於地

底隧道之中，介於花街（Flower Street）和希爾街之間，地面則是靠近第三街和奧利佛街（Olive Street）附近。雷根政府在1981年暫停這個計畫時，隧道其實已經開挖，一小段沿著第三街的區域留存至今。如果邦克丘隧道順利完工，那麼就能連接當時已經開始興建的洛杉磯捷運系統。

邦克丘附近的區域中，有不少隧道至今仍然對公眾開放，據信這些隧道是在二十世紀初期陸續完工，主要連接該區域的政府機關，雖然裝飾相當簡陋，這些隧道仍和著名的芝加哥地下通道（Chicago Pedway）一樣，呈現了當時政府秘密通道的樣貌。

未來洛城

洛杉磯目前有許多新計畫正在進行，包括新的地底車站、路段，以及規劃中的新轉運站等，轉運站將會連結數條路線。邦克丘地區也終於擁有自己的新捷運站。

此刻洛杉磯擁有兩個都會軌道運輸擴展計畫，完全扭轉了自己的交通前途，這也是任何大城市罕見的。特斯拉公司創辦人，億萬富翁伊隆・馬斯克（Elon Musk）的「無聊公司」（Boring Company）先前已著手研發驚人的超迴路列車（Hyperloop），這個超高速的運輸系統，能夠把車廂裡的乘客快速載到遠處，日前又宣布將投入以洛杉磯週邊地區為主、速度較慢的運輸網路計畫。而用來測試的第一條路線，將會是和四〇五號高速公路平行的十點五公里「隧道」。另外，該公司也已向政府申請其他幾條路線的許可。

下圖：洛杉磯捷運系統中最美麗，裝飾最具創意的捷運站：紅線的好萊塢—高地站（Hollywood/Highland）。該站於二〇〇〇年啟用，設計師雪莉雅・克萊恩（Sheila Klein）將其稱為「地下女孩」（Underground Girl）。

0

貝爾蒙特隧道

-10   無聊公司測試用隧道

-20

捷運紫線延伸部分

-30

最深的轉運站：洛杉磯主大道藝術
中心—邦克丘站（Grand Av Arts/
Bunker Hill Station）

-40   轉運站隧道最深處

-50

-60

-70

-80

-90

-100

好萊塢─藤街站及無聊公司的測試用隧道

談到對洛杉磯的印象，人們通常不會提及它的地底奇景。
洛杉磯的地底建設確實也是晚近才開始發展，但最近幾年
越來越豐富。1925年的地鐵終點站在當時算是個突破，使
用期間跟壽命卻相當短，原因或許是加州人偏好私家車，
使得洛杉磯花了很長時間，才發展出健全的捷運系統。但
當一切於1990年代大功告成時，光是建築風格及設計，就
讓漫長的等待值回票價，自此洛杉磯的地底建設，也越發
蓬勃發展。

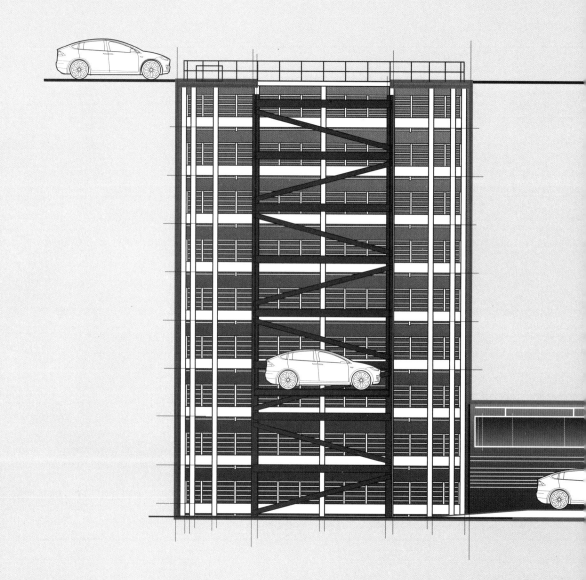

左：好萊塢—藤街站的裝飾，和其他數座B線（又稱紅線）的捷運車站同為捷運站的典範。洛城藝術家，別名麻古（Magu）的吉爾伯·魯漢（Gilbert Luján）選擇光線作為主題，搭配週邊的電影工業，試圖在設計中呈現電影放映機的光線、南加州的陽光、好萊塢群星的風貌等三種光芒。這座車站擁有兩部派拉蒙電影公司的古董電影放映機，屋頂則以空膠捲盒組成。在這幅設計師構想圖中，柱子是棕櫚樹，「黃磚路」則帶領乘客回到地表。

下：特斯拉創辦人馬斯克，除了提出「超迴路列車」的想法（把磁浮車廂放在真空密閉管線中，以音速發射，可快速橫越寬廣的距離），最近也正在醞釀另一個速度較慢的計畫。馬斯克二〇一七年創辦了無聊公司，屬於SpaceX的子公司，隔年就於加州霍桑市（Hawthrone）開闢了一條數公里的測試用隧道，將汽車放在金屬「溜冰鞋」或雪橇中輸送，時速最高可達一百六十公里，人車可透過電梯抵達隧道。如果測試順利，這條隧道還能直接延伸到西木區（Westwood）。而另一條連接洛杉磯國際機場及庫佛市（Culver City）的隧道，則是能將漫長的四十五分鐘地上路程，縮短成僅需五分鐘的地下旅程。

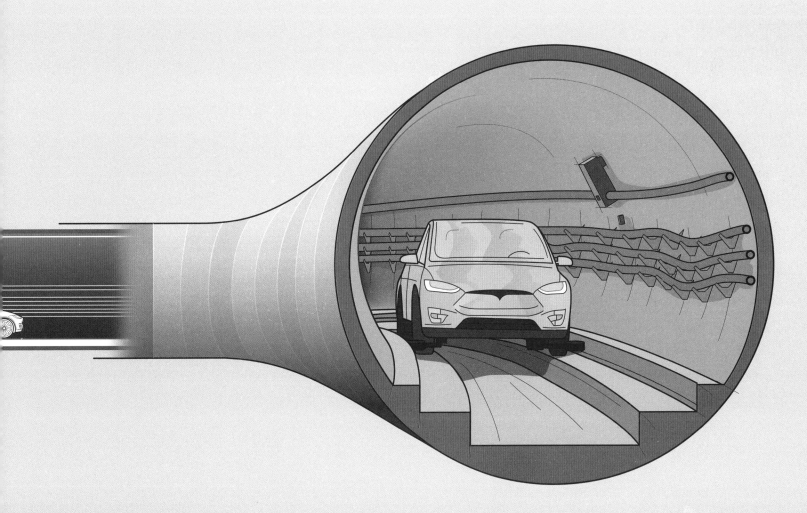

Verdugo Mountains

Los Angeles River

Griffith Park

Griffith Observatory

Hollywood Sign

Lake Hollywood Park

Hollywood Bowl

Walk of Fame

Franklin Canyon Park

Stone Canyon Reservoir

Los Angeles Country Club

The Getty

Red Line
North Hollywood

Sherman Oaks

Universal City

Westwood/ VA Hospital

Westwood/ UCLA

Purple Line

Westwood/ Rancho Park

West LA

Expo/ Bundy

Expo/ Sepulveda

26th St/ Bergamot

17th St /SMC

Downtown Santa Monica

Santa Monica

Santa Monica Pier

Expo Line

Century City/ Constellation

Wilshire/ Rodeo

Wilshire/ La Cienega

Wilshire/ Fairfax

Wilshire/ La Brea

Hollywood/ Highland

Hollywood/ Vine

Hollywood/ Western

Vermont/ Sunset

Vermont/ Santa Monica

Vermont/ Beverly

Echo Park/ Silver Lake

Dodger Stadium

Wilshire/ Vermont

Wilshire/ Western

Wilshire/ Normandie

Wilshire/ MacArthur

Belmont Tunnels

Bunker Hill

Hollywood Forever Cemetery

Palms

Culver City

Culver City

La Cienega/ Jefferson

Farmdale

Expo/ La Brea

Expo/ Crenshaw

Expo/ Western

Expo/ Vermont

Expo Park/ USC

Jefferson/USC

USC/ Coliseum

LATTC/Ortho Institute

Grand Av Arts/ Bunker Hill

Convention Center/ Staples Center

7th St/Metro Center

Pico

Grand/LATTC

Pershing Square

Civic Centre

Union Station

Chinatown

Little Tokyo/Arts District

1st/ Central

Hollywood Subway Terminal Building

Pico/ Aliso

Mariachi Plaza

Soto

San Pedro

Washington

Vernon

Gold Line

Gold Line

Southwest Museum

Heritage Square

Lincoln /Cypress

Crenshaw/ MKL

Leimert Park

Crenshaw/Vernon

Crenshaw/LAX line

Kenneth Hahn State Recreational Area

Wardlow

Los Angeles River

Long Beach

Compton

Artesia

Slauson

Florence

Firestone

103rd St/Watts Towers
Watts Towers

Willowbrook/
Rosa Parks

Del Amo

Blue Line

Carson

Avalon

Vermont/
Athens

Harbor
Frwy

South LA

Florence/West

Crenshaw

Hawthorne

Torrance

Crenshaw/
Slauson

Florence/La Brea

Florence/Hindry

LA Stadium

Hawthorne/
Lennox

Lawndale

Alondra
Park

Inglewood Park
Cemetery

Inglewood

Aviation/Century

Aviation/
LAX

Redondo Beach

Green Line

LAX

Mariposa

El Segundo

Douglas

Los Angeles
International Airport

South Bay

Venice/
Marina

Marina
del Rey

Ballona Creek

Venice Beach
Boardwalk

太平洋

捷運路線及月台（含高架及地下）
建造中的捷運路線（含高架及地下）
無聊公司隧道系統（預定）
下水道
鐵路

重要捷運站

過去的運輸隧道

公尺 5000
哩 5000
0

墨西哥市

乾涸湖床上興起的都市

墨西哥市是美洲大陸最古老的首都，於1325年由阿茲特克人建立，當時稱為塔諾奇提蘭（Tenochtitlan）。它位於墨西哥中央的高原上，現擁有近九百萬人口，周遭都會區的人口則超過一千兩百萬，為北美所有都會區之冠。2016年，原先的「墨西哥聯邦特區」在行政層級上升為墨西哥市，簡稱CDMX，使得墨西哥市的自治權，等同於墨西哥境內其他州級行政區。

墨西哥市的範圍一直以來都非常大，在阿茲特克統治時期就是如此。西班牙人於1519年抵達時，當時城市建在特斯科科湖（Lake Texcoco）中的島上，據說就已有二十萬人居住在週邊地區。西班牙殖民者隨後展開圍城，最終夷平整座城市，但探險隊隊長科提斯（Hernán Cortés）了解此處戰略位置相當重要，因而在原址建立了現代的墨西哥市。墨西哥市以憲法廣場為中心，當地人則稱為索卡洛（Zócalo），意為「柱基」，名稱來自原先要在此建造的墨西哥獨立紀念柱，但最終卻只完成基座。

西班牙征服者試圖將墨西哥市打造為其在南美帝國的首都，因此建造了數以百計的壯觀殖民式建築，包括多座宮殿等，一直持續至十九世紀，其中某些宮殿還擁有神秘的地下通道。

環繞墨西哥市的特斯科科湖以前深達一百五十公尺，但從冰河時期開始便逐漸乾涸，阿茲特克人則運用水壩及堤防調節湖水。十七世紀初期經歷了幾場洪水後，新來的西班牙殖民者則

透過興建長達十二公里、通往帕努科河（Pánuco River）的水道及地底隧道，完全將湖水抽乾。然而，這依然無法阻止定期氾濫。因此到了1960年代，終於決定興建現代抽水系統，由數百公里長的隧道組成，深度則介於三十公尺到兩百五十公尺之間。但此舉卻帶來長期的負面影響，包括缺水、村莊半乾燥化、地震造成的土壤液化等，而且在過去一百年間，地層就下陷了十公尺。

廢水處理

由於墨西哥市人口眾多，處理廢水成了一大問題。2008年，墨西哥國家水利委員會（National Water Commission，又稱Conagua）展開了一項巨型計畫，開始興建一條極為寬廣的隧道來排放廢水。按照原定計畫，六十二公里長的東部廢水道（Tunel Emisor Oriente，簡稱TEO），預計用四年興建，預算是一百一十億墨西哥披索。結果直到2014年才完工，比預定時間多花了兩年，預算也多出四十億披索。話雖如此，這條深度達兩百公尺，每秒運輸量高達一百五十立方公尺的廢水道，應該值得墨西哥人付出的耐心及金錢。

早期的都市運輸

十九世紀，墨西哥市快速擴張，為了舒緩人口運輸的壓力，公共馬車於1858年開張，提供憲法廣場到塔古巴雅區（Tacubaya）的載客服務。該年稍後，通往瓜達露佩村（Villa

上：備受爭議的東部廢水道直徑達八點七公尺，位於墨西哥市地底兩百公尺處，總計花了六年才完工。

Guadalupe）的鐵路也正式通車。上述兩種運輸方式繼續各自發展，到了1890年，聯邦特區運輸公司（Compañía de Ferrocarriles del Distrito Federal）已擁有六百輛獸力車，三千隻騾子，路線總長度達兩百公里。接下來的十年間，有些路線逐步電氣化，並於1901年由墨西哥電車公司（Compañía de Tranvías Eléctricos de México）接管。此後五十年，電車成了城市居民主要的交通工具。隨著1960年代汽車開始宰制市場，電車產業開始衰退，到了1976年，原先蓬勃發展的電車網路僅剩三條路線，總長一百五十六公里。往返索奇米爾科（Xochimilco）與塔斯卡那（Tasqueña）的最後一條電車路線，則是在1986年至1988年間，遭現代輕軌取代。

都市運輸地下化

過去數十年間，已出現一些市內運輸的相關想法，但一直到1960年代，汽車交通阻塞的情況嚴重到難以忍受時，才由公共工程聯盟

（Ingenieros Civiles Asociados，簡稱ICA）建設公司的創辦人伯納度‧琴塔那（Bernardo Quintana），提出計畫，該案後來成為墨西哥市捷運。這項宏觀的計畫，預計建設三條路線組成的路網，於1967年獲得採用，稱為「大師計畫」。第一條路線以破紀錄的速度興建，每個月大約建造一公里，因此總長十二點七公里，包含十六個車站的路線，在1969年就已完成。這條路線採用法國的膠輪捷運技術，提供往返起義區（Insurgentes）及薩拉戈薩區（Zaragoza）的服務。

1972年，交通網路經過數次擴張，車站數量達四十八站，路線總距離超過四十一公里。到了1985年，最初計劃的三條路線，已發展達到現今的規模，另新增了第六線和第七線。墨西哥市捷運目前是北美第二大的捷運系統，僅次於紐約，擁有將近兩百個車站，其中有一百一十五個位於地底，深達三十五公尺，年運量超過十六億人次。

0

墨西哥城主教座堂下方的
阿茲特克遺址

10

20

30

聖塔菲公園

捷運隧道最深處

40

50

60

下水道

70

80

90

100

200　東部廢水道

250

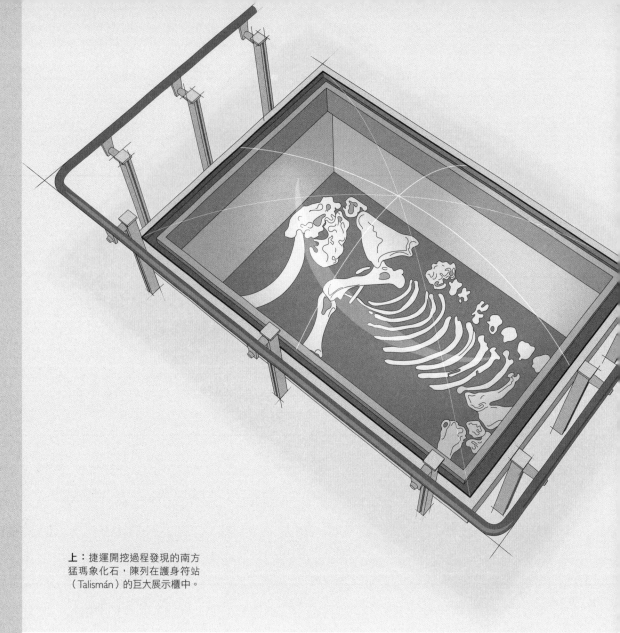

上：捷運開挖過程發現的南方
猛瑪象化石，陳列在護身符站
（Talismán）的巨大展示櫃中。

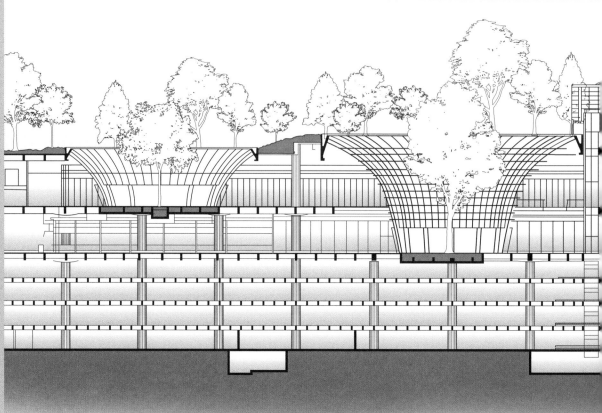

護身符站的猛瑪象化石與聖塔菲公園

墨西哥常常發生地震，地層極不穩定，但這樣並沒有澆熄墨西哥人開鑿首都地底的決心。墨西哥市捷運於1969年才通車，晚了紐約捷運將近七十年，現在已成為北美第二大的捷運系統，總計有一百九十五個車站，其中一百一十五個完全位於地底。因此隨著捷運興建，考古發現也陸續出土。在捷運一號線的開挖過程中，曾發現阿茲特克神像以及猛瑪象化石。近年有關地底建設的提案也如雨後春筍般出現，而在這些天馬行空的提案中，最具代表性的非「聖塔菲公園購物中心」（Garden Santa Fe）莫屬。

下：2014年開幕的聖塔菲公園購物中心位於中央商業區，由KMD建築公司設計。從四周的摩天大樓往下望，這座購物中心看起來就像一艘來自未來的太空船。

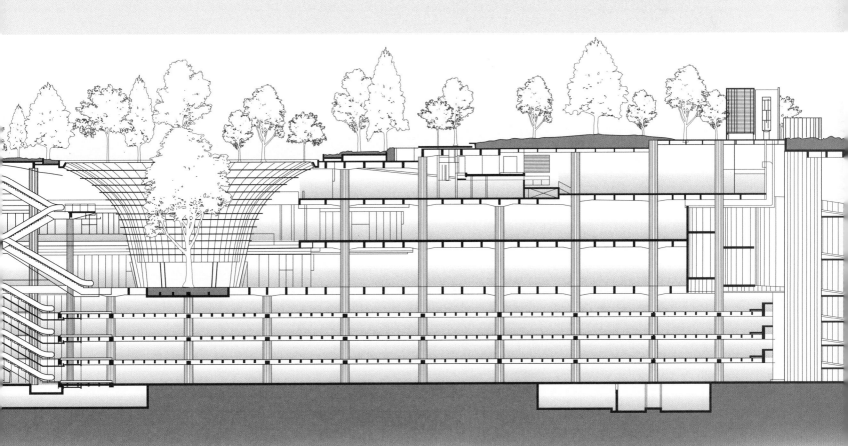

在墨西哥市捷運興建的數十年間，總計出土超過兩萬件考古文物，種類五花八門，包括小型文物、大型建築遺址、女神像、金字塔石塊等，時間則橫跨史前時代至阿茲特克時代。許多文物現在都保存在國立人類學暨歷史研究院（Instituto Nacional de Antropología e Historia）中，其中有些格外具有特色的文物，則成為捷運站的視覺圖案元素。這套圖案是由美國藝術家蘭斯‧懷曼（Lance Wyman）所設計。

最著名的發現之一，是一具完整的猛瑪象化石，這種生物通常只會出現在較寒冷的地區。而化石出土之處，就是日後捷運第四線的護身符站。猛瑪象不僅成為其獨特的視覺圖案，化石經過修復後，也陳列在車站之中。

建築奇蹟

2014年，聖塔菲公園開幕，看起來或許沒什麼了不起，但這座購物中心卻深達地下四樓，同時還種滿樹木！聖塔菲公園位於金融區中心，是美洲大陸第一座地底綠商場，佔地一萬兩千平方公尺，內有九十間商店，深度則達三十五公尺。

不管是往上蓋或往下挖，墨西哥市的建築都必須具備抗震能力。1985年墨西哥市發生了芮氏規模八點一的地震，但包括墨西哥市捷運系統在內的現代建築，大部分都安然無恙。

墨西哥市目前想在地底立下一番豐功偉業。所謂的「水平大樓」（groundscraper）指的是樓層較低，占地寬廣，往水平方向延伸的巨大建築；而墨西哥市或許也可以創造出一個類似

的新詞，「摩地大樓」（earthscraper）。在2009年的一項建築競圖比賽中，出現了一個狂想：在地底下建造一座三百公尺「高」的六十五層樓建築。這個構想是由地下碉堡建築事務所（Bunker Arquitectura）的創辦人艾斯特班‧蘇亞雷斯（Esteban Suárez）提出，目的是為了反制當地法律，該法律規定城市中央的建築不得超過八層樓高。此外，蘇亞雷斯的提案還包括一條貫穿摩地大樓中心的捷運，捷運站採「懸空」設計。摩地大樓預計蓋在憲法廣場下方，佔地兩百四十平方公尺，包含住家、辦公室、藝文中心或博物館等，而其倒金字塔型的結構，或許還是整個構想最「正常」的地

方（因為阿茲特克人的影響，金字塔早已深入墨西哥文化）。這座摩地大樓最具爭議之處，其實還是地震，包括強震對建築結構帶來的衝擊，以及建造一座這樣的建築，是否會干擾地底各式力量交匯所達成的平衡。不過，蘇亞雷斯提出的摩地大樓，其實也不是什麼新鮮事，因為早在1931年，就有人提議在東京建造一座三十五層樓高的圓柱狀摩地大樓。但如果墨西哥這座真的完工，那將會是人類史上最深、也最具影響力的地底建築。總之，在2009年的競圖比賽過後，建築限高已遭到撤銷，因此至少目前墨西哥市的地平線，還是暫時將由閃耀的傳統摩天大樓點綴。

Line B
○ Ciudad Azteca
○ Plaza Aragón
○ Olímpica
─○ Tecnologico

Nabor
Carrillo

── Guelatao
○── Peñón Viejo
○── Acatitla
Santa ○── ○ Los ○── ○ La Paz
Marta ── Reyes ── Line A

Zapotitlán
○ Tlaltenco
○ Tláhuac
Line 12

捷運路線（含高架及地下）
下水道
東部廢水道
鐵路

重要捷運站

地底遺跡

地底購物中心

| 0 | 公里 | 5 |
| 0 | 英里 | 3 |

地底遺址

Tlatelolco
○ Tlatelolco

| 0 | 公里 | 1 |
| 0 | 英里 | 1/2 |

○ Guerrero
Garibaldi-Lagunilla
Lagunilla ○ Tepito

Templo Mayor de México-Tenochtitlan
Temple of Ehécatl-Quetzalcoatl
Hidalgo
Calmécac
Plaza Manuel Gamio
Bellas Artes
Allende
Torre Latino
Zócalo
Juárez
Metro San Juan de Letrán
Pino Suárez station

INAH Instituto Nacional de Antropología e Historia

Mexico City Metropolitan Cathedral

National Palace

芝加哥

高架之城

芝加哥位於美國中西部，人口兩百七十萬，週邊都會區人口則達一千萬，看著現今秩序井然的市區，實在很難想像此地早年發展的混亂情況。

高架之城

十九世紀上半葉，芝加哥在密西根湖（Lake Michigan）寬闊平坦的低矮湖岸邊快速擴張，當時主要幹道的人行道，包括州街（State Street）、迪爾本街（Dearborn Street）、麥迪遜街（Madison Street）等，全都凹凸不平。走在人行道上，行人必須不斷上下階梯或經過危險的坡道。人行道也並非石砌，而是由木板鋪成，只要雨季一到，潮濕地面的積水便會淹沒最下層的木板，木板就這樣漂在充滿汙染的廢水上，造成傳染病大流行，包括傷寒及痢疾等，光是在1854年，這類疾病就讓芝加哥損失了百分之六的人口。

如果不想把整座城市打掉重練，那麼要改善公共衛生、把人行道鋪平的唯一方法，只剩下把整座城市架高。因此從1850年代中期開始，花了約莫十年時間，將芝加哥中心的建築物及人行道，架高了將近兩公尺。這是當時規模最大的土木工程。

這項工程於1856年展開，由土木工程師艾利斯・切斯堡（Ellis S. Chesbrough）帶領的團隊負責。首要步驟便是在現存的路面上，建造新的下水道系統，接著將其封閉，如此便形成了新的地層，最後再在下水道上方鋪上路面。至於建築物，則是以液壓裝置和千斤頂組成的精妙系統加以架高，這樣就能使建築物的舊入口，符合新路面的高度。

從1858年開始，數以百計的建築和街區以上述的方式架高。過程中不但沒有造成太多損害，還創造出許多相當深的地底空間。不過幾年後，工程師就發現，如果密西根湖氾濫，那麼先前架高的高度仍然不夠，因此開始計畫第二次架高，這次計畫中甚至預計架高某些建築物達五公尺。然而，考慮到另一次架高可能會對城市造成太多負擔，這項計畫最終沒有實施。如果這項計畫當初真的實現，那麼芝加哥或許可以更早開始建造地鐵，因為架高將會產生非常巨大的地底空間。

河底隧道

芝加哥河為都市擴張帶來很大的阻礙。由於河道必須保持暢通，橋樑建設因此受到限制，許多橋樑的淨高必須提升，以便船隻通過。等到芝加哥西區的聚落擴張到一定規模，橋樑出現了交通堵塞時，就得採用其他方法繞過河道。因此，芝加哥在1867年開始建造連接柯林頓街（Clinton Street）和西富蘭克林街（Franklin Street West）的河底隧道，稱為華盛頓街隧道（Washington Street Tunnel），總長四百九十公尺。兩年後，隧道向行人及馬車開放，不過由於施工品質差，很快就出現裂縫，只好於1884年關閉。1871年，第二條河底隧道拉賽爾街隧道（LaSalle Street Tunnel）完工，連接密

上：這幅1857年的插畫，描繪數以百計的千斤頂將湖街（Lake Street）架高，每次架高工程的範圍可以達九十八公尺，也就是一整個街區。

下：這張照片攝於1928年，芝加哥大道輸水道（Chicago Avenue water tunnel）的目的是要從遠處的密西根湖，直接將乾淨的水輸送到芝加哥市內，其終點是在湖中延伸數公里的集水口。類似的結構稱為「水倉」（cribs），能夠讓芝加哥人獲得比以往更潔淨的清水，第一個水倉建於1865年，距河岸三點二二公里遠。

西根街（Michigan Street）及北藍道夫街（Randolph Street North），總長五百七十六公尺。但其建設狀況也不太理想，即便如此，在同年發生的芝加哥大火中（Great Chicago Fire）仍是證明了它的用處：當時火舌肆虐城市各處，超過十萬人無家可歸，數以百計的逃難人潮，就是運用這條隧道逃離火場。

芝加哥的電車

和上述的河底隧道命運相同，早期的都市設計者在另一項建設上也遭逢失敗，那就是大眾運輸系統。州政府於1859年介入，將芝加哥市鐵路公司（Chicago City Railway，簡稱CCRy）及北芝加哥運輸公司（North Chicago Street Railroad，簡稱NCSR）合併，在下水道計畫完成的新道路上，經營公共馬車服務。1861年又加入第三家公司，芝加哥西區鐵路公司（Chicago West Division Railway，簡稱WCSR），每

0
芝加哥主要街道的原始高度
芝加哥地下通道

10
「L」系統的地底隧道（平均深度）
克拉克街—湖街站及地底運貨隧道

華盛頓街隧道／范布倫街及傑克森街
20
隧道／拉賽爾街隧道

30

40

50

60

70

80

90

100

111 河谷區菸斗湖隧道及水庫計畫抽水站

克拉克街—湖街站及地底運貨隧道

芝加哥擁有北美第二多元的地底公共設施，僅次於紐約。奇怪的是，芝加哥的地鐵路線卻不如紐約發達。和世界上其他規模類似的城市相比，芝加哥僅有的兩條主要地鐵路線，可說相當晚才發展起來。不過，芝加哥仍然擁有距離相當長的地底運貨路線、規模龐大的氣送運輸管線和供水隧道、以及經由架高街道產生的大量地底空間。

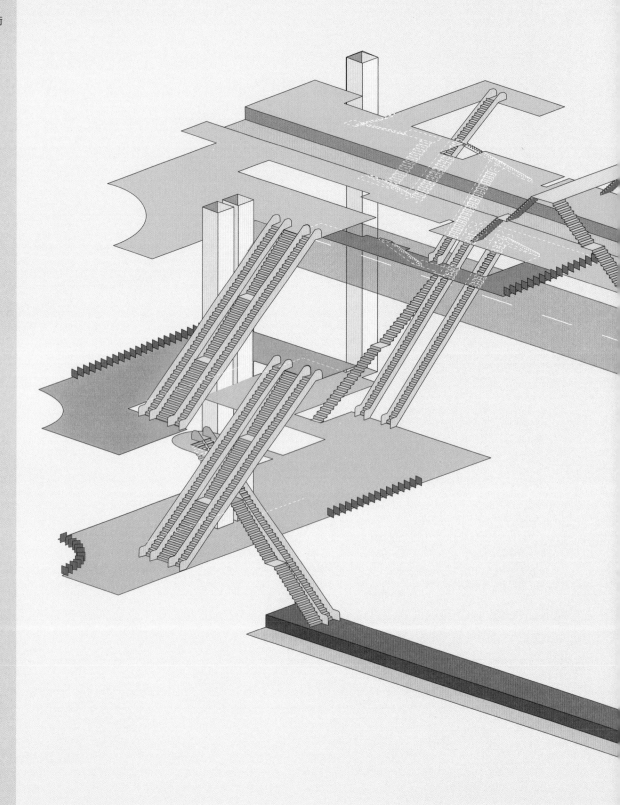

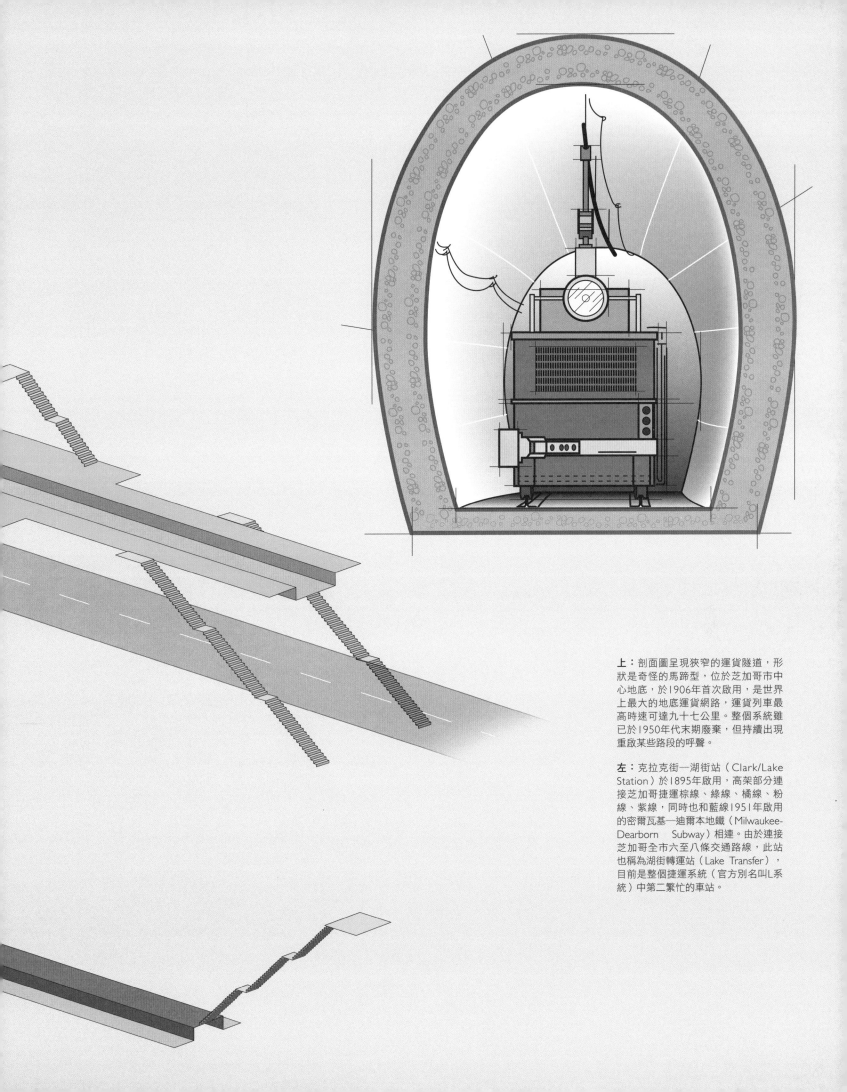

上：剖面圖呈現狹窄的運貨隧道，形狀是奇怪的馬蹄型，位於芝加哥市中心地底，於1906年首次啟用，是世界上最大的地底運貨網路，運貨列車最高時速可達九十七公里。整個系統雖已於1950年代末期廢棄，但持續出現重啟某些路段的呼聲。

左：克拉克街─湖街站（Clark/Lake Station）於1895年啟用，高架部分連接芝加哥捷運棕線、綠線、橘線、粉線、紫線，同時也和藍線1951年啟用的密爾瓦基─迪爾本地鐵（Milwaukee-Dearborn Subway）相連。由於連接芝加哥全市六至八條交通路線，此站也稱為湖街轉運站（Lake Transfer），目前是整個捷運系統（官方別名叫L系統）中第二繁忙的車站。

間公司負責不同區域的業務，大略以芝加哥河為界。

1882年，芝加哥市鐵路公司引進最新科技來驅動車輛，他們在溝槽上方裝設長條的移動式纜線，並將車輛固定在纜線上，如此便能透過纜線的動力拉動車輛。其他兩間公司隨後也依樣畫葫蘆，各自開設纜車路線。到了1900年，芝加哥已擁有全美第二大的纜車路網，纜線總長超過六十六公里。北芝加哥運輸公司甚至接手拉賽爾街隧道，重新裝修供纜車行駛，如此便能服務對岸的芝加哥西區。芝加哥西區鐵路公司在舊的華盛頓街隧道也使用相同的方法。1894年，又有一條隧道開通，連接范布倫街（Van Buren）及傑克森街（Jackson Street）。新隧道位於地底十八公尺深處，這樣的深度代表進出隧道時的坡度更為陡峭。該隧道擁有百分之十二的坡度，這幾乎是許多現代火車能攀爬坡度的三倍之多。1906年後，上述三條隧道皆再次整建，以供電車行駛。

即便電車及纜車經歷過輝煌時代，並於1913年由芝加哥路面運輸公司（Chicago Surface Lines）合併，仍然逃不過遭到高架鐵路淘汰的命運，隧道也從此封閉廢棄。

芝加哥的鐵路創意

即便芝加哥在其他交通運輸方式上相當先進，也擁有供電車及貨物使用的隧道，但由於地下水位的緣故，芝加哥仍然到了相當晚近才開始發展大規模的捷運系統。芝加哥早期的公共鐵路大都由木頭或金屬支柱架高，促成了芝加哥及南區快速運輸鐵路公司（Chicago and South Side Rapid Transit Railway）於1892年的崛起。這些路線被稱為高架路線（Elevated）或「L」系統。

上：這張照片攝於1924年，當時芝加哥隧道運輸公司（Chicago Tunnel Company）的許多運貨路線，都擁有類似的交會點，車輛就在網格狀垂直相交的城市街道下方行駛。

上：圖中的明信片上呈現的，可能是一幅設計師構想圖，繪於1941年，主題是在芝加哥主要幹道底下建造的新地鐵，連接州街及迪爾本街。這張想像中的州街地鐵完成圖所採用的視角，很可能是從亞當斯街（Adams Street）往北朝州街看。

在其他城市開始思考是否應該拆掉高架鐵路，改以地下化時，芝加哥的高架鐵路仍持續擴張。高架鐵路在世界各地曾經風行一時，包括擁有世界第一條高架鐵路的紐約（1868年啟用）、波士頓（1901年啟用）、費城（1922年啟用），以及英國的利物浦（1893年啟用）等，後來卻遭到淘汰，只有芝加哥依然堅持至今。芝加哥的高架鐵路以二點九公里長的「環狀線」聞名，目前路線總長達一百六十四公里。

芝加哥的另一個特色則是廣大的運貨隧道網路。據說建造這種隧道的初衷只是為了鋪設電話線，但在1899年正式動工之前，有關當局決定將隧道建得更寬，以便鋪設鐵軌，供特別設計的小型運貨列車行駛。接下來的七年間，芝加哥隧道運輸公司開鑿了將近一百公里長的隧道，隧道本身淨高兩公尺，位於芝加哥地底十二公尺處，並和巴黎捷運的隧道相同，呈馬蹄型。

1906年，小型的運貨列車開始載著煤炭及郵件，行駛在混凝土建造的隧道內，並協助芝加哥市政廳及芝加哥論壇報大樓等燃料大用戶補給燃料。芝加哥市區路上馬車的數量本來就很多，特別是從十五街到伊利諾街（Illinois Street）一帶，以及密西根大道（Michigan Avenue）和芝加哥西區火車站之間的區域。有了地底貨運隧道，地面的交通壓力就減輕了。運貨隧道讓芝加哥的經濟發展錦上添花，且一直持續使用到1959年。地底隧道系統廢棄後，大部分隧道保存狀況十分良好，不幸在1992年遭逢嚴重水災，因為當年芝加哥河的打樁工程不慎鑿破下方的隧道，大量河水瞬間湧入。

芝加哥的都市設計者心中，未曾停止地鐵夢。1909年，後來稱為博納姆計畫（Burnham Plan）的提案就呼籲建造「地底電車系統」和新的公園用地、港口、重要公共設施，並拓寬部分街道及改善鐵路服務等。等到技術成熟，防水措施能確保之後，建設完整地鐵系統的規劃也已完成。然而，要一直等到1943年，採用最新空氣加壓技術以避免淹水的州街地鐵（State Street Subway）才正式啟用，芝加哥從此成為地鐵俱樂部的一員，雖然有點晚。另一條路線，迪爾本地鐵則是要到二戰結束後才開放。當年芝加哥地鐵設計者睿智地決定，讓地鐵的效益發揮到最大，因此列車離站之後行駛的隧道，還是維持著很大的寬度（而全球大部份地鐵隧道在離站之後，寬度都縮減到僅容列車），並在地底軌道旁建造人行步道，這樣乘客及行人就可以直接步行前往下一站，這也是芝加哥地鐵的獨有特色。

因此，上述的兩條地底路線，就能夠和芝加哥的高架「L」系統無縫接軌。在高架鐵路上奔馳的列車，能夠直接往下開進地鐵隧道，到了城市的另一端，又能再次回到高架鐵路。此後，芝加哥再也不需要新的捷運路線，不過紅線倒是在九十五街和丹萊恩快速道路（Dan Ryan）口多了一段高架路線，在一百三十街也多了一個新的終點站。

地下通道

芝加哥投入鉅資興建有暖氣的地底人行道。這一系列長廊及通道由芝加哥交通局（Chicago Department of Transportation，簡稱CDOT）管理，連接芝加哥市中心「環狀區」超過五十座設施的低樓層。簡稱地下通道（Pedway）的市區人行道系統（Downtown Pedestrian Walkway

上：圖中是1940年代的明信片，描繪芝加哥第一條地鐵上，類似布魯克林─曼哈頓運輸公司風格的「藍鳥」列車。

右頁上：芝加哥地下通道於1951年開始興建，當時芝加哥政府在華盛頓街及傑克森大道（Jackson Boulevard）之間，建造了一條一個街區長的隧道，以連接紅線與藍線地鐵。地下通道現今擁有琳瑯滿目的商店。

右頁下：在某些路段，地下通道的不同部分也需要彼此連結，圖中便是一座連接藍道夫街上半部及下半部的「便橋」。

System），最初的功用只是連接捷運站，例如華盛頓街站、湖街站
（Lake station）、傑克森大道站（Jackson station）等。

地底人行道自1951年起陸續興建，連通包含梅西百貨（Macy's）在內
的商店、位於伊利諾中心區（Illinois Center Complex）的飯店和摩天
大樓以及政府單位如詹姆斯‧R‧湯普森中心（James R. Thompson
Center）及芝加哥市政廳等，甚至還能通往一些住宅區，例如新建的
水之大廈（Aqua tower）等。芝加哥地下通道可以從地面樓層進入，
特別是在密西根大道（Michigan Avenue）沿線處，在此還能看見由黑
紅黃三色組成的羅盤標誌。地底人行道除了通往上方的建築之外，本
身也有一些店鋪進駐，包括咖啡店、鐘錶鋪、美髮沙龍、擦鞋鋪等。
地下通道的構想非常成功，導致其他許多建築也跟著效法，在地底下
彼此連接。不過這些並不算是正式的芝加哥地下通道的一部分。

不斷向下

如果上文提到的深度，都還沒滿足你的胃口，要不要試試看到地底一
百一十一公尺深處來場旅程？芝加哥都會區水利委員會（Metropolitan
Water Board of Greater Chicago）目前正在一百三十街四百號附近的
河谷社區（Riverdale）下方極深處進行一項工程，稱為菸斗湖隧道及
水庫計畫抽水站（Calumet TARP Pumping Station），堪稱風城芝加哥
的地底建設之最。

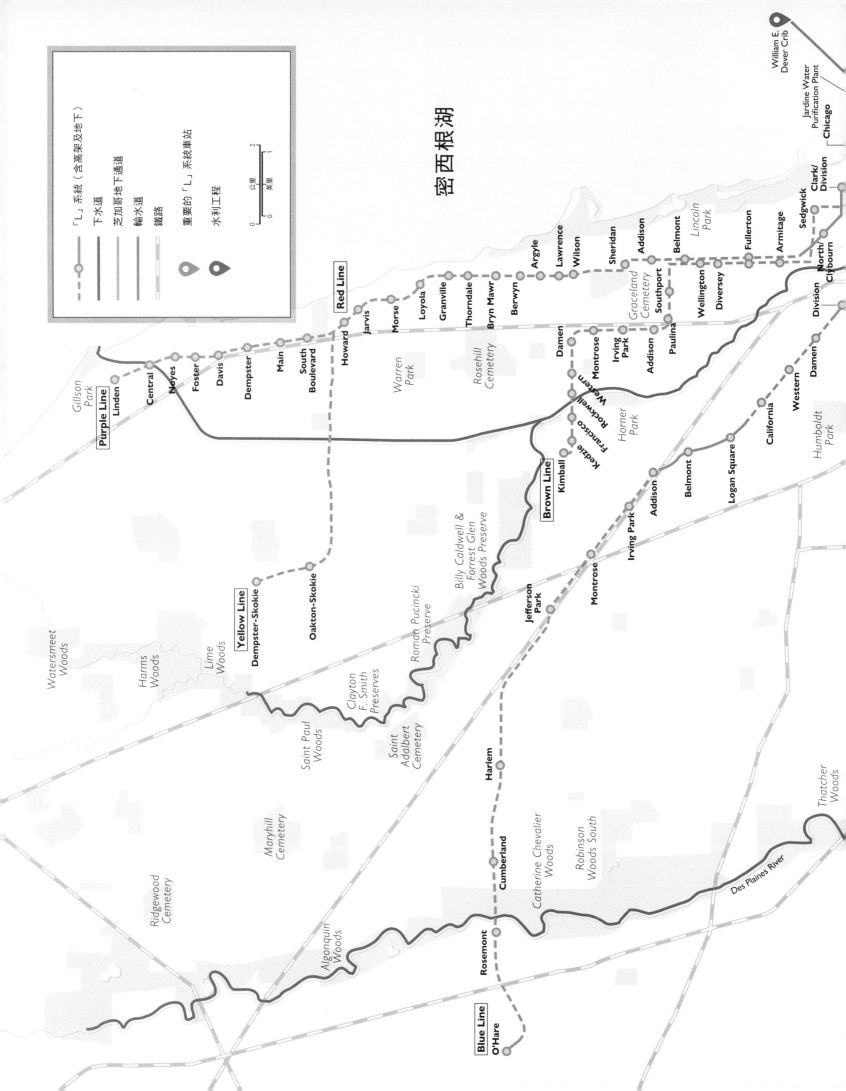

辛辛那提

幻滅的地鐵夢

辛辛那提是美國歷史最為悠久的城市之一，位於俄亥俄州西南部丘陵環繞的平坦盆地，人口為三十萬，週邊都會區人口則超過兩百萬，是俄亥俄州最大的城市，俄亥俄河也流經此處。1788年建城立之後，不僅一直是俄亥俄州的文教中心，也是蒸氣船停泊的重要據點，同時還是紙業重鎮。雖然後來遭到其他中西部大城市超越（如芝加哥），辛辛那提的創建者仍然滿懷雄心壯志，並在一九〇四年時，孕育出全世界第一座鋼筋混凝土摩天大樓，十六層樓高的英格斯大廈（Ingalls Building）。

難產的地鐵計畫

辛辛那提大眾運輸網路的濫觴，是1859年開辦的公共馬車，後來也引進纜車，並於1889年電氣化。1920年代中期是電車的全盛時期，路線總長度達三百五十七公里，每年運量超過一百萬人次。然而，成功的地面電車系統卻是雙面刃，不僅造成交通堵塞，也頻頻傳出和私有車輛相撞的意外，電車網路因而急需改革。辛辛那提因此像其他城市一樣，提出了地鐵系統的想法。

1825年，辛辛那提開始興建功能完善的邁阿密與伊利運河（Miami and Erie Canal），負責連接伊利湖（Lake Erie）及俄亥俄河，希望透過這條運河，將河水引經市區。然而，由於運河流經之處地勢崎嶇，需要由好幾道水閘調節，使其流速相當緩慢。另外，運河在嚴寒的冬季也常會結冰。邁阿密與伊利運河算是發展比較

晚的，而另一條流經紐約州的「伊利運河」則早在一八二五年就已啟用，因此邁阿密與伊利運河很快就在激烈的貨物運輸競爭中，輸給了新近崛起的鐵路。

到了1856年，運河的營運早已入不敷出，並於1877年停止使用，從此之後便被稱為「死老水溝」，最終於1906年廢棄。1913年，俄亥俄河爆發大洪水，總計超過六百人淹死，即便運河在此時稍經修繕，大部分的架構卻都已遭破壞，更顯得無用，因此多處都落得填平的命運。

1910年，辛辛那提市長亨利·湯瑪斯（Henry Thomas）突發奇想，認為可以運用廢棄的運河河道，替之後興建的地鐵系統節省經費，因而取得其控制權，並試圖將位於市區的運河，納入總長二十六公里長、含高架及地下路段的地鐵環狀線中。1920年到1925年間，總共投入大約六百萬美元的經費，將三點五公里長的舊運河，改建成地鐵軌道，但隨著支出及偷工減料的情況不斷增加，使得工程品質非常低劣，甚至有上方的建築因此受損，而一狀告上法院。1929年股市崩盤，經濟大蕭條接踵而至，工程也因此暫停，不過此時已經蓋好十一公里的隧道，以及四個地底車站及月台。而填平的運河上方，也鋪設了新的道路，稱為「中央大道」（Central Parkway），但地底下卻從未鋪設鐵軌。

後續還有幾次復活地鐵的嘗試，包括1936年、1939年、1940年等，都曾出現不同的提

上：這幅設計師構想圖，描繪從未完成的辛辛那提地鐵，採用明挖覆蓋法建造。

案，但在1948年全都宣告終止。1950年代更是致命的打擊，當時為了節省開挖全新自來水管線的經費，工程單位竟直接將水管鋪設在原先預定作為地鐵北線的隧道中。1960年代，有個計畫提議將先前預定的自由街站（Liberty Street），改建成核子避難所，也有人建議改建成酒窖、夜店或片廠等，但這些提議沒有一個成真。而2002年試圖引進輕軌的「捷運提案」（MetroMoves），本來預計使用某些舊隧道，但該提案卻以百分之六十八的反對率遭到否決。

2003年啟用的河濱轉運站（Riverfront Transit Center），提供公車及長途巴士的接駁服務，是唯一成功運用一小部分地底空間的計畫。另外，若長達二十七公里、本想改善俄亥俄州西南部主要道路及鐵路的「東部走廊通勤鐵路」（Eastern Corridor Commuter Rail）計畫能順利實施，本來也有可能在這裡看到火車。該計畫包含興建綠洲鐵路（Oasis Rail Transit）

，作為全新區域運輸系統的一部分，此系統第一階段將擁有十個車站，連接辛辛那提市區的河濱轉運站以及米爾福（Milford），可惜的是這個計畫也在2012年終止。

失敗的遺贈

由於長度夠長，施工品質也不錯，辛辛那提原先的地底網路大部分都保存良好，這也使得辛辛那提在交通迷的心目中，獲得近乎傳奇的地位。大家都不禁想像，如果辛辛那提地鐵順利建成，那會是什麼樣的光景。另外，也有不少人認為，後來辛辛那提發展衰退，也有部分原因是因為缺少大眾運輸系統。而如果你想一探辛辛那提深邃空曠的地底空間，最棒的地方便是哈波街隧道（Hopple Street Tunnel），該隧道是1929年辛辛那提最後建成的區段，擁有兩個入口，目前不定時開放，還提供官方導覽行程。

多倫多

風雨無阻購物趣

多倫多是加拿大最大的城市,位於北美五大湖最東邊的安大略湖(Lake Ontario)西北方,人口兩百七十萬,週邊都會區則擁有將近六百萬人口。

考古學家認為,人類在至少一萬年前就開始定居於安大略湖邊。歐洲人在18世紀初抵達時,便在亨伯河(Humber River)邊發現伊洛魁人(Iroquois)的小村莊,其中一個叫作提亞伊岡(Teiaiagon)。18世紀中期,法國殖民者在魯伊堡(Fort Rouillé)及多倫多堡(Fort Toronto)建立了皮革交易站,但在七年戰爭(Seven Years' War)中遭到摧毀。要一直等到18世紀末,附近才又建立新的堡壘與聚落約克(York),這個小港口人口不到一萬人,在1834年獲得城市的地位,並改名為多倫多,以和其他也叫約克的城鎮區別,此後便成為移民的天堂。19世紀初期,多倫多發展出工業和釀酒業,鐵路則在1853年啟用。

早期的基礎建設

多倫多市區曾於1904年發生大火,摧毀超過一百棟建築,迅速重建後不久,改善公共運輸的想法便開始興起。早在1861年多倫多引進公共運輸後,大規模的運輸網路便蓬勃發展,並從1890年代開始逐步電氣化,但隨著城市擴張,私有的電車公司不願發展距離較長的路線,因此整個系統逐漸由公共運輸單位接管。多倫多至今保有十條原先的電車路線,目前全都採用輕軌,是該市公共運輸相當重要的一部分。地底車站的數量則是四個,包括電車及地鐵的轉運站,斯巴戴拿站(Spadina)、聖克萊爾大道西站(St. Clair West)、聯合車站(Union)以及灣街(Bay Street)下方的皇后碼頭站(Queen's Quay),此站只提供電車服務。

和巴黎、倫敦、芝加哥等城市相同,多倫多也擁有氣送運輸系統,但規模卻相當小,只有四點五公里,連接兩間報社、多倫多市政廳、聯合車站、皇家約克飯店(Royal York Hotel)及加拿大太平洋鐵路公司(Canadian Pacific Railway)總部的頂樓,也就是十五樓。該系統雖然相當便利,卻始終沒有發展成更大規模。

多倫多地鐵

1909年,市議會在取得私有電車公司的合作上受挫,因而考慮開始建設新的地底運輸路線,並將整個提案付諸公投,廣受市民的支持。一年後,雅各及戴維斯運輸公司(Jacobs and Davies)提出了包含三條路線、十八公里長的初步提案。然而,經費問題導致計畫難產,雖然後來又幾經提出,仍然屢屢宣告失敗,直到1946年,另一次公投支持新的提案為止。但要再過三年,第一條路線才會開始興建,這條路線長七點四公里,沿著交通繁忙的楊街(Yonge Street)延伸,幾乎全部都在地底,但因為採用明挖覆蓋法建造,所以深度相當淺。1954年,連接艾靈頓大道(Eglinton Avenue)及聯合車站的新路線啟用,並在接下來的數十年間漸漸擴張。多倫多地鐵目前擁有四條路

線，共七十五座車站，長度超過八十公里，其中有六十公里都在地底。

目前的地鐵系統擁有幾座「幽靈車站」，源自1942年打算在皇后街（Queen Street）地底興建的東西向隧道，當時計畫興建兩條地鐵隧道，另一條是連接灣街及楊街的南北向隧道。南北向的隧道很快決定採用捷運系統，稱為楊街線地鐵（Yonge subway），但長度相當長的皇后街，則是決定由原先的電車繼續提供服務。不過，地鐵開始興建時，保留了轉運站空間，好讓日後可以繼續建造東西向的皇后線地鐵。這座車站便是下皇后街站（Lower Queen Station），有時則稱為市政廳站（City Hall），空無一人的月台就這樣默默埋在皇后街站（Queen Station）目前的月台下方。雖然之後曾多次計畫將此站併入新的路線中，最近一次是1966年，但到目前為止，下皇后街站仍是閒置狀態。

另一座車站下灣街站（Lower Bay），則只服務了短短六個月的時間。該站位於約克維爾區（Yorkville），屬於現稱二號線的布洛爾—丹佛斯線（Bloor-Danforth line），於1966年啟用。當時多倫多運輸局（Toronto Transit Commission）企圖營造每個車站都有兩條路線交會的感覺，因此在幾個布洛爾—丹佛斯線及楊街線的車站，試辦三線服務計畫，這代表不久後在灣街站下方興建的下灣街站，也會提供其他路線的服務。但該計畫卻有根本上的缺陷，反而替灣街站及下灣街站的乘客帶來不便，最終導致計畫失敗收場。即便如

下：2017年啟用的沃恩都會中心站（Vaughan Metropolitan Centre），是唯二不屬多倫多管轄的地鐵站，車站的穹頂是由保羅拉夫工作室（Paul Raff Studio）設計的藝術作品《氛圍鏡頭》（Atmospheric Lense），以鏡面彩繪玻璃打造。圖中看不見的車站入口，則由著名的葛林蕭建築事務所（Grimshaw Architects）設計，是由玻璃及鋼筋打造的圓形建築。

單位：公尺

0

斯巴戴拿排水系統
卡薩羅馬城堡隧道

-10

多倫多行人地下通道系統PATH

-20 勞倫斯站（Lawrence Station），最深
的地鐵站

-30 柯普蘭變電站（Copeland Transformer Station）隧道
大道路站（Avenue Station），最深的輕軌站
斯科細亞廣場摩天大樓地底金庫

-40

-50 西海岸隧道

-60

-70

-80

-90

-100

「PATH」及「金庫」

多倫多是加拿大第一個擁有地鐵的城市，其後的發展卻不甚順
遂，後來的蒙特婁還超越多倫多，成為加拿大地鐵最發達的城
市。然而，隨著最近地鐵一號線通往沃恩的八點六公里延伸路
段啟用，以及其他進行中的計畫，包括穿越市區的五號線等，
多倫多想必很快就能重回加拿大地鐵之王的寶座。而多倫多和
蒙特婁在連接商場的地底走廊長度上，也可說旗鼓相當。另
外，多倫多也是許多知名保險箱及金庫的所在地。

下：下圖為多倫多「金庫」（The Vault）的
設計師構想圖。這座金庫最初的功能有些匪
夷所思，是作為加拿大人民的國庫使用，位
於大學大道（University Avenue）兩百五十
號下方，佔地四百二十平方公尺，四周都是
厚重的混凝土牆，庫門更厚達一公尺。但金
庫目前已經過改裝，配備現代的宴會設施，
裡面擺滿皮革家具，擁有自己的酒吧，甚至
還有人工草皮。多倫多還有另一座大型金
庫，位於斯科細亞廣場摩天大樓地底，不過
現在也同樣不再繼續作為金庫使用。

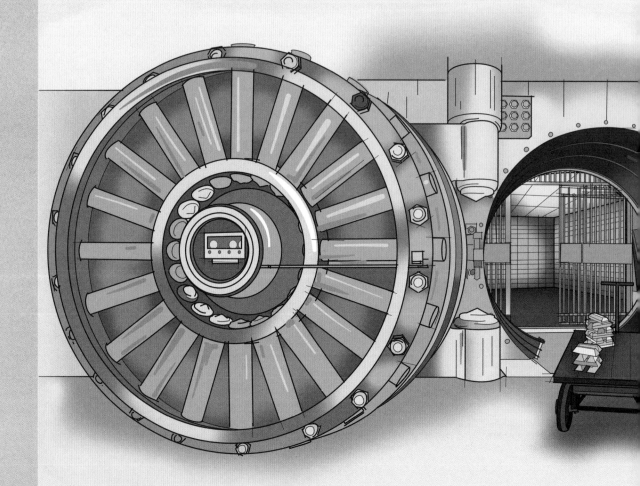

上：多倫多迷宮般的行人地下通道系統（PATH）中，設計最美麗，經營也最成功的地方，絕對是得名自加拿大知名百貨的伊頓中心（Eaton Centre）。1869年，伊頓百貨從一間小雜貨店發跡，後來成為百貨龍頭，最終於1999年停業。伊頓中心目前擁有超過兩百三十間商店，佔地達兩個街區，負責人表示此地的遊客人數，直逼加拿大另一知名地標，加拿大國家電視塔（CN Tower）。

此，下灣街站的軌道目前仍供員工訓練使用，同時，只要不要干擾上層的列車運作，也偶爾能當作片場或演唱會場地。

1985年，多倫多地鐵的三號線斯卡布羅線（Scarborough）啟用，路線長六點四公里，屬於自動駕駛的短程輕軌系統。但預計將改建成高運量系統，成為二號線的延伸。2002年，全程五公里都位於地底的四號線雪帕線（Sheppard）啟用，未來將從兩端的終點站延伸，不過預算尚未通過。至於五號線艾靈頓線（Eglington），總長達十九公里，擁有至少十二個地底車站，此線採輕軌設計，預計2021年啟用。六號線目前也在計畫中，同樣採輕軌設計，總長十一公里，預計於2023年啟用，但六號線不會有任何地底車站。另外，其他路線的擴建也已在規劃，例如布洛爾─丹佛斯線將延伸六公里與斯卡布羅線連接，預計2026年完工。而楊街線地鐵以後也可能再往北延伸五站，可是也尚未通過預算。

此外，提供地區性通勤服務的GO運輸公司（GO Transit），也將在多倫多開挖隧道。該公司的都市聯通區域高鐵（Metrolinx Regional Express Rail）計畫，預計鋪設一百五十公里長的新軌道，其中某些路段將會位於地底，例如位於四〇一號及四〇九號高速公路底下的路段。

下水道

多倫多擁有許多建造完善的下水道，不少是從小溪發展而來，像是位於西端的蓋里森溪（Garrison Creek）僅有七公里，這條溪在十九世紀末期被改造成下水道。1888年，另一條小溪羅斯戴爾溪（Rosedale Creek）也經歷相同的過程。這兩條小溪現在分別稱為北約克排水系統（North York Strom Trunk Sewer）及斯巴戴拿排水系統（Spadina Strom Trunk Sewer）。2013年這兩個排水系統成為藝術創作的主題，由攝影師麥克・庫克（Michael Cook）拍攝了一系列以這兩條溪為主題的照片。

而多倫多的飲用水，則仰賴超過十二座地下儲水池全年無休供給，其中有幾個儲水池位於運動場地底。公元兩千年代中期，一家水利公司展開了一個神秘的隧道開挖計畫，試圖建造一條十五公尺深的隧道，將冰冷的湖水引進城市，以此舒緩市內到處林立的摩天大樓所帶來的熱浪。

地下購物

多倫多和蒙特婁相同，也發展出巨大的地底人行道系統，連結購物商場及主要建築，稱為「PATH」。地底行人通道系統早在1900就開始興建，當時伊頓百貨（T. Eaton Co）建造了一條地底行人通道，連

上：R・C・哈里斯汙水處理廠（R.C. Harris Water Treatment Plant），得名自前多倫多公共工程委員會主委，以其地上建築的裝飾藝術風格聞名。大理石建造的入口及濾水大廳，更使其贏得「淨水宮殿」（Palace of Purification）的美名。

接位於楊街的主建築以及鄰近的小型商店。這個構想立刻掀起熱潮,其他商店紛紛仿效,到了1917年,多倫多市中心至少已經出現五條地底行人通道。

1927年,聯合車站啟用,當時設計師也建造了一條連接鄰近飯店的隧道,以便讓旅客無論晴雨,都能暢行無阻。1970年代,在里奇蒙—阿德雷德區(Richmond-Adelaide)建立的大型商業區,也和新蓋好的喜來登中心(Sheraton Centre)飯店連接。從此以後,地下行人道擴張到多倫多各處,到了1980年代,甚至需要完善的標示系統,以防行人在錯綜複雜的地底迷路。「PATH」目前連接七十五棟建築和六座地鐵站,在佔地將近三百七十平方公尺的商場中,擁有超過一千家餐廳,每日來來去去的行人有二十萬,帶來超過二十億加幣的商機。

神秘的地底空間

多倫多的湖濱精神病院(Lakeshore Psychiatric Hospital)於1884年開始興建,屬於哥德及羅馬復興風格。由於該醫院想要以「小木屋」的方式來安置精神病患,因此整個院區有不少小型建築。為了確保職員、設備、藥品、及病患在不同建築當中移動過程中的安全,建築群下方設有許多隧道。雖然湖濱精神病院現在已經改為大學,偶爾舉辦的導覽行程,仍能讓我們一窺這些神秘隧道的真面目。

雄偉的卡薩羅馬(Casa Loma)城堡,屬於哥德復興風格,看似歷史十分悠久,但其實是在1914年才由富有的亨利‧柏拉特(Henry Pellatt)爵士所建。卡薩羅馬城堡擁有一條兩百五十公尺長的隧道,連接主堡和狩獵小屋與馬廄。

此外,加拿大也是世界上經濟最為發達的國家之一,在「PATH」和多倫多地鐵之下,還存在著多倫多最深的空間,一座四百公尺深的金庫。這座金庫位於多倫多金融區中心的斯科細亞廣場摩天大樓(Scotia Plaza)下方。

而多倫多水電公司(Toronto Hydro)也正在布蘭納區(Bremner)的舊火車車庫底下,建造新的地底變電站。完工之後,上方的舊蒸氣火車車庫也會一磚一瓦原址重建。該計畫斥資兩億加幣,試圖緩解多倫多市中心因人口及商場呈爆炸性成長,所帶來的大量供水需求。

下:卡薩羅馬城堡於1941年完工,擁有九十八個房間,一度曾是加拿大最大的私人住所,這座哥德復興風格的城堡斥資三百五十萬美金,花了三年才建造完成。目前其中一條連接主堡和馬廄的隧道,以「黑暗隧道展」(The Dark Side Tunnel Exhibit)的名稱,開放大眾參觀。

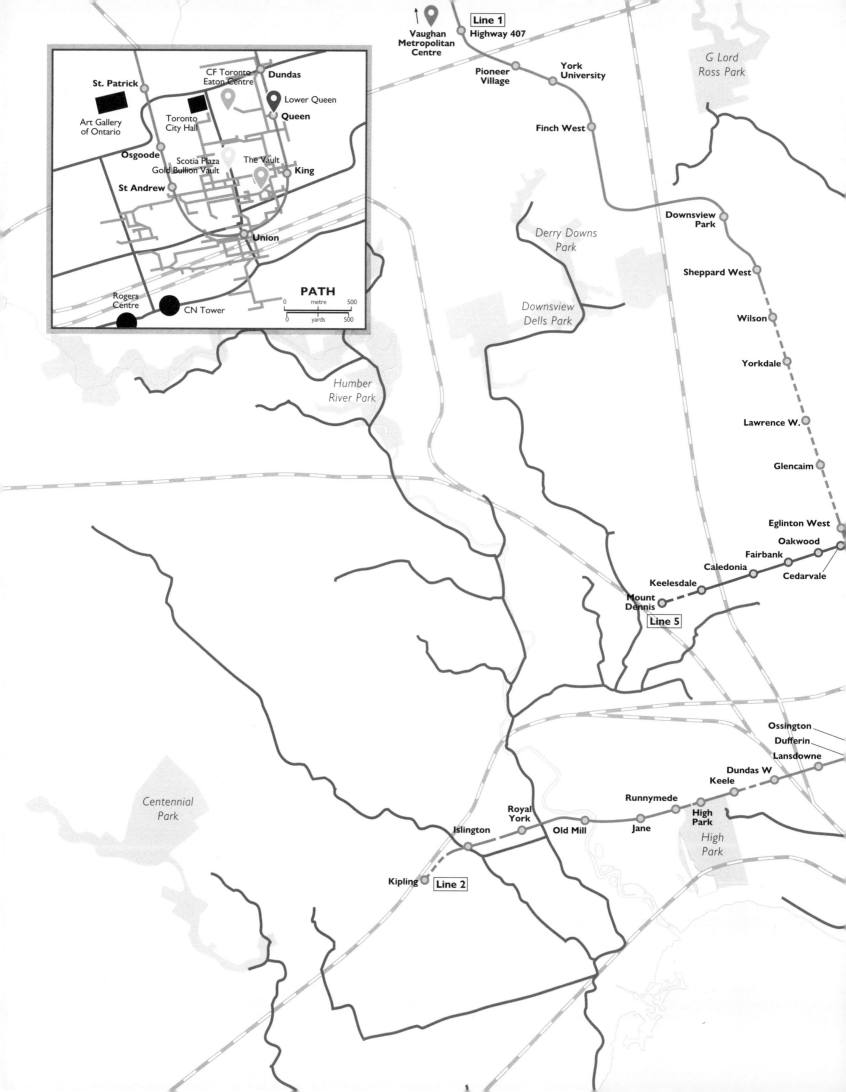

Line 1

Finch

North York
Centre
Bayview
Bessarion

Sherpard-
Yonge

York Mills

Lawrence

Eglinton
Mt
Pleasant
Avenue
Chaplin
Forest Hill
Davisville

St Clair

St Clair W.
Casa Loma Tunnels
Summerhill
Casa
Loma
Rosedale
Dupont
Lower Bay
Bloor-
Yonge
Spadina
St George
Bay
Bathurst
Wellesley
Royal Ontario
Museum
Museum
College
Christie
Queen's Park
Art Gallery
of Ontario
Toronto
City Hall
Rogers
Centre
CN Tower
Copeland Transformer
Station
Princes'
Gates

Line 4

Don Mills

Leslie

Line 3

McCowan
Midland
Scarborough
Centre
Ellesmere

Lawrence East

Kennedy
Ionview
Golden
Mile
Birchmount
Line 2
Sloane
Pharmacy
Aga Khan
Park & Museum
Wynford
O'Conner
Hakimi
Lebovic
Sunnybrook
Park
Science
Centre
Sunnybrook
Park
Laind
Leaside
Warden

Victoria Park

Woodbine
Main St
Greenwood
Coxwell
Pape
Donlands
Broadview
Chester
Danforth
Music Hall
Castle Frank
Sherbourne

地鐵（含高架及地下）

建造中的輕軌路線（含高架及地下）

鐵路

下水道

PATH

廢棄的地鐵站

重要車站

地底金庫

獨特的地底景點

地底變電站

0　公里　2
0　英里　1

蒙特婁

雙語地下室

蒙特婁是加拿大魁北克省最大的城市及經濟重鎮，坐落於聖羅倫斯河（Saint Lawrence River）及渥太華河（Ottawa River）交會處的小島上。蒙特婁島佔地將近五百平方公里，是巴黎的五倍大，可以放進八個曼哈頓，所以真的是非常大！島嶼中心矗立著一座古老火山丘的三個頂峰，這座山丘叫做皇家山（Mont Royal），蒙特婁市的名字就是這麼來的。除了火山之外，在一萬五千年前的冰河時期，冰河的重量也造成下方的岩層斷裂，產生許多地底空間。1812年發現了一處巨大的地底空間，稱為聖雷納德洞穴（Saint-Léonard Cavern）。最近也發現了另一處巨大的地底空間，長兩百五十公尺，深六公尺，積水深度則達五公尺，此處和聖雷納德洞穴相連，位於城市東部的庇護十二世公園（Parc Pie-XII）地底。

蒙特婁環山發展，擁有兩百萬人口，鄰近的島嶼上也有將近五十萬人，都會區則有一百五十萬人，因而蒙特婁也是世界上第二大的法語城市，僅次於巴黎。

從村莊到城市

證據顯示，四千年前就有人類定居於蒙特婁島，而在法國人抵達的兩百年前，皇家山的山腳下，就已出現一個叫作歐雪拉加（Hochelaga）的村莊。

1611年，法國探險家山姆・德・尚普蘭（Samuel de Champlain）在現今蒙特婁舊城區的蒙特婁考古歷史博物館（Pointe-à-Callière Museum of Archaeology），附近，建立了毛皮交易站。殖民者在三十年後的1642年抵達，並在蒙特婁島南端建立聖瑪麗堡（Ville-Marie），即便歷經多場戰役及攻擊，殖民地規模仍然逐漸成長。1826年中國運河（La chine Canal）啟用，1836年新橋樑及鐵路落成，種種建設使得蒙特婁於1832年起規模逐漸擴大。到了1860年，蒙特婁已成為北美洲英國殖民地（所謂英屬北美British North America）地區最大的城市。

城市的水利設施

隨著人口逐漸成長，特別是在19世紀，用水與公共衛生的需求也激增。最早可以追溯至1739年，許多河流與溪流都經過重新引水，或遭到填平，包括聖皮耶河（Saint Pierre River）在內。1832年，威廉集水道（William collector sewer）開始興建，這是一條三百五十公尺長的石板水道，其中有些路徑就是先前的聖皮耶河道。一百年後，整條聖皮耶河幾乎已有三分之一的長度，都被當成下水道使用，因此現今這條一度廣闊的大河，僅存流經西蒙特婁（Montréal-Ouest）的兩百公尺。到了1870年代，幾乎所有位於蒙特婁市中心的河流與溪流，都已面臨改道或填平的命運。

由於蒙特婁島上的城市不斷擴張，當然也需要新的供水系統。二戰結束後，新的都市計畫就有考量到，要確保新發展的區域擁有完善的下水道及供水系統。當時的想法是，到了公元兩

千年時，蒙特婁週邊地區的人口可能會逼近七百萬人（雖然最後大約只有這個數字的一半）。而其中一座供水系統，就是建於1953年、位於卡地維爾區（Cartierville）的大型梅里爾─亞特蘭提克集水道（Meilleur-Atlantique collector sewer）。迪卡里蘭伯供水系統（Decarie Raimbault system）的隧道則是蓋在石灰岩間。除此之外，還有規模龐大的排水系統，例如蒙特婁將近五千公里長的下水道及水利工程，最終就匯集在西島（West Island）地底。

地底城市

蒙特婁濕潤的大陸性氣候，雖然帶來溫暖舒適的夏天，冬天卻相當嚴寒，最低溫可降至攝氏零下三十度，年平均降雪量將近二點一公尺。1962年，在都市設計師文森・龐特（Vincent Ponte）的監督下，蒙特婁開始興建摩天大樓，稱為聖瑪麗廣場（Place Ville Marie）。龐特想創造的是一個巨大寬闊的都市空間，不僅擁有空調系統，免遭室外惡劣天氣的影響，同時也和城市其他區域連結。大樓本身及地底的商店，便是透過隧道和蒙特婁中央車站（Central Station）及伊莉莎白女皇飯店（Queen Elizabeth Hotel）連結。後來蒙特婁獲得1967年世界博覽會的主辦權與1976年夏季奧運的主辦權，加上蒙特婁捷運動工，這些契機使得聖瑪麗廣場的地底隧道得以拓展，進而和伯納凡徹站（Bonaventrue station）、溫莎車站

上：蒙特婁考古歷史博物館有一條舊的集水道所改建成的走道，打光相當美麗。

47

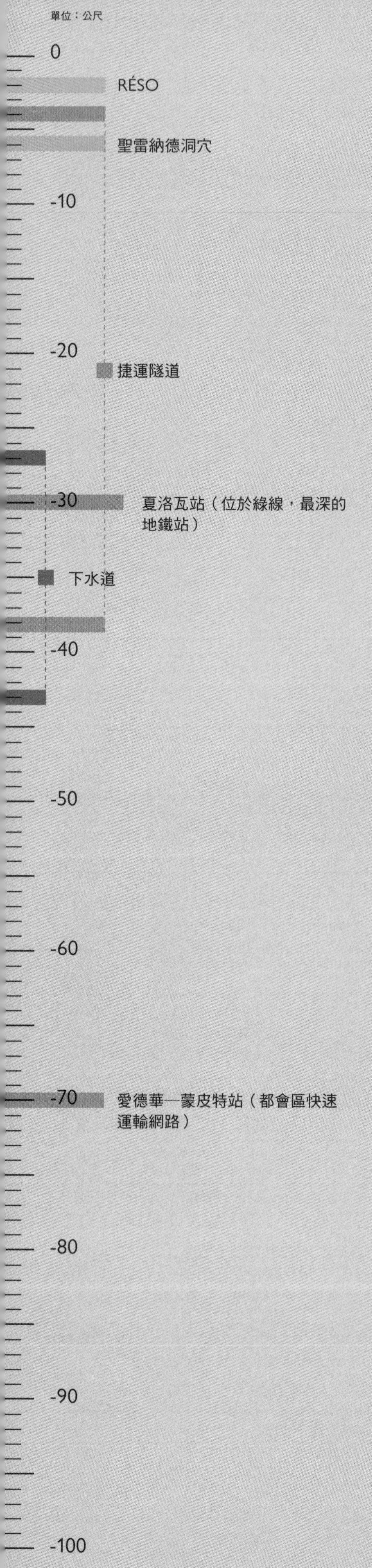

0

RÉSO

聖雷納德洞穴

-10

-20

捷運隧道

-30　　　夏洛瓦站（位於綠線，最深的
　　　　地鐵站）

　　　下水道

-40

-50

-60

-70　　愛德華─蒙皮特站（都會區快速
　　　　運輸網路）

-80

-90

-100

聖雷納德洞穴

愛德華─蒙皮特站（都會區快速
運輸網路）

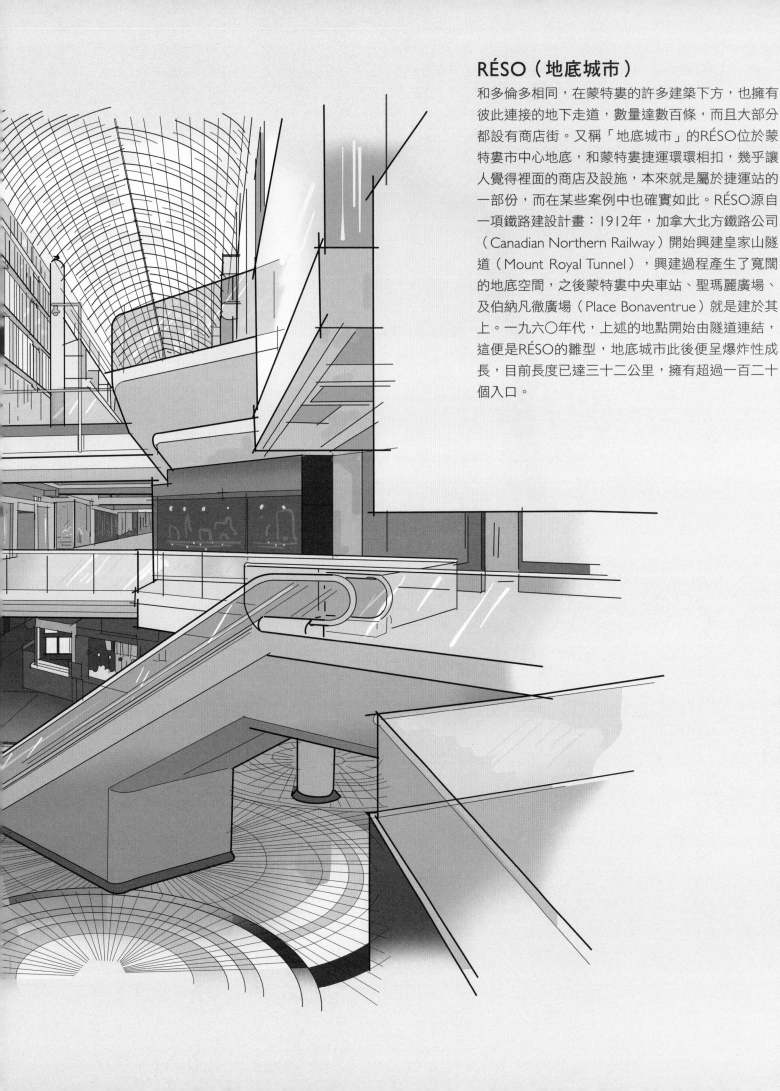

RÉSO（地底城市）

和多倫多相同，在蒙特婁的許多建築下方，也擁有彼此連接的地下走道，數量達數百條，而且大部分都設有商店街。又稱「地底城市」的RÉSO位於蒙特婁市中心地底，和蒙特婁捷運環環相扣，幾乎讓人覺得裡面的商店及設施，本來就是屬於捷運站的一部份，而在某些案例中也確實如此。RÉSO源自一項鐵路建設計畫：1912年，加拿大北方鐵路公司（Canadian Northern Railway）開始興建皇家山隧道（Mount Royal Tunnel），興建過程產生了寬闊的地底空間，之後蒙特婁中央車站、聖瑪麗廣場、及伯納凡徹廣場（Place Bonaventrue）就是建於其上。一九六〇年代，上述的地點開始由隧道連結，這便是RÉSO的雛型，地底城市此後便呈爆炸性成長，目前長度已達三十二公里，擁有超過一百二十個入口。

（Windsor station）、尚普蘭城堡飯店（Château Champlain hotel）及加拿大廣場（Place du Canada）上的辦公大樓連接。而這也是龐特口中所謂「地底城市」的濫觴，當地稱為「RÉSO」，這個字是由法文的「réseau」演變而來，意為「網路」。

蒙特婁捷運系統中則是有十個車站，直接和建築連結，而隨著1970年代商業開始蓬勃發展，地底城市的規模也越發龐大，連接的建築越來越多，例如賈定集團大廈（Complexe Desjardins），就是一座位於市中心的商辦混合大樓。

1984到1992年間，興建了三座彼此連結的巨大地底商場，使地底城市從原本的十二公里，擴張到二十二公里長。現在，主要的辦公大樓及捷運擴張，都已經見識到地底城市的厲害之處，因此再也無法想像，有任何一棟新的建築，能夠不和地底城市連接。而這座地底城市，也早已成為蒙特婁生活的一部分。

蒙特婁捷運

在蒙特婁興建捷運的構想，可以追溯到20世紀初期，聯邦政府當時在1902年創立蒙特婁捷運公司（Montreal Subway Company），推動相關事項。1910年起，民間運輸公司提出了各式提案，包括電車公司等，但是由於缺乏資金，又遭到鐵路公司反對，一切都沒有進展。

經過經濟大蕭條、兩次世界大戰、交通壅塞的困擾後，終於在1944年出現一個擁有兩條運輸路線的新計畫。其中一條路線會經過主幹道的地底，包括聖雅各街（Saint Jacques Street）、聖母街（Norte-Dame Street）、聖丹尼斯街（Saint Denis Street）等，另一條則是通過聖凱瑟琳街（Sainte Catherine Street）下方。然而，由於地上的電車遭到公車取代，這項計畫進而受到推遲，雖然幾經修改，並加上許多延伸路段，最後卻反倒使得造價過於昂貴。1953年的計畫草圖，和當時正在興建的多倫多地鐵，看起來驚人相似，不過蒙特婁距離大眾運輸，仍然還有很大一段路要走。

終於，在1961年，市議會投票通過一項採用膠輪技術的計畫，巴黎捷運的某些路線也是採用這項技術，這項計畫包含三條路線，一號線（綠線）與二號線（橘線）於1962年動工，分別於1966年10月及1967年4月啟用，也象徵蒙特婁捷運正式啟用。

另外，還有一條較短的黃線也在同時興建，行經河底，通往鄰近的隆格伊（Longueuil），中間有一站是1967年世界博覽會的展場。這使得蒙特婁早期的大眾運輸路線達到三條，車站數量也來到二十六站。.

上：位於橘線的那慕爾站（Namur Station），於1984年啟用，由拉貝雷—馬尚德—居佛里建築師事務所（Labelle, Marchand et Geoffroy）設計。圖中是懸掛在售票大廳上方的藝術作品《系統》（Système），這是一件有燈光照明的鋁製雕塑，由雕塑家皮耶‧格蘭契（Pierre Granche）操刀。

右：位於綠線的夏洛瓦站（Charlevoix station），於1978年啟用，月台採特別的分層設計，最底部的月台深度達二十九點六公尺，是整個蒙特婁捷運最深的車站。車站由阿約特暨包佳龍建築事務所（Ayotte et Bergeron）設計，圖中漂亮的彩繪玻璃藝術則是出自皮耶‧奧斯塔拉（Pierre Osterrath）及馬力歐‧米羅拉（Mario Merola）。來自比利時的奧斯塔拉彩繪玻璃公司，同時也負責貝里—魁北克大學蒙特婁分校站（Berri-UQAM）以及學院站（Du College）的設計。

蒙特婁捷運往後持續擴張，包括在1986年新設的藍線等，目前共有四條路線六十八個車站，長度達七十公里。雖然某些1970年代的捷運提案，內容看似瘋狂，但今日為了輸運六百萬到七百萬人口而興建一條一百六十公里長的地底運輸路線，這個想法卻相當務實。幾經討論之後，終於拍板定案，未來黃線將會繼續延伸至隆格伊市區，而藍線也會延伸至期盼已久的新終點站安竹（Anjou）。另外，在2017年的蒙特婁市長選舉中，也有候選人提出興建稱為「玫瑰線」（Ligne Rose）的捷運粉線。

而另一條獨立的都會區快速運輸網路（Réseau Électrique Métropolitain，簡稱REM），目前也正在建造中，完成後將會提供快速的輕軌服務，從市中心的地底車站，到蒙特婁杜魯道機場（Montréal-Trudeau airport），只需短短二十分鐘。這條路線預計2021年啟用，其月台位於捷運愛德華—蒙皮特站（Édouard-Montpetit Métro station）下方，深度達七十公尺，也就是大約二十層樓的高度，完成後將是北美第二深的車站。雖然這條路線大部分將位於郊區的地面上，但它的中央車站設於皇家山隧道（長度在加拿大排名第三）之內，可讓這條完成於1911年、近年已少有使用的隧道獲得新生命。

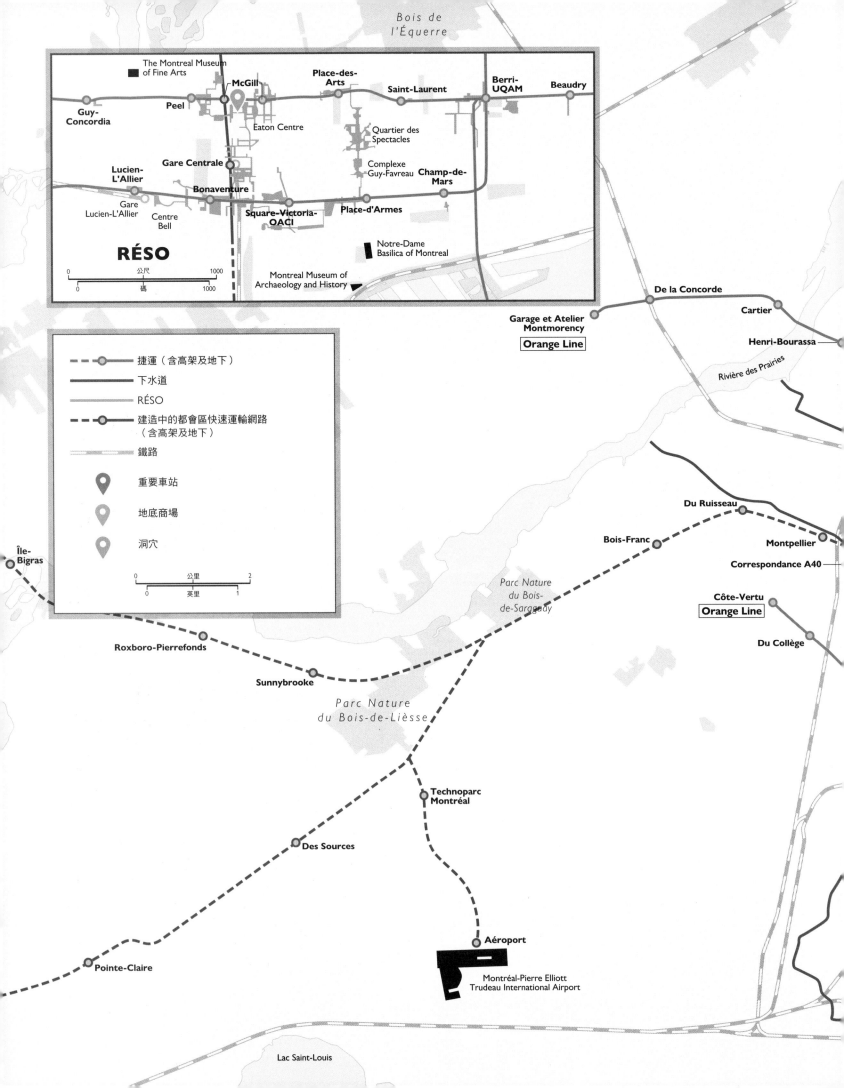

Bois de l'Équerre

The Montreal Museum of Fine Arts

McGill

Place-des-Arts

Saint-Laurent

Berri-UQAM

Beaudry

Guy-Concordia

Peel

Eaton Centre

Quartier des Spectacles

Lucien-L'Allier

Gare Centrale

Complexe Guy-Favreau

Champ-de-Mars

Bonaventure

Gare Lucien-L'Allier

Centre Bell

Square-Victoria-OACI

Place-d'Armes

RÉSO

公尺 1000

碼 1000

Notre-Dame Basilica of Montreal

Montreal Museum of Archaeology and History ▶

De la Concorde

Cartier

Garage et Atelier Montmorency

Orange Line

Henri-Bourassa

Rivière des Prairies

捷運（含高架及地下）

下水道

RÉSO

建造中的都會區快速運輸網路
（含高架及地下）

鐵路

重要車站

地底商場

洞穴

公里 2

英里 1

Du Ruisseau

Bois-Franc

Montpellier

Correspondance A40

Parc Nature du Bois-de-Saraguay

Côte-Vertu

Orange Line

Île-Bigras

Du Collège

Roxboro-Pierrefonds

Sunnybrooke

Parc Nature du Bois-de-Lièsse

Technoparc Montréal

Des Sources

Aéroport

Pointe-Claire

Montréal-Pierre Elliott Trudeau International Airport

Lac Saint-Louis

紐約

寰宇首善之都

紐約位於美國東岸，是北美最大的城市，共分為五個行政區，人口達八百六十萬，週邊都會區的人口則介於兩千到兩千三百萬。紐約的經濟規模非常龐大，如果當成單一國家計算，GDP可以排到世界第十二名。雖然本書介紹的所有北美城市，歷史都不如某些歐洲城市那麼悠久，但在地底空間的發展上，紐約絕對足以一拚。

建城歷史

紐約的原住民是阿爾岡京族（Algonquin）的獵人及採集者，居住在哈德遜河和德拉瓦河（Delaware River）河岸。1624年，荷蘭西印度公司（Dutch West India Company）在現今的總督島（Governors Island）設立了交易站，此地位於哈德遜河的上紐約灣，曼哈頓南方七百三十公尺處。兩年後，當時的荷蘭總督彼得・米努伊（Peter Minuit）從原住民手中買下鄰近地區，以及更大的曼哈頓島，並將荷蘭的第一個堡壘命名為新阿姆斯特丹。1664年起，這個位於曼哈頓島尖端的港口改由英國統治，並以約克公爵之名重新命名，此後穩定發展，到了1760年，人口已超越波士頓，達一萬八千人。改名紐約後，成為新成立的美國第一個首都，雖然首都的地位只維持了短暫的五個月，到1790年為止。

紐約在衝撞殖民地體制這方面總是身先士卒，卻仍和英國的工業城市利物浦及曼徹斯特，維持緊密連結，蓬勃的棉花進出口貿易及紡織工業，帶動了三地的經濟發展。1840年時，紐約的人口已超越二十萬人，成為世界上最大的城市之一。1868年，此地的五個區域：曼哈頓區、唯一不在島上的布朗克斯區、位於長島的布魯克林區及皇后區、以及史坦頓島（Staten Island），正式劃歸紐約管轄，成為紐約的五個行政區。

1876年費城的美國獨立百年世界博覽會（Centennial International Exposition）上，展出了自由女神像高舉火炬的手臂，到了1886年，雕像其餘所需的資金終於募集完畢，並由大西洋對岸的法國完成雕像，再遠渡重洋運至美國，組合成完整的自由女神。自由女神像轟立在自由島的舊堡壘之上，據說下方擁有各種秘密通道，然而，根據一名前任工人的說法，雕像下方禁止進入的區域中，其實只有一間鹽鋪，以及一條叫作出擊口（Sally Port）的緊急通道，供遊客緊急撤離使用。

蒸氣紐約

關於紐約最老掉牙的印象，莫過於街道上會散發出蒸氣，大部分的蒸氣都來自老舊、卻相當有效的蒸氣製造及運輸系統。這套系統源自1882年，當時紐約蒸氣公司（New York Steam Company）開始使用市區的管線網路，在曼哈頓市區運送熱騰騰的滾燙蒸氣。外來客可能會相當驚訝，因為這套系統目前仍在運作，以一百七十公里長的管線，將蒸氣送至一千七百戶間家庭或商號中，不只單純提供暖氣，也具備

清潔甚至冷卻等功能。

早期鐵路隧道

圓石山隧道（Cobble Hill Tunnel）位於布魯克林的大西洋大道（Atlantic Avenue）下方，長七百七十公尺，連接伯里恩站（Boerum Place）和哥倫比亞街（Columbia Street），是金氏世界紀錄中，北美最古老的地底鐵路設施。圓石山隧道最初於1845年由布魯克林及牙買加鐵路公司（Brooklyn and Jamaica Railroad）開挖，深度僅有五公尺，目的是要讓火車能夠更靠近位於東河（East River）南碼頭的卸貨平台。1850年起已少使用，於1861年終於封閉。不過五十五年後，第一次世界大戰期間，警察發現了這個地方，懷疑此地是同情德國份子的秘密炸藥工廠（沒有發現任何證據），於是隧道又再次遭到封閉。此後曾多次嘗試重啟隧道，要一直到1980年，一個名叫羅伯・戴蒙（Robert Diamond）的二十歲少年打穿一道擋土牆，開始經營廢棄隧道導覽後，圓石山隧道才重見天日。

早在約1925年開始，就有許多橫跨東河的路線構想出現，以便連接布魯克林及曼哈頓市區。不過由於建造橋樑預算太高，只好改為興建隧道。二點七公里長的布魯克林──砲台公園收費隧道（Brooklyn-Battery Toll Tunnel）於1940年開始興建，後於2012年以前紐約州長休・L・凱利（Hugh L. Carey）之名重新命名。該隧道的工程總共花了十年，啟用時為世界上第二長的隧道，僅次於英國利物浦的女王隧道（Queensway Tunnel），擁有四個巨大的通風井，分別位在布魯克林與總督島（各一個）及曼哈頓（兩個），每九十秒便會重新過濾空氣。2012年珊迪颶風（Hurricane Sandy）來襲，造成大淹水，但狀況迅速排除，隧道也重新開放。

紐約第一個啟用的地底運輸系統，其實從頭到尾都只是測試用，取法倫敦的氣送郵件系統，只是運送的對象換成乘客。該系統由設計師阿福雷德・伊利・比奇（Alfred Ely Beach）於1870年啟用，在百老匯大道下方延伸近一百公尺，車廂的動力是精密的氣壓系統。比奇氣送運輸公司（Beach Pneumatic Transit Company）測試這套系統整整三年，把興奮的大眾在管子中輸來送去，第一年運輸量就超過四十萬人，「起站」位於比奇公司在華倫街（Warren Street）的辦公室下方，「終點站」則是位於墨瑞街（Murray Street），不過終點站其實沒有出口，因為這套系統的目的，只是要展示氣送科技的便利。比奇最終的目標，是要興建一條長八公里，通往中央公園的隧道。但股市在之後崩盤，大眾的興頭也隨之減弱。即便如此，這條隧道仍然偶爾會出現在紐約大眾運輸的歷史中，例如在1912年，布魯克林─曼哈頓運輸公司的地鐵工人，就在興建百老匯線時，不小心鑿穿隧道。

氣送運輸或許不適合大規模的大眾運輸，但這個概念稍後仍繼續流行了一段時間。紐約從1897年起，也擁有了氣送郵件系統，不過雖然運用相同的技術，規模卻是小上許多。

下：比奇氣送運輸公司大膽的車廂構想圖。雖然這個企劃案，只是解決紐約混亂交通的解方之一，但阿福雷德・伊利・比奇仍是運用這條展示路線，證明氣送運輸也可以解決交通困境。這個想法，被譽為是紐約地底大眾運輸系統構想的先驅。

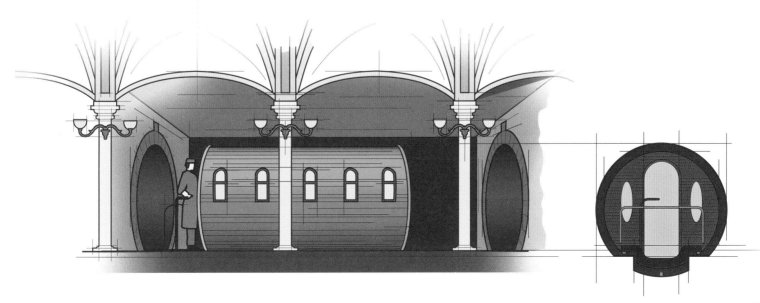

和芝加哥、倫敦、曼徹斯特、巴黎、費城等地的氣送郵件系統相同，曼哈頓島兩端的地底一公尺處，都埋進了半公尺寬的氣送管，在這些管子中，裝有郵件的容器由空氣驅動。紐約的氣送郵件系統隨後又新增了一條跨市管線，連接郵政總局（General Post Office）及中央車站（Grand Central station），1902年則多了另一條橫跨東河，通往布魯克林的管線。紐約的氣送管線總長四十三公里，構成的網路每天可以在全市的二十三個郵局之間，運送將近十萬封郵件。即便如此，頻繁發生的堵塞以及高昂的費用，更別說還有電話及其他地面郵政服務的競爭，讓這套系統多次停止營運，直至1950年代初期正式停用。

西七十二街及西一百二十五街間，現稱上西城（Upper West Side）及晨邊高地（Morningside Heights）的區域，雖然是當時鐵路最為密集的區域，但在鐵路及哈德遜河間，仍有許多未開發的空間。河濱公園（Riverside Park）在19、20世紀之交興建，卻離住宅區有段距離，因而1930年代的都市設計師羅伯‧摩斯（Robert Moses），便計畫將紐約中央鐵路公司（New York Central Railway）的鐵軌與道路，埋進五公里的隧道中，上方的空間則用來擴建公園，如此公園就能更靠近住宅區。1980年，裝載貨物的列車不再使用這條隧道，隧道成為遊民群聚之處。而更早，從1974年起，別名「自由」的街頭藝術家克里斯‧佩普（Chris 'Freedom' Pape）就在此處彩繪牆面，他的作品成為在地傳奇，直到1991年，美鐵（Amtrak）拆除貧民窟，重新啟用隧道，但自由隧道（Freedom Tunnels）的名稱依舊保留下來。

大眾運輸系統

紐約這麼大一座城市，如果沒有精密的大眾運輸網路，肯定會天下大亂。光是紐約，就佔了美國大眾運輸使用者人數的三分之一，鐵路使用者更達三分之二。就車站的數量來說，紐約地鐵是全世界最大的大眾運輸系統，總共有四百二十四站，其中兩百八十一站位於地底，最深的車站位於一百九十一街，達五十五公尺深。不過即便如此，紐約早已不是世界最繁忙的大眾運輸系統，目前全世界前五大繁忙的系統，都位於亞洲。

地鐵並不是紐約首次出現的大眾運輸。19世紀中期，所有運輸公司腦裡想著的都是高架鐵路，第一家獲得許可的公司是西城及揚克斯特許鐵路公司（West Side and Yonkers Patent Railway），經營曼哈頓南端至科特蘭街（Cortlandt Street）之間的路線，但發展初期有些跌跌撞撞，直至1870年才開始售票，到了1880年，主要大幹道沿線已有四條路線。在高架鐵路的全盛時期，紐約到處都可見高架鐵路，雖然這些路線讓城市能夠擴張至曼哈頓島，卻很快就不堪負荷。

上：紐約地鐵最新的路段於2017年啟用，擁有三個車站：七十二街站、圖中的八十六街站、以及九十六街站。計畫已久的第二大道線開通後，這段路段將成為起始路段，目前則是作為Q線北端的終點站，而下一條路線開通後，便將更名為T線。這段路段的歷史，可以追溯到一個世紀前，當時預計以此路段取代高架鐵路。圖中的八十六街站，月台位於地底二十八公尺處，擁有舒適的空調系統，以及藝術家查克‧克勞斯（Chuck Close）的作品，包括知名音樂家路‧瑞德（Lou Reed）、作曲家菲利普‧葛拉斯（Philip Glass）、攝影師辛蒂‧雪曼（Cindy Sherman）等人的肖像等。

興建地鐵的構想，其實已經長期醞釀。紐約州議會1864年便已批准大都會鐵路公司（Metropolitan Railway Company）在百老匯大道下方興建地鐵，路線從砲台公園至三十四街，再延伸至中央公園，但預算卻被參議院撤銷。另外，即便阿福雷德‧伊利‧比奇使出渾身解數，他的氣送管構想依舊運量不足，永遠不可能一次運送數千名乘客。此後又過了三十年，第一條地鐵的興建終於在1894年拍板定案。

跨區快速運輸公司（Interborough Rapid Transit Company，簡稱IRT）花了十年建造第一條地鐵。當時的土木工程師威廉‧巴克雷‧帕森斯（William Barclay Parsons）作出了大眾運輸史上最明智的決定：這條路線有四條軌道，多出來的軌道可供過站不停的特快車行駛，因而大幅縮短了橫越曼哈頓島的時間，這是高架鐵路缺少的優勢。IRT線的起始路段於1904年啟用，連接市政廳和中央車站。市政廳站擁有整條路線最漂亮的瓷磚裝飾，由海因斯及拉法吉建築事務所（Heins & Lafarge）設計，讓大眾誤以為他們的新運輸系統將會十分美麗，然而，雖然其他車站也是由同一個建築事務所設計，卻只以瓷磚拼出橫飾帶，上刻有車站名稱及標誌。其他部分則不若市政廳站奢華。

第二大道線

1908年，哈德遜及曼哈頓鐵路公司（Hudson & Manhattan Railroad，簡稱H&M）的隧道啟用，連接紐澤西州的紐華克及曼哈頓島，這條路線現今稱為「港務局跨哈德遜河線」（Port Authority Trans-

上：市政廳站原先預計成為當時紐約地鐵（後來稱為IRT線）的重要車站，不僅是萊辛頓大道線最南端的終點站，同時也是當時月台唯一擁有彎道的車站，如此一來，列車不需要掉頭，就可以駛回布魯克林大橋站。市政廳站的裝飾相當奢華，售票亭及月台都以瓷磚裝飾，並以黃銅吊燈照明。1945年，隨著地鐵路線延伸，環狀設計成為累贅，市政廳站也跟著關閉，但目前仍供第六線的列車迴轉之用。

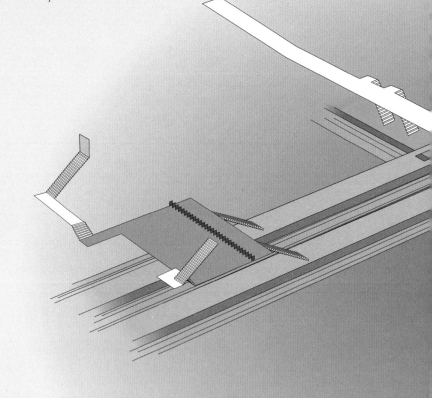

- 0 氣送郵件系統
- 下水道
- 圓石山隧道／比奇公司的氣送運輸隧道
- -10 皇冠熟成洞穴／紐約公共圖書館書庫
- -20 時代廣場—四十二街站（IRT四十二街接駁服務、IRT第七大道線、IRT法拉盛線（Flushing Lines、BMT百老匯線）
- 華爾街圓柱型金庫
- -30
- -40
- -50 克羅頓淨水廠（Croton Filtration Plant）
- 一百九十一街站（IRT第七大道線，最深的地鐵站）
- -60
- -70
- -80
- -90
- -100
- 150 紐約三號供水隧道（New York City Water Tunnel No.3）

時代廣場—四十二街站

時代廣場—四十二街站（Times Square-42nd Street Station）位於紐約正中心，所以成為紐約地鐵系統中最繁忙的車站，也是理所當然。這個巨大寬闊的地底複合式空間，年運量將近七千萬人次，除了是四條主要鐵路的轉運站外，也是紐約地鐵短程接駁服務的終點站，因而行經本站的路線，總計有十二條之多。

本站主要包含五個月台，其中四個呈現在下方的簡易插圖中。在接駁服務月台的末端，還有一條可伸縮的便橋，供乘客跨越四號鐵軌。由於結構複雜及經費相關問題，本站曾經歷數次改建，最近的一次改建使其便利性更上一層樓，站名也定調為「時代廣場—四十二街站暨港務局客運總站」（Port Authority Bus Terminal）。

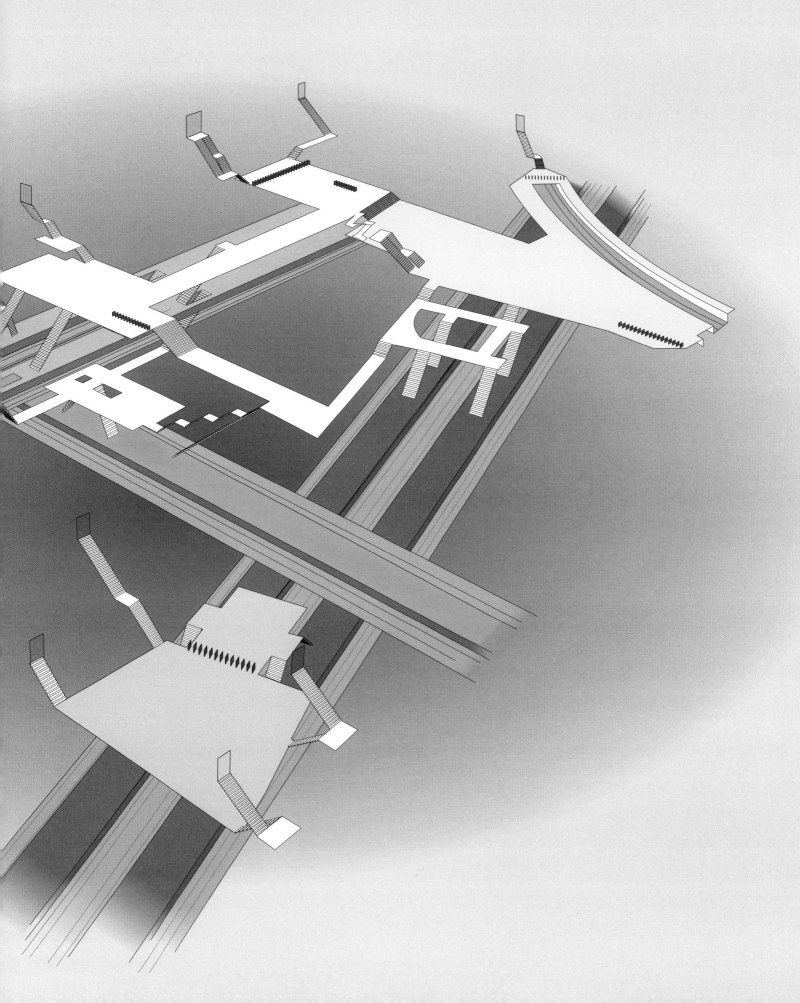

Hudson，簡稱PATH）。另外兩家大型運輸公司，布魯克林─曼哈頓運輸公司及市營的獨立地鐵系統（Independent Subway System，簡稱IND），也興建了不少新路線。1940年代，跨區快速運輸公司、布魯克林─曼哈頓運輸公司、獨立地鐵系統等三家公司合併，不久後便拆除大部分的高架鐵路。但在這段期間，並沒有興建太多新的路線與車站，要一直到最近幾年，這樣的情況才開始改變。

在紐約的哈林區和下曼哈頓之間，一直沒有地鐵，各界期盼已久，還把這裡稱為「第二大道線」（Second Avenue Line），因為大部分路段都位於紐約城東第二大道的下方。早在1919年就已計畫興建此線，但直至1972年才開工，三年後又因財務吃緊停工。到了2007年，曼哈頓島北側的路段才再次復工。又過了十年，拜中央公園下方一條久未使用的舊隧道之賜，新路線的起始路段終於能夠啟用。該隧道最早建於1970年代，連接皇后區及曼哈頓幾處地方（包含的萊辛頓大道至六十三街間的區域，以及第七大道至五十七街間的區域）。雖然這條隧道曾在1990年代的地鐵路線圖中短暫出現，但它始終處於閒置狀態。第二大道線後來改稱「第二大道地鐵」（Second Avenue Subway），起始路段逐漸完工（包含連接閒置隧道及新路段的支線），列車便能從三座新車站──七十二街站、八十六街站、及九十六街站，接上Q線前往市區。這三座新車站於2017年啟用，目前屬Q線管理。預計在2020年後，還會再多出三座車站，延伸至一百二十五街，到時便會更名為T線。話雖如此，由於資金尚未到位，距離整條南段完工，應該還要花上一段時間。

紐約的幽靈車站們

1956年，則是輪到BMT第四大道線的莫托大道站（Myrtle Avenue）關閉，該站連接曼哈頓大橋（Manhattan Bridge）及布魯克林的狄卡布大道（Dekalb Avenue）。1980年，藝術家比爾‧布蘭德（Bill Brand）在廢棄月台對面的牆上，繪製了超過兩百幅油畫，列車經過時，油畫會形成大約二十秒的「動畫電影」，布蘭德稱為「大眾運輸顯微鏡」（Masstransiscope）。

一九四八年，原先屬於1904年第一條地鐵路線的東十八街站也因月台擴建施工，必須關閉。此次施工的另一個受害者，則是九十一街的另一個車站，於1959年關閉。到了1962年，同一個工程竟然又迫使沃斯街站（Worth Street station）關閉。而奈文斯街站（Nevins Street station）的下層本來是要供布魯克林地區的列車轉運，但卻從未啟用。較近期的幽靈車站案例，則是運河街站（Canal Street）的J線─M線─Z線月台（J/M/Z platform）於2004年關閉。

而著名的華爾道夫酒店（Waldorf-Astoria Hotel）下方，則是以六十一號軌道和中央車站相連，擁有一座獨立的車站，專供有錢人的私人列車停放，極具隱蔽性，酒店還提供私人電梯，能將尊貴的客人載至獨立的大廳。小羅斯福總統便是酒店的常客之一。1965年，安迪‧沃荷甚至還在酒店的地底月台舉辦了一場派對。這座私人車站雖然廢棄已久，但現今仍能在東四十九街找到通往這個秘密車站的運貨入口。

1929年，曾有計畫興建一條路線連接曼哈頓島及威廉斯堡區，軌道將使用東河下方的隧道。南四街站就是這條線上的一站。不料經濟大蕭條及二戰影響，迫使這條線停工。2010年，街頭藝術家工馬（Workhorse）及派克（PAC）發現了從未使用過的南四街車站，於是用裡面的空間創辦了「紐約地底計畫」（The Underbelly Project）的地下街頭藝術展。十八個月的展覽期間內，一百多位來自世界各地的街頭藝術家將這座廢棄車站變成一個秘密畫廊，這段故事目前還預計改編成電影。

神秘的地底空間

紐約充滿各種都市奇觀，像是在布魯克林綠點區（Greenpoint）麥卡倫公園（McCarren Park）中的巨型游泳池。這個游泳池可以追溯至1936年，當時小羅斯福總統創立的公共事業振興署（Works Progress Administration），規劃了多項公共建築，以協助人民度過經濟大蕭條。

華爾街地底大約二十五公尺處，則是擁有一座能夠旋轉的兩層樓圓柱型金庫，屬於紐約聯邦儲備銀行（New York Federal Reserve Bank）管理。據說內部有超過一百座小型金庫，收藏近七千根金條，是人類歷史上規模最大的黃金收藏。該銀行負責保管來自世界各地金融機構的金條，據說人類史上開採過的黃金，共有百分之五存放於此。另外，只要經過事先預約，任何人都能入內參觀。

紐約最神秘的「隧道」，則非曼哈頓上西城的「六又二分之一大道」莫屬。這條南北向的人行道長四百公尺，連接西五十一街及西五十七街，在許多旅遊資訊中都沒有記載，因而可說是條秘密通道。六又二分之一大道是紐約唯一名稱有分數的街道，屬於1960年代興起的私有公共空間計畫（Privately Owned Public Spaces，簡稱POPS）產物，這項計畫由市議會規劃，目的是為了鼓勵地產開發商在新建的建築物中，發展公共空間。雖然嚴格來說，六又二分之一大道不算是在地底，感覺上卻好像真有那麼一回事。

還有另一條神秘隧道，位於一度相當危險的區域下方：中國城勿街（Mott Street）及佩爾街（Pell Street）之間的道伊爾街（Doyers Street）。這個歷史悠久的擁擠區域，以龍蛇混雜的非法賭窟聞名，隧道大約是在十八世紀初期開挖，為此地及鄰近的查塔姆廣場（Chatham Square）提供庇護。

位於蘇活區的舊聖派崔克主教座堂（St Patrick's Old Cathedral），建於1809至1815年，擁有約三十五個地下墓穴，以及數座神職人員的墓穴。即便這些墓穴通常不會向公眾開放，此地仍是曼哈頓現存為數不多，能夠合法安放死者遺骸之處。紐約其他教堂同樣也擁有墓穴，例如小義大利區的教堂等。

食物秘辛

紐約的米特帕金區（Meatpacking District）又稱「肉品加工區」。位於曼哈頓西側靠近三十五街處，其名稱的由來是有原因的，因為這裡是屠宰業的大本營。過往從紐澤西州經哈德遜河運至紐約的牛隻，都會先被趕至第十二大道，也就是現今的西城公路，等待宰殺。但這些牛隻很快對紐約的交通造成困擾，尤其是在1920至1930年代，路上還塞滿了私有汽車，於是第十二大道下方便興建了一條專供牛隻使用的隧道，長六十公尺。然而，1970年代末期興建賈維茲會議中心（Javits Convention Center）時，完全抹去了1932年西城牛隻隧道的痕跡。

1866年，布魯克林皇冠高地（Crown Heights）富蘭克林大道的拿索酒廠（Nassau Brewing Company），在自家酒廠的地底下建造了一座冰庫，並以一條九公尺長的磚造隧道和酒廠連結。酒廠後來在20世紀初期禁酒時期關閉，但其圓拱風格（Rundbogenstil）的建築，於2014年登錄成為國定古蹟。目前這條隧道則是由皇冠熟成洞穴公司（Crown Finish Caves）使用，存放超過一萬兩千公斤的起司。

下：皇冠熟成洞穴公司位於布魯克林皇冠高地，是一座地底起司熟成設施。要存放將近三萬塊起司，有哪裡會比拿索酒廠先前留下來的隧道，還要更適合呢？

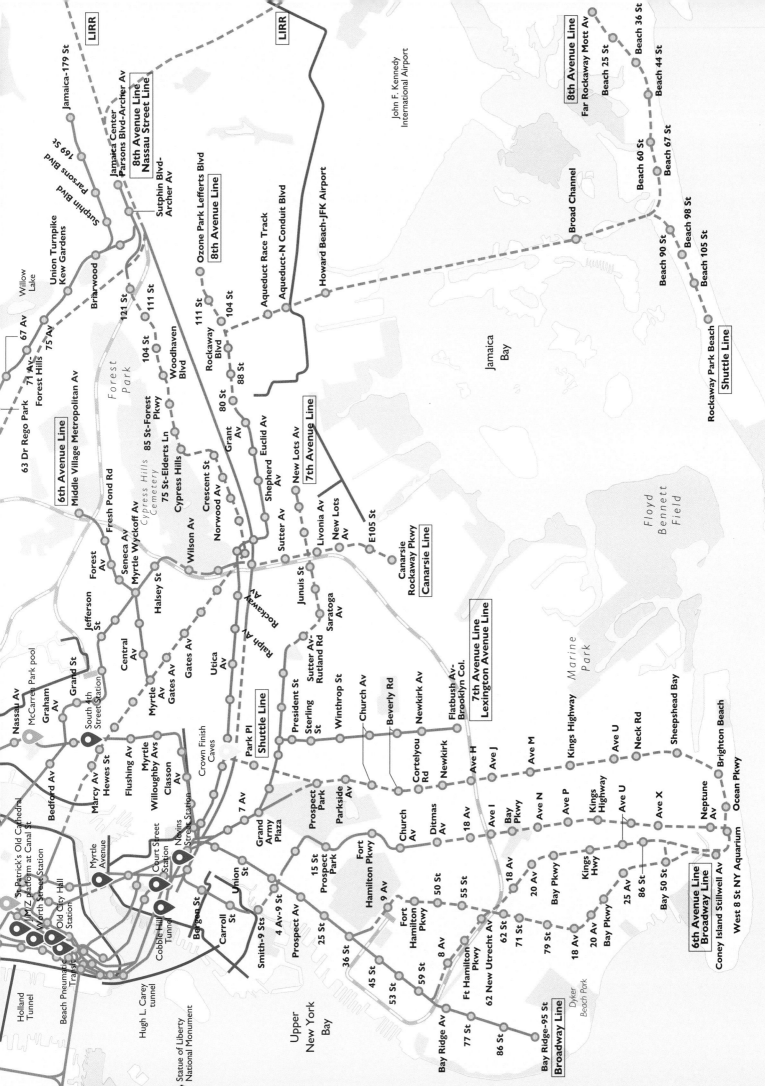

波士頓

始於茶黨

波士頓是美國最古老的城市之一，1630年由英國殖民者建立，坐落於新英格蘭濱北大西洋的廣闊天然良港，週邊都會區人口達四百萬。這裡也是茶黨（Tea Party）引發美國獨立戰爭（American Revolutionary War）之地，這場戰爭從1775年打到1783年，逐出了英國殖民者。此後，波士頓迅速成為新英格蘭地區蓬勃發展交通網路的中心，同時也是廢奴重鎮，又是高知識份子與文化生活的聖地。在金融方面，波士頓甚至一度扮演和紐約一樣重要的角色。周遭地區也擁有美國最著名的大學，包括哈佛大學及麻省理工學院等。

地底驚奇

波士頓座落的蕭慕半島（Shawmut Peninsular）尖端稱為「北角」，歷史可追溯至17世紀中期，此地不僅是波士頓最古老的住宅區，據說還充滿了秘密隧道。1740年代，有名自稱格魯奇船長（Captain Gruchy）的走私者，走私了四座木製雕像到波士頓，想必就是利用這些隧道。由於隧道封閉已久，位置隱密，謠傳某些隧道還於1920年至1933年的禁酒令期間，遭到私酒商利用。有家酒吧甚至宣稱擁有一條隧道，從南波士頓直通海岸。

然而，隨著數個世紀以來的土地開發及建設，這些古老的隧道幾乎都已不復見，也使得城市考古學家總是孜孜矻矻尋找更多遺跡。

1896年落成的史坦納廳（Steinert Hall）位於地底，曾被譽為「文化涵養豐富的波士頓音樂界及藝術界總部」，入口位於有「鋼琴街」（piano row）美稱的博伊斯頓街（Boylston Street）一百六十二號，旁邊就是史坦威鋼琴行。往下走四層樓後，就能抵達這座刻意設計於地底的音樂廳，目的便是為了防止街上的噪音傳入。雖然音樂廳1942年就已停業，近期仍有重啟此地，使其再現往昔風華的計畫。

老城市還有另一個幾乎被現代都市發展抹去的特色，就是原本的磚造下水道，目前還能找到其中一座，連接月亮島（Moon Island）及多徹斯特（Dorchester）地區。從前的河流也遭受同樣的命運，像是昆西鎮的鎮溪（Quincy's Town Brook），目前就僅存流經昆西中心地區（Quincy Center）星星超市（Star Market）的一小段，其餘部分都已位於下水道中。石溪（Stony Brook）也是另一條遭到掩埋的溪流，不過現在仍然可以在畢佛街（Beaver Street）看見一小段，靠烏龜湖（Turtle Pond，又稱泥湖，雖然從來沒有充滿烏龜或泥巴過）的湖水補注，負責調節周遭濕地的水量。

早期交通網路

19世紀末期，傳統纜車的電氣化及新建的高架鐵路，提供了波士頓適宜的大眾運輸網路，但是由於有太多電車行經市中心，因而有必要將其中一部分地下化，於是便在崔蒙特街（Tremont Street）下方建造了一條隧道，位於波士頓公園（Boston Common）邊緣，連接乾草市場（Haymarket Square）及博伊斯頓

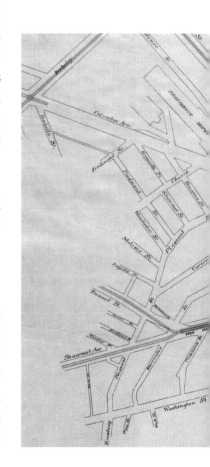

街。在博伊斯頓街，電車將分為兩條不同路線離開地底，一條往阿靈頓（Arlington）及後灣區（Back Bay），另一條則往普萊森街（Pleasant Street）。崔蒙特街電車隧道於1897年啟用，是歐洲之外，目前還在運行最古老的地鐵路線，若是以電車隧道來說，則是世界上第三古老。

從一開始，波士頓地鐵的架構就相當複雜，使得公園街（Park Street）下方產生廣闊的地底空間（內有一座轉車台），並使得史柯雷廣場（Scollay Square）的月台造型格外怪異，以配合系統。這兩樣設施在接下來的數十年間不斷修改，最後普萊森街支線於1961關閉，不過還留下來一段長度可觀的廢棄隧道。波士頓人非常喜愛這段隧道，不斷提出各種重啟隧道的計畫。另一個遭到廢棄的路段，則是在博伊斯頓街站附近，崔蒙特街隧道途經的五個地鐵站有的陸續改建、搬遷或更名。這條廢棄隧道的歷史悠久，可是它的主幹線至今還是屹立不搖，目前仍是麻薩諸塞灣交通局（Massachusetts Bay Transportation Authority，簡稱MBTA）綠線主要的市區路段。

20世紀初期，又有三條新的地鐵路線啟用，包括1904年啟用，後來改稱藍線，建於波士頓港地底的東波士頓隧道（East Boston Tunnel）；1908年啟用，屬於主高架線（Main Line Elevated），後來併入橘線的華盛頓街隧道（Washington Street Tunnel）；以及1912年啟用，後併入紅線的劍橋─多徹斯特地鐵（Cambridge-Dorchester Subway）。上述大部分的隧道路段雖然都還在服役中，仍是有些許設施遭到廢棄，例如目前藍線乾草市場站下方的備用月台等。

波士頓

上：崔蒙特街地鐵的「公共花園斜坡」（Public Garden Incline），攝於1904年，十年後路線就不再經過此處。

下：雖然位於波士頓下方的崔蒙特街地鐵，行經的路線看起來有些彎扭，這條1895規畫的路線，後來成為美國第一個健全的地鐵服務。大部分的路段現今依然繼續使用，屬於逐漸擴張的綠線，重要的市區路段。

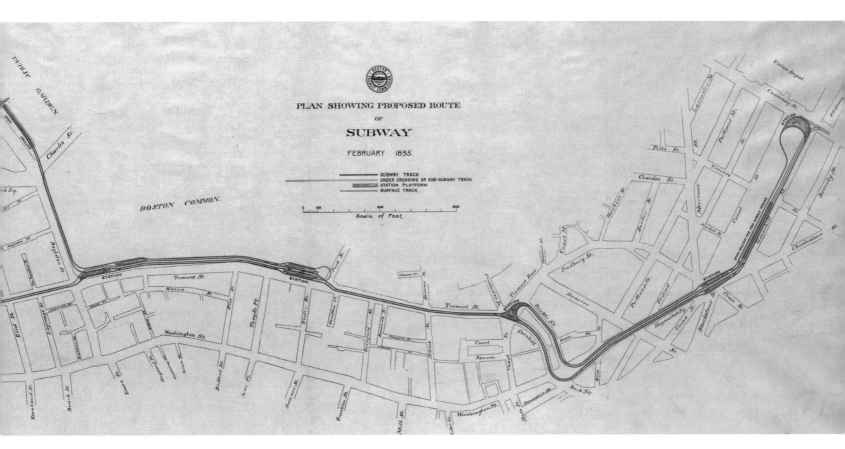

0

薩姆納隧道／卡拉漢隧道
石溪

-10

史坦納廳

新英格蘭水族館站（Aquarium
Station）（藍線，最深的地鐵站）

-20

泰德·威廉斯隧道

-30

中央動脈隧道工程

-40

月亮島—多徹斯特磚造下水道

-50

-60

-70

-80

-90

-100

泰德·威廉斯隧道及史坦納廳

波士頓以自身的創新為傲，一度還是當時稱為英屬北美地區的最大城
市（直到18世紀中期費城及紐約興起為止）。波士頓擁有美國第一座
公立學校、第一座公立公園、第一條地鐵，以及世界上最古老、至今
仍在運行中的電車系統。除了這些早期的建設外，波士頓為了解決市
區的交通問題，也採用高架鐵路的方式（北美有些城市也採用了這種
模式）。而崔蒙特街地鐵以及目前屬於紅線的劍橋隧道和多徹斯特隧
道等，已併入波士頓的大眾運輸系統之中，因此目前波士頓的大眾運
輸系統包括高架鐵路、電車、地鐵等不同模式。另外，在其他交通工
具（例如公車及一般公路）使用的隧道中，也可以見到波士頓人為了
解決交通問題，而願意往下發展的雄心壯志。

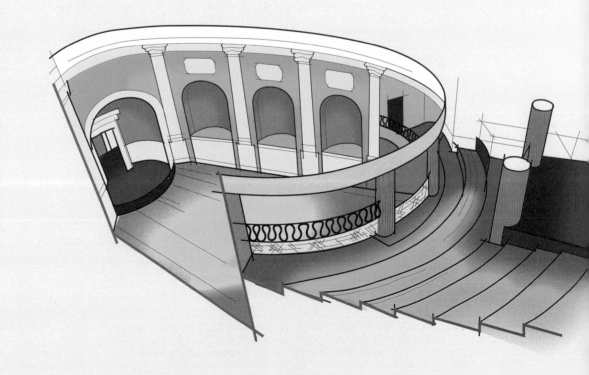

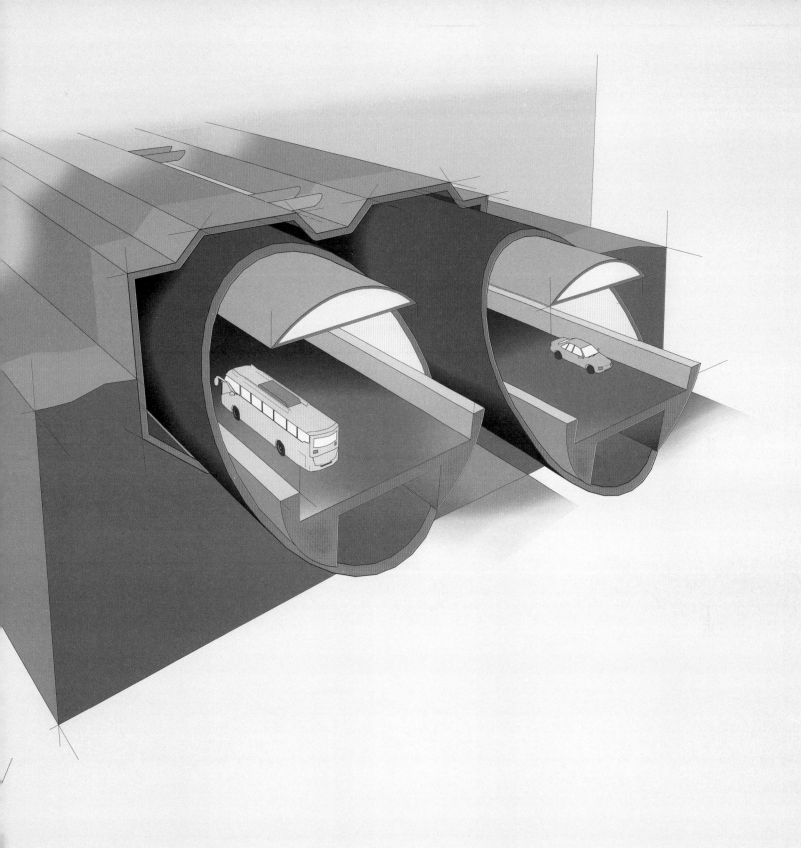

左：史坦納廳目前正在整修，以便恢
復原先豪華的設計，這座建築為史坦
納家族公司（M. Steinert & Sons）所
有，於1896年落成，地面上的建築為
裝飾藝術風格（Beaux-Arts），地底
的劇場則是由亞當式（Adam-style）刻
有凹槽的柯林斯式（Corinthian）壁柱
裝飾。

上：以波士頓紅襪隊傳奇球星為名的泰德·
威廉斯隧道，是波士頓港下方的三條隧道之
一，其他兩條則是薩姆納隧道及卡拉漢隧
道。泰德·威廉斯隧道於1995年啟用，是「
大挖掘」工程最早完工的部份，主要是為了
緩解波士頓市中心九十號州際公路擁擠的交
通，一開始僅供商用車輛及貨車使用，但在
2005年時開放所有車輛通行。

1934年，位於波士頓港下方，長度一點七公里、連接東波士頓與北角的薩姆納隧道（Sumner Tunnel）開通。這條雙向海底隧道兩邊各只有一個車道，隨著私有汽車在美國蓬勃發展，很快就變得擁擠不堪，於是又興建了一條和其平行的卡拉漢隧道（Callahan Tunnel），於1961年啟用。目前兩條隧道都採單向通行。

東西向的九十號州際公路橫跨全美國，從波士頓通往紐約州的路段稱為「麻州收費公路」（The Massachusetts Turnpike），長兩百二十二公里，公路底下擁有連接威士頓收費站（Weston toll plaza）的隧道，但僅供工作人員使用。

大挖掘

到目前為止，新英格蘭地區規模最大的地底工程，就是巨大的「中央動脈隧道工程」（Central Artery/Tunnel Project，簡稱CA/T），民間則稱為「大挖掘」（Big Dig）。這項工程源自1980年代初期，目的是為了延伸九十號州際公路，讓該路穿越波士頓港下方通往羅根國際機場（Logan Airport），同時將穿過波士頓繁忙市中心的九十三號州際公路高架路段地下化。工程於1991年展開，總共花了16年才完工。興建過程中，建造了羅絲‧甘迺迪綠地（Rose Kennedy Greenway），這是一個長二點四公里的帶狀公園，位於隧道上方，就是原先高速公路所在地。工程總計花費一百四十六億美元，付完債務利息後，金額更達到兩百四十億美元，榮登美國史上最昂貴工程榜首。

和大挖掘同時進行的，還有為了波士頓銀線BRT公車所興建的「泰德‧威廉斯隧道」（Ted Williams Tunnel），供往返位於地底的波士頓南站及羅根機場的公車使用。而另一段計畫中的BRT路段，將會包含位在地底的公車道，連接華盛頓街、波士頓南站、以及綠線的博伊斯頓街站，不過由於預算超過二十億美元，這項稱為「小挖掘」的工程，目前還未正式動工。

上：波士頓擁有BRT公車系統，大部分都行駛在公車專用道上。圖中的BRT銀線提供六條通往市中心的路線，走的是專供公車使用的隧道，原先的終點站為波士頓南站，最近則是延伸至位於東波士頓的切爾西（Chelsea）。

右：這兩張照片是從同一處拍攝，時間點分別是「大挖掘」前後，從照片中可以看出，高速公路先前對波士頓市區造成的不良影響，以及高速公路拆除後，開放空間以及公園綠地，又帶來多大的好處。

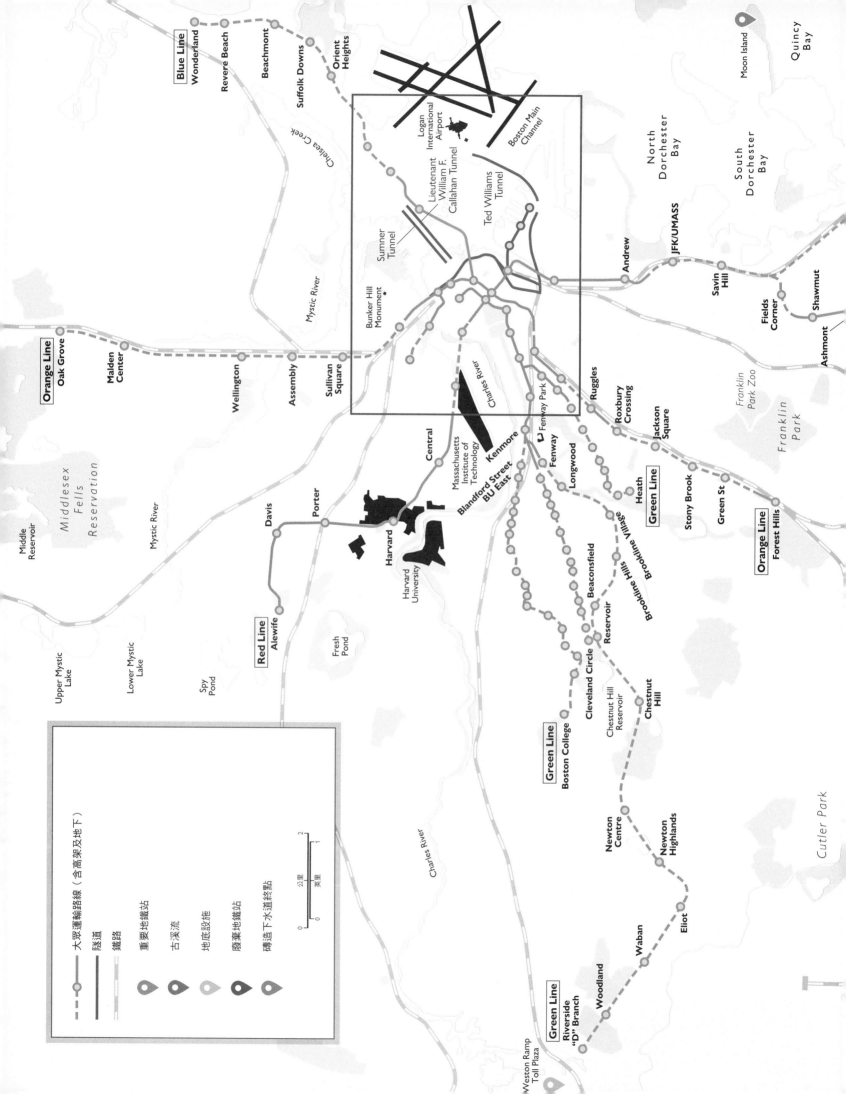

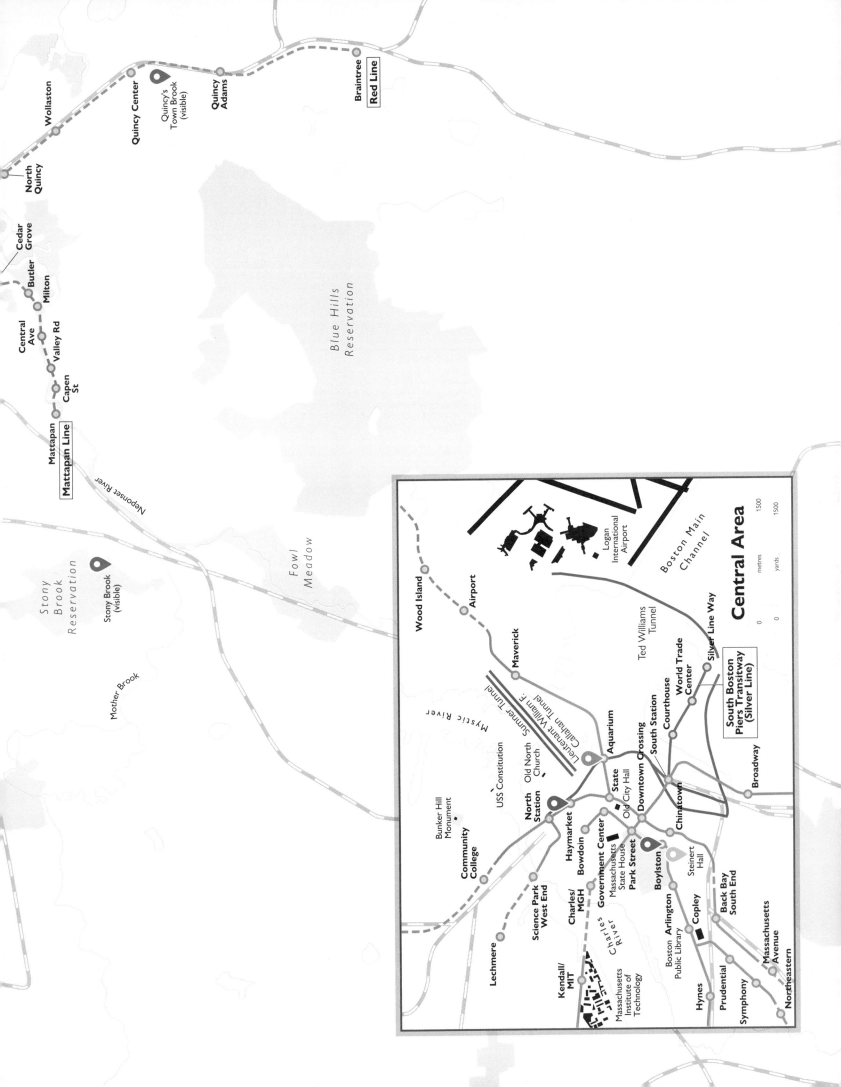

Wollaston

North
Quincy

Quincy Center

Quincy's Town Brook (visible)

Quincy Adams

Braintree

Red Line

Cedar Grove

Butler

Milton

Central Ave

Valley Rd

Capen St

Mattapan

Mattapan Line

Neponset River

Blue Hills Reservation

Stony Brook Reservation

Stony Brook (visible)

Mother Brook

Fowl Meadow

Wood Island

Airport

Maverick

Logan International Airport

Boston Main Channel

Central Area

0   metres   1500

0   yards   1500

Ted Williams Tunnel

World Trade Center

Silver Line Way

South Boston Piers Transitway (Silver Line)

Courthouse

South Station

Downtown Crossing

Chinatown

Broadway

Aquarium

Mystic River

Summer Tunnel

Lieutenant William F. Callahan Tunnel

USS Constitution

Old North Church

State

Old City Hall

Bunker Hill Monument

Community College

North Station

Haymarket

Bowdoin

Government Center

Massachusetts State House

Park Street

Boylston

Steinert Hall

Lechmere

Science Park West End

Charles/ MGH

Charles River

Kendall/ MIT

Massachusetts Institute of Technology

Boston Arlington Public Library

Copley

Back Bay South End

Massachusetts Avenue

Hynes

Prudential

Symphony

Northeastern

布宜諾斯艾利斯

高壓與抗壓

阿根廷首都布宜諾斯艾利斯擁有兩百九十萬居民，週邊人口超過一千兩百萬。城中歷史最悠久的區域為聖特爾摩（San Telmo）港區，由西班牙探險家於1536年建立，起初稱為「聖母瑪利亞布宜艾利城」（Ciudad de Nuestra Señora Santa María del Buen Ayre），而「布宜艾利」則為空氣清新之意。雖然這個新興的港口幾年後就不再使用，但在1850年又再度成為交易站，更名為「聖母瑪利亞布宜諾斯艾利斯港」（Puerto de Santa María de los Buenos Aires），同時也是西班牙殖民者侵略南美洲的重要基地。

英國軍隊曾進攻布宜諾斯艾利斯數次，最終於1806年順利佔領，但不久又被聖地牙哥·德·利尼爾斯（Santiago de Liniers）擊敗。阿根廷於1816年自西班牙獨立後，就定都布宜諾斯艾利斯，到了19世紀末期，文化、經濟、建設等方面蓬勃發展，成為阿根廷鐵路運輸網路的中心，並鞏固了首都的地位。這波發展在1913年達到最高點，當年南美第一條地鐵啟用，不僅加速了後續的擴張，同時也為20世紀初的第二波發展鋪路。

過去的遺跡

布宜諾斯艾利斯古老的地底隧道中，有些是由過去受到迫害的耶穌會教士挖掘，他們在啟蒙街區（Manzana de las Luces）下方挖掘了兩公里長的隧道。根據推測，這些隧道可能是想要連接該區域的幾個大教堂，目的是為了讓神職人員與會眾在遭到攻擊時，能夠安全撤離。不過這些隧道構成的網路還不算完整。有好幾十年的時間，世人都不知道這些隧道的存在，直到1912年，整修一間啟蒙街區的學校時，建築工人腳下的地板崩塌，才發現一條未經紀錄的隧道，而考古學家也才考據出來這些耶穌會教士的地底工程。

17世紀時，聖特爾摩區就已嘗試將溪流河道取直並地下化，後來有些溪流成了今日的下水道。不過其他地方情況卻不大相同，例如在高地廣場（Plaza Serrano）附近，這些工程就留下了巨大的地底空間，雖然上方蓋有建築，某些空間仍然可以進入，或者成為了地下儲藏室。石榴谷宅邸（El Zanjón de Granados）複雜的隧道及地底空間，便是其中之一，此地擁有一座博物館以及集會用的宴會廳。

20世紀時，一位叫作荷黑·艾斯坦（Jorge Eckstein）的地主發現自己住宅的地基不太穩固，甚至還有座露台倒塌，經過調查後，他在地底發現了大規模的隧道。這些隧道建造的年代，比啟蒙街區的隧道略晚，約在1780年左右，是當時為了治水與防洪所挖掘的隧道。

布宜諾斯艾利斯地鐵

布宜諾斯艾利斯在19世紀下半葉蓬勃發展，一度曾擁有世界上最大的纜車網路。隨著纜車電氣化以及不同運輸公司間的激烈競爭，市內許多街道擠滿了電車。雖然這時就已出現沿著主幹道挖掘隧道，並將管線埋入地下的計畫，但

上：布宜諾斯艾利斯地鐵是南美洲最古老的地鐵，在二戰結束前就擁有五條路線，這張照片攝於1939年，圖中的列車屬於當時新啟用的D線，正要開往義大利廣場（Plaza Italia）。

還是要到1898年，開始建造新的國會建築時，妥善管理大眾運輸的構想，才開始加速發展。1892年，前市長米格爾・卡內（Miguel Cané）就已提出興建和倫敦類似地鐵系統的構想，但其他人卻比較喜歡懸掛在空中的纜車系統。即便如此，最終仍是決定興建地鐵。1913年，盎格魯－阿根廷電車公司（Compañía de Tramways Anglo Argentina）正式啟用第一條地鐵路線，同時拉格魯茲兄弟公司（Lacroze Hermanos Company）也正在遊說政府興建第二條地鐵。第二條地鐵於1927年開始興建，1930年啟用，接下來還有三條路線啟用，包括1930年的C線、1934年的D線、以及1944年的E線。到現在布宜諾斯艾利斯地鐵總共擁有七條路線，其中包含一條輕軌。

全球各地歷史悠久的運輸系統都有這樣的經驗，就是交通路線和操作的需求，會隨時間改變。這也使得布宜諾斯艾利斯地鐵目前擁有四座幽靈車站：兩座位於現稱A線的第一條地鐵，另外兩座則位於E線。位於A線的兩座車站，北艾伯特站（Alberti Norte）及南帕斯卡站（Pasco Sur）皆於1953年關閉，前者在改建成變電所時，大部分都已遭到破壞，後者的狀態卻是維持得十分良好，使得遊客前往參觀時，總是會有種車站不過是最近才剛廢棄的感覺。E線的兩座幽靈車站則是在1966年關閉，當時為了讓E線更接近市中心，而變更了路線，E線因此不再經過憲章站（Constitución station），雖然此舉增加了運量，卻也造成憲章站及聖荷西站（San José）關閉。目前也有出現重啟上述幽靈車站的計畫，預計將作為未來F線的一部分，不過由於隧道過於老舊，彎曲幅度也太大，該計畫或許無法達成。

布宜諾斯艾利斯地鐵目前也預計繼續興建新的路段，包括最近延長的H線等，里特羅轉運站（Retiro）最後一部分的工程也終於開始動工。

單位：公尺

0

啟蒙街區隧道
石榴谷宅邸
巴赫路運輸走廊計畫

-10

-20

-30

-40　屠殺河汙水處理場隧道（Riachuelo
plant wastewater tunnel））

-50

-60

-70

-80

-90

-100

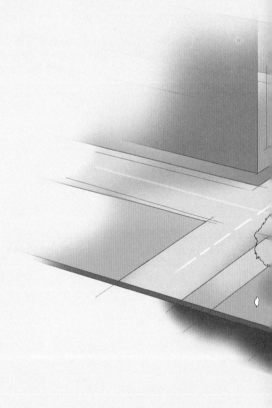

上：上圖為石榴谷宅邸巨大地底空間
其中一部分的設計師構想圖。宅邸於
1830年建於古老的溪谷之上，最初是
有錢人家的豪宅，但到了1890年，卻
變成出租公寓，近年建築的地底部分
經過修復，並對公眾開放。

下：2019年啟用的巴赫路運輸走廊
計畫（Paseo del Bajo Road Corridor
Project），是長久努力的成果，該計
畫試圖將南北向的長途商用車輛移至
地下，並將以往擁擠的道路，轉變成
舒適的公共開放空間。新建的隧道長
七點一公里，專供卡車及公車使用，
上方的路面及綠地，則是保留給當地
的自用車輛及行人。

石榴谷宅邸及巴赫路運輸走廊計畫

對許多歐洲人來說，布宜諾斯艾利斯可說是殖民南美的出發點，這樣的重要地位，自然使得此地的都市發展早早萌芽。鐵路與地鐵的興建，以及在1940年代末期以前驚人的運輸網路擴張速度，在在顯示了布宜諾斯艾利斯的重要性、財力、與人口成長。近年來，不僅包括石榴谷宅邸地底空間在內的古老工程受到妥善保存，全新的地底空間計畫也正蓬勃發展。

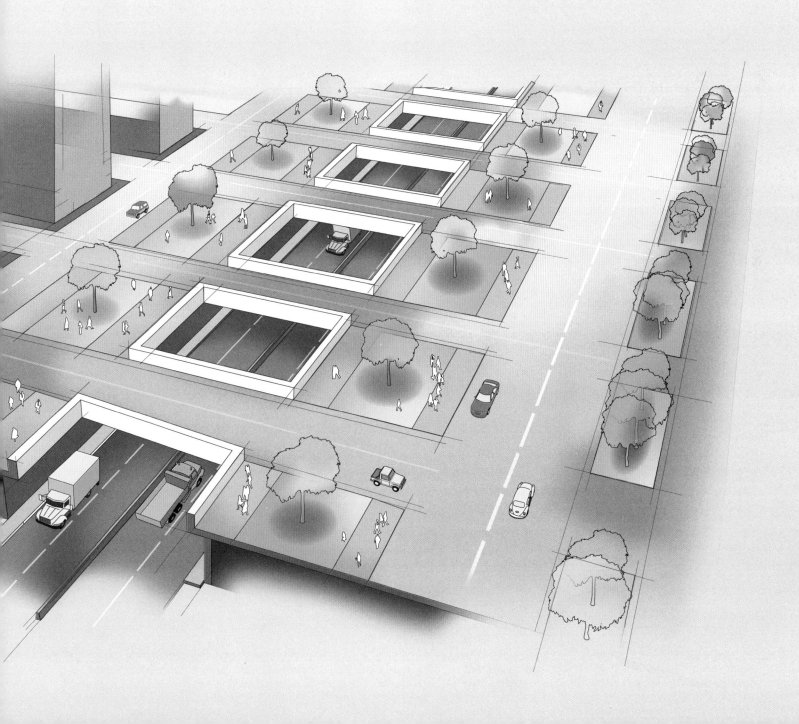

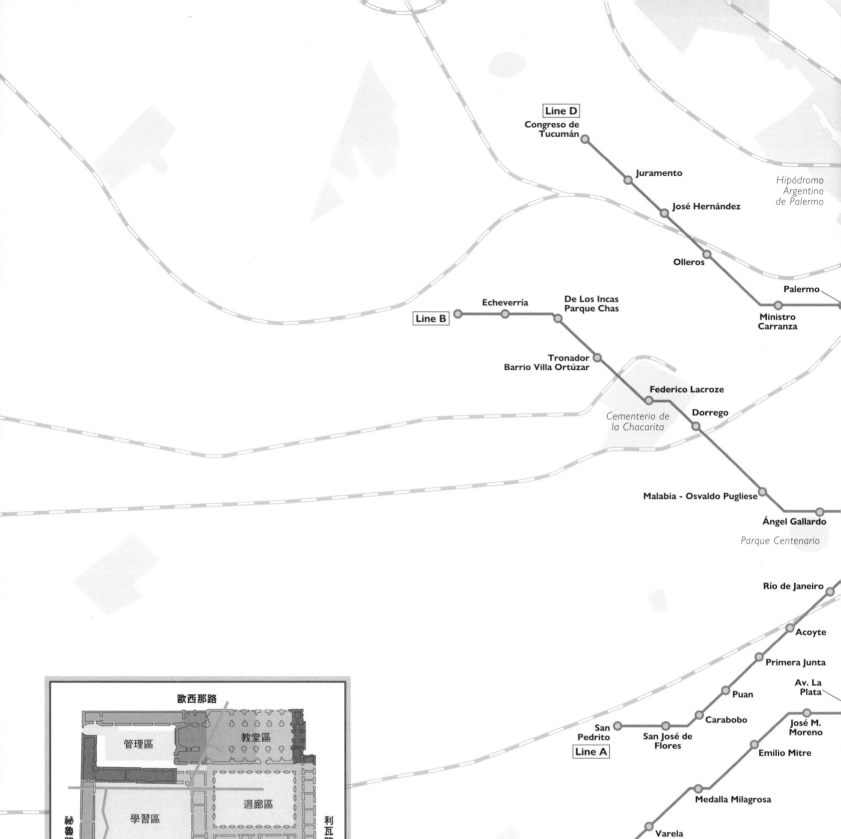

Line D

Congreso de
Tucumán

Juramento

José Hernández

*Hipódromo
Argentino
de Palermo*

Olleros

Palermo

Line B   Echeverría   De Los Incas
Parque Chas

Ministro
Carranza

Tronador
Barrio Villa Ortúzar

Federico Lacroze

Dorrego

*Cementerio de
la Chacarita*

Malabia - Osvaldo Pugliese

Ángel Gallardo

Parque Centenario

Río de Janeiro

Acoyte

Primera Junta

Av. La
Plata

Puan

San
Pedrito   San José de
Flores

Carabobo

José M.
Moreno

Line A

Emilio Mitre

Medalla Milagrosa

Varela

Plaza de los Virreyes

Line E

*Parque
Indoamericano*

歐西那路

管理區

教堂區

祕魯路

學習區

迴廊區

利瓦路

果園

果園

莫雷諾路

啟蒙區隧道

0   公尺   40

0   英尺   20

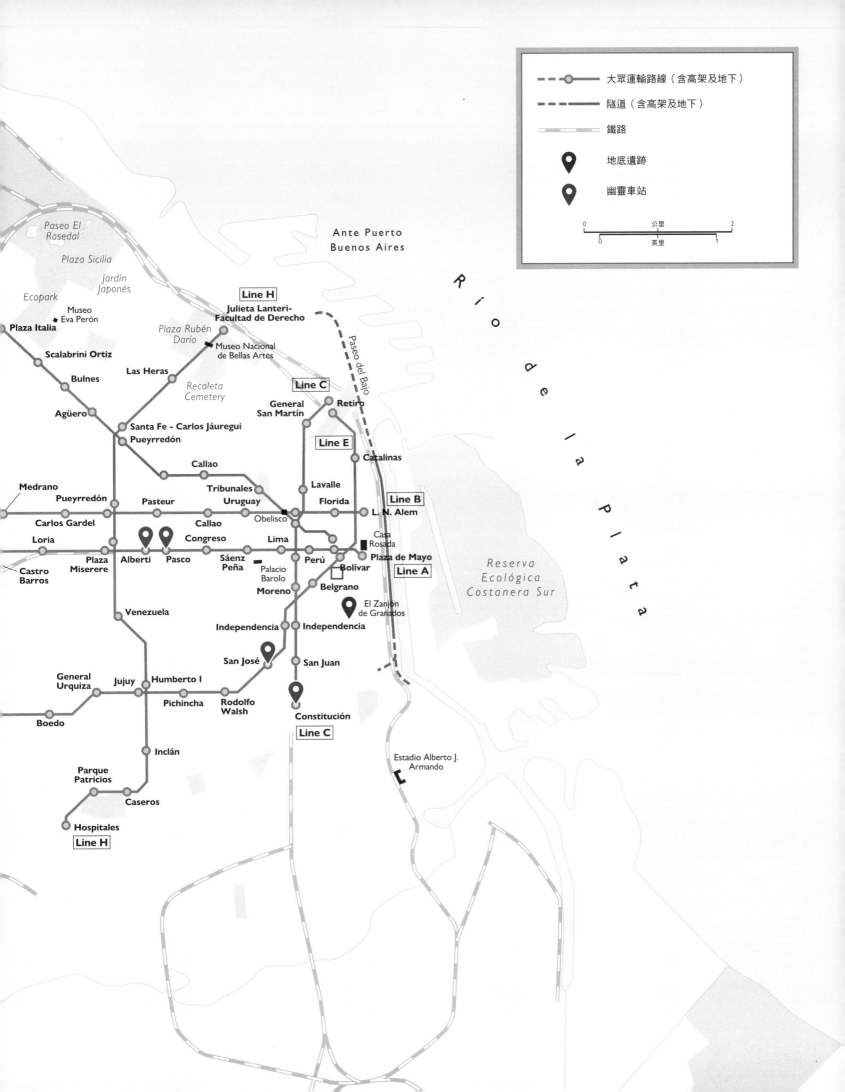

歐洲

上圖為19世紀末期，倫敦聖馬丁大道（St Martin's Le Grand）中央電報局（Central Telegraph Office）的氣送管室。

直布羅陀

迷之岩

英國人口中的「巨岩」（the Rock）直布羅陀，是一座四百二十六公尺高的石灰岩島嶼，位於伊比利半島末端，掌管地中海的入口，戰略位置相當重要。直布羅陀歷經數百年的戰亂，目前人口約三萬五千人，面積六點八平方公里，島上佈滿天然洞穴及將近五十五公里長的人造隧道，比道路的總長度還多出不只兩倍。

戈勒姆岩洞（Gorhams Cave）的考古發現指出，五萬年前尼安德塔人便已居住在直布羅陀。之後人類文明早期的征服者也踏上這塊土地，包括古羅馬人和古希臘人等，他們認為直布羅陀海峽左右由兩根「赫丘力士之柱」巨岩守護著，一個是直布羅陀，另一根則是北非大陸。中世紀時，摩爾人在直布羅陀建造了一座堡壘，而在15世紀的第九次直布羅陀圍城戰役（Ninth Siege of Gibraltar）中，此地則被西班牙貴族胡安・阿隆索・德・古茲曼（Juan Alonso de Guzmán）攻下。

1704年，爆發直布羅陀佔領戰（Capture of Gibraltar），英格蘭和荷蘭聯軍成功佔領直布羅陀，之後就開始在島上挖掘防禦工事，另外也建築連接砲台的通道，特別是在島上面對西班牙本土的西北側。雖然直布羅陀已於1713年正式割讓給英國，但在18世紀間仍多次遭受西班牙的攻擊，因而這段期間又多了不少新的防禦工事。直布羅陀的地底建設分為數個階段，首先是1620年代建造的國王防線（King's Lines），延伸了先前摩爾人建造的通道，其次是一個世紀後完成的王子防線（Prince's Line），接著就是1788年開始興建的皇后防線（Queen's Line）等。這些防線是在岩石間挖出的堅固地道，由牆壁支撐。除此之外，有時稱為「上層通道」（Upper Galleries）的大規模隧道，則是由英軍在1779年至1783年的直布羅陀大圍城（The Great Siege）期間建造而成，當時法西聯軍試圖驅逐此處的英軍，這條隧道是唯一能夠通往直布羅陀北方重要戰略地點的路徑。直布羅陀隨後便成為英國皇家海軍重要的基地，在接下來幾個世紀大部分的大型戰役中，扮演重要角色。

另一個重要的階段，則是在1880至1915年間，包括在1883年興建的海軍隧道（Admiralty Tunnel），這條東西向隧道長一公里，連接坎普灣（Camp Bay）及一座採石場，另外也通往風車山（Windmill Hill）下方兩座當成彈藥庫使用的大型洞穴。

飲用水來源

19世紀時興建的許多地下工程（如儲水池等），緩解了直布羅陀激增的用水需求。當時由於人口成長迅速，傳統使用水槽或水桶的集水方法已不足，使得傳染病如霍亂及黃熱病等不斷發生，據說直到1863年，直布羅陀還沒有半條乾淨的水管可以使用。

19世紀末期由於極度缺乏乾淨的飲用水，於是引進了相當陽春的海水淡化設施，同時也在上峰（Upper Rock）及沙灣（Sandy Bay）地下興建混凝土儲水池。到了1930年，已經有四萬平方公尺裸露的岩坡遭到鐵片覆蓋，目的是為了將寶貴的雨水引至管線及儲水池中。在需求最大的時期，有超過二十四萬三千平方公尺的岩層，為了儲水目的而加蓋，不過該計畫已在1990代終止，岩層也恢復原先的樣貌。而目前直布羅陀的飲用水，則是來自埋在島嶼內部的數座儲水池。

這些儲水池是在1890年到1960年間的不同年代興建，有些對大眾開放，其中一座的走道甚至擁有裝飾華麗的欄杆。目前現代化的海水淡化廠提供直布羅陀百分之九十的飲用水，剩下的百分之十來自雨水。

上：圖為大圍城隧道的設計師構想圖，據說被俘的法軍指揮官克禮庸公爵（Duc de Crillon）被帶到堡壘時，有感而發說出：「這座堡壘配得上羅馬人。」此地目前是直布羅陀熱門的觀光景點。

戰略基地

在1933年至1945年的西班牙內戰及二戰期間，直布羅陀的戰略位置再次扮演重要角色，當時幾乎所有的居民都遭撤離，使得整座島嶼變成一座軍事堡壘。直布羅陀大部分的地底工程便是在這段時間興建，包括水利工程、防空洞、地下醫院等，隧道總長度也從八公里增加為十一公里，1939年時更長達四十公里，因為開挖了新的地底空間供駐軍使用，儼然是一座地底城市。

由於上述的軍事傳統，直布羅陀的主要隧道也都以英國的著名道路命名，包括護城河隧道（Fosse Way）及北方大道（Great North Road）等。AROW隧道則是以英國皇家工兵團（Royal Engineers）的亞瑟‧羅伯‧歐文‧威廉斯（Arthur Robert Owen Williams）中校命名。其他設施還包括烘焙坊、電報站、發電廠、以及儲藏此地一萬六千名駐軍所需的食物及飲水的空間等。

如今戰爭早已結束，當年的戰時設施依舊存在地底。最近一次發現是1997年的「敵後洞穴」，能夠容納六名忠心的士兵，在敵人攻破島嶼後留在敵後報效國家。

為了因應冷戰，地底建設的最終階段於1956年至1968年展開，這時又興建了兩座儲水池、一座燃料儲藏設施，最後一項建設則是1967年的莫勒森德隧道（Molesend Way）。

即便許多隧道近年來都已廢棄並封閉，仍有不少隧道向大眾開放。另外兩條隧道，目前封閉的杜德利‧沃德隧道（Dudley Ward Way）及最後一條興建的大型隧道奈特利隧道（Keightley Way），未來將會納入直布羅陀的整體交通網路。

馬德里

迷宮與地鐵

馬德里是西班牙首都，也是歐洲本土第三大城，人口三百三十萬，週邊都會區另有三百五十萬人，並擁有歐洲第二大的捷運系統，僅次於倫敦。

馬德里從史前時代就有人類居住，現今坐落的七座山丘上，擁有許多文明留下的遺跡，包括凱爾特人、羅馬人、西哥德人等。西元9世紀，摩爾人在河邊建立了一座堡壘，之後在11世紀遭天主教徒攻下，是馬德里在1188年發展成城市的濫觴。到了16世紀，此地居民已達三萬人，西班牙首都也從托雷多（Toledo）遷至此處。1851年鐵路通車後，人口也隨之爆炸性成長，1890代時已達五十萬人，並在1940年突破百萬大關。

地底驚奇

摩爾人從10世紀起就在丘陵間興建運河，以解決供水需求，同時也建造了隧道儲存食物及武器，或是當成酒窖、避難所、監獄使用。據信在15世紀時，前述的隧道有些經過整建，當成宗教場所、宮殿、或軍事建築的秘密逃生通道使用。目前在馬德里發現的隧道總長度，已達一百四十五公里，但考古學家認為未來這個數字還會繼續成長。某些隧道擁有通往地表的通氣孔，頂端由狀似尖帽（capirote）的小型角塔裝飾，像是在牧場別墅公園（Dehesa de la Villa park）及西洋菜噴泉區公園（Fuente del Berro park）等地，都可以見到這種裝飾。馬德里大多數的隧道都相當老舊而且蜿蜒，但其中少數幾條，例如

1809年為拿破崙之兄、西班牙國王約瑟夫·波拿巴（Joseph Bonaparte）建造，長四十五公尺，連接馬德里王宮（Royal Palace）及田園之家公園（Casa de Campo）的磚造隧道，作工就相當精緻，並擁有充足的照明。

1870年代至1880年代間，阿方索十二世（Alfonso XII）也在馬德里皇宮下方，建造了一系列迷宮般的隧道，如此就可以秘密從事他的「夜間活動」。

秘密活動

西班牙參議院位於海軍廣場（Plaza de la Marina Española），下方有個空間在19世紀時原本是靶場，供臨近營區的士兵訓練，此處和另一座由西班牙宗教裁判所（Spanish Inquisition）使用至1820年左右的建築，都擁有地牢。另外，1946年，西班牙獨裁者佛朗哥統治最不穩定的時期，此處也作為他個人碉堡使用。

而在西班牙內戰期間，這條位於馬德里主要街道，格蘭維亞大道（Gran Vía）老舊建築下方深處的隧道，則是由所謂「第五縱隊」成員經營的秘密電台基地，他們從敵後傳輸共和軍的情資，幫助佛朗哥作戰。

阿卡拉街（Alcalá street）的財政部一樓及銀行巷（Pasaje de la Caja de Ahorros english）附近，轟立著一座神祕的鐵門，門後的梯子通往地底深處。知名的社會主義政治家胡利安·巴斯提羅（Julián Besteiro）當年便是在此處發送消息，聯絡相關人士，進而促成1939年的軍事行動。

城市運輸

隨著人口不斷成長，馬德里的大眾運輸也於1871年開始發展，一開始是馬車，1879年變為蒸氣動力，1899年後，則是大部分都改為電車。和其他快速擴張的城市相同，此時也出現了將電車改至地下，或是直接在地底興建捷運系統這兩種呼聲。1916年展開了一項南北向的計畫，新捷運系統的第一個部分隨後於1919年啟用，在太陽門廣場（Puerta del Sol）及瓜特羅卡米諾斯圓環（Cuatro Caminos）之間擁有八個車站，長度不到四公里。兩年後，新捷運的第二個部份啟用，連接太陽門廣場和阿托查（Atocha）鐵路總站。到了1936年，馬德里捷運已經有三條路線，另加上一條往返北站（Norte）及馬德里皇家歌劇院站（Opera）的接駁支線。在接下來的數十年間，這幾條原始路線只有小幅變動，直到1995至2007年這段期間，才一口氣新增了八十個新車站，包括2003年啟用的捷運南線（十二號線），這條路線是總長四十一公里的環狀線，深度頗深，服務範圍為馬德里南邊的五個郊區。馬德里捷運目前擁有三百零一個車站，數量排名世界第十二，總長達兩百九十三公里。由於西班牙2009年發生金融危機，所以暫時沒有擴建計畫。

上：馬德里捷運最古早的車廂，以相當特別的方式，於平原高地站（Alto de Arenal）中展示，旅客搭乘手扶梯時，能看見這輛1928年的古董，驕傲矗立在自身的鐵軌上方。

馬德里和其他城市的捷運相同，捷運系統內也有一些神秘的設施。1961年該市試圖將捷運延伸到市中心之外，也就是所謂的「郊區線」（Suburbano），不過這個計畫最終只有興建一段相當短的隧道，目前併入十號線中。至於廢棄車站，整個馬德里捷運只有一座，那就是香貝里站（Chamberí），於1966年關閉，除了因為其位置與教堂站（Iglesia）及畢爾包站（Bilbao）相近外，也因擴建其彎曲月台的成本也過於高昂。不過從2006年開始，香貝里站經過重新整修，包括修復老舊的瓷磚廣告等，並改為「0號月台」博物館（Andén 0），忠實還原了建築師安東尼奧·帕拉奇歐（Antonio Palacios）1919年設計的氛圍。此外，查馬丁火車站（Chamartín Railway Station）下方也有一條廢棄隧道，原先是為捷運第一線建造，但從未使用。而1999年興建捷運七號線延伸路段時，曾規劃「梣樹溪站」（Arroyo del Fresno），但該站從未完工，也未曾啟用，因為當時鄰近地區的人口及經濟發展不足，無法撐起一座車站。

2007年，馬德里引進現代路面電車，因而多了新的交通運輸方式，馬德里輕軌（Metro Ligero）的首條路線也於當年啟用，該路線的地下路段相當長，包含十公里的隧道。目前馬德里輕軌擁有四條路線，總長三十六公里，輕軌第一線感覺就像地鐵，因為大部分的車站都位在地底。

和其他大城市相比，馬德里周遭的衛星市鎮發展較為緩慢，當地人稱這些地方為「臥室社區」，先前大都只有地區鐵路，且使用率不高。直到1967

下：香貝里站於1919年啟用，屬於西班牙第一座捷運馬德里捷運最初的八站之一。1960年代，為了容納更長的列車，整條路線需要重新整修，但在香貝里站卻無法順利進行，因為此站距離前、後兩站（教堂站及畢爾包站）太近，所以只好在1966年關閉。該站只有月台封閉，好讓列車以平常的速度通過，車站內部倒是沒有太多損害。2006年，香貝里站開始整修，兩年後以捷運博物館之姿重新啟用，當年的招牌及廣告看板也都完整保留。

上：圖中為馬德里的M-30環狀高速公路翻新後的
地下道部分，這次翻新不僅成功舒緩交通，提升
運量，同時也降低了地面的廢氣汙染。

年郊區通勤線（Línea de Enlaces Ferroviarios）完工，始能從地底
連接阿托查與查馬丁兩大車站。這條郊區通勤路線隨後於1990年
代，由國營的西班牙國家鐵路公司（Red Nacional de los
Ferrocarriles Españoles，簡稱RENFE）更名為「週邊鐵路」
（Cercanías）的C-1線及C-2線。2008年，連接阿托查與查馬丁車
站的第二條地底鐵路啟用，稱為C-3線及C-4線，這條路線在太陽
門廣場多了個轉運站，以便和馬德里繁忙的捷運系統連結。

西班牙近年欣然投入高速鐵路的懷抱，積極興建遍布全國的高鐵
網路。高鐵在馬德里南北兩端都有設站，以一條橫跨馬德里的新
隧道相連，隧道總長七點三公里，平均深度達四十五公尺，是馬
德里最深的隧道，將在近期啟用。

此外，馬德里也在1960年代開始興建外環高速公路，總長三十二
點五公里，稱為「M-30環狀高速公路」（Autopista de
Circunvalación M-30），但是為了防止淹水，必須先將艾布羅尼加
溪（Abroñigal River）地下化，最終總共花了三十年，才完成這項
能夠舒緩城市內部交通的重要計畫。2005年，高速公路重新翻
新，超過十公里的路段改為地底路段，包含一條長達六公里的隧
道，目前M-30環狀高速公路是全西班牙最繁忙的道路。

利物浦

首創地鐵隧道

利物浦是英國最著名的城市之一，這座位於英格蘭西北方的港口，同時也身兼運動與文化中心，人口達五十萬人，週邊都會區則有另外一百萬人。

利物浦的定居歷史最早可以追溯至1190年，當時此地稱為「利爾浦」（Liuerpul）。1207年，英格蘭國王約翰王（King John）還親自設計了七條街道，不過雖然擁有皇家特許，利物浦這個新興的港口，仍是花了數百年，規模才發展到和舊港口徹斯特（Chester）相當的程度。1699年，第一艘奴隸船從非洲啟航，帶動西印度群島的貿易，這徹底改變了利物浦的命運，同時徹斯特也因迪河（River Dee）堵塞而逐漸沒落。利物浦的首座船塢於1715年啟用，自此進出口貿易成為城市繁榮的命脈，顯赫的企業紛紛在船塢附近街道興建新古典主義風格的奢華建築。

開創鐵路史

大多數經過利物浦碼頭的貨物，都是要送往不遠處的工業革命心臟地區，亦即當時蓬勃發展的蘭開夏南方以紡織廠聞名的城鎮，尤其是曼徹斯特附近。

在那些年代，頻繁往來的大量貨物，促使利物浦興建世界上第一座地底鐵路，因此該市可說是隻手開創了鐵路史。1820年代末期要興建全球第一條城際鐵路（連結利物浦與曼徹斯特）的時候，部份路段必須鋪設在陡峭的山上，又得開通隧道，因為利物浦的舊城區位於砂岩丘陵之上。利物浦─曼徹斯特鐵路（The Liverpool & Manchester Railway，簡稱L&MR）的第一個車站位於利物浦王冠街（Crown Street），靠近市中心東側的邊丘（Edge Hill）附近。工程師喬治・史蒂文森（George Stevenson）為車站設計了兩百六十二公尺長的凱文迪西（Cavendish）山路，以及一條相當短的隧道。另外，為了要把貨物運到更遠的河邊，史蒂文森還設計了一條前所未見的地底隧道，稱為「瓦平隧道」（Wapping Tunnel），長兩公里，1826年動工，1829年完工，通往城市南端碼頭處理貨物的地方，後來更名為公園巷站（Park Lane station）。

這條路線於1830年啟用，供乘客及貨物通行。但當時的火車頭動力不足，很難爬上陡峭的瓦平隧道，因而需要先以蒸氣動力的纜線將車廂拖上邊丘，再接上火車頭駛往曼徹斯特。

六年後，為了讓邊丘的載客火車能夠通往更接近市中心的新車站萊姆街站（Lime Street），又興建了一條一公里長的新隧道。1848年，則是興建了四點三公里長的維多利亞─滑鐵盧隧道（Victoria-Waterloo tunnel），以將貨物運至利物浦北端的碼頭。這三條從邊丘以扇形延伸至利物浦市中心地底的隧道，在短短幾年間，便將這座城市變成鐵路網的中心。

碼頭對利物浦的發展至關重要，河邊也擁有廣大的腹地，因而建造一條連接所有碼頭的鐵路，可說勢在必行。為了連接所有碼頭，地面鐵路需要非常多交匯點，為了避免工程太過複

雜，最早在1852年就出現了稱為「利物浦高架鐵路」（Liverpool Overhead）的構想，不過要到1889年才開始動工。四年後，連接赫丘蘭尼碼頭（Herculaneum Dock）及亞歷山大碼頭（Alexandra Dock）的高架鐵路完工，長十一公里，同時由於工程進度有些推遲，而有幸成為世界上第一條電氣化高架鐵路。

1896年，八百公尺長的延伸路段啟用，經過隧道通往許多碼頭工人居住的丁格爾（Dingle），原先預計繼續往內陸延伸，在住宅區興建更多車站。但計畫最終沒有實現，丁格爾站也成為高架鐵路中罕見的地底車站。利物浦高架鐵路於1956年關閉。而邊丘的運貨路線，也於1972年遭逢相同的命運，一併封閉了史蒂文森於1829年興建的隧道，王冠街站的入口成為造景。另外，瓦平隧道也從1972年起廢棄。

城市運輸之路

利物浦的碼頭位於梅西河（Mersey River）河口，面對威勒爾半島（Wirral peninsular）。19世紀時，利物浦對岸的城市伯肯黑德（Birkenhead）迅速發展，兩城可以透過著名的梅西渡輪（Mersey Ferry）往來。1860年，伯肯黑德興建了全英國第一條纜車路線，雖然改善了城內的交通，卻無法通往利物浦。由於需要經過將近一公里寬的水面，興建橋樑可說是天方夜譚，因此在1871年，梅西鐵路公司（Mersey Railway）獲得許可，開始興建河底隧道。

歷經艱辛的興建過程，其中包括以三千八百萬塊磚頭打造隧道，擁有四個車站的梅西線終於在1886年啟用。其中的兩座車站，漢米爾頓廣場站（Hamilton Square）及詹姆斯街站（James Street），是世界上

右：圖為湯瑪斯・泰爾伯特・伯里（Thomas Talbot Bury）於1833年繪製的水彩畫，描繪利物浦─曼徹斯特鐵路位於邊丘的隧道入口，這是世界上第一個地底鐵路設施。車站開鑿於山路之間，深度達二十三公尺，右邊的隧道通往王冠街的乘客終點站，左邊則是條相當短的支線，僅僅是為了美學而建造，沒有通向任何地方，而中間的隧道則是通往瓦平的碼頭。上方的兩根煙囪稱為「赫丘力士之柱」，負責排放蒸氣機產生的廢氣，列車則藉助蒸氣機帶動的纜線，往返王冠街與此地。

歷史最為古老的地底車站。1892年，梅西線進一步延伸至伯肯黑德以及利物浦中央火車站（Liverpool Central），因而列車可以從其他軌道直接通過隧道。雖然梅西河兩岸都設有蒸氣驅動的風扇，隧道仍是遭蒸氣火車頭排放的廢氣嚴重汙染。

不過即便鐵路開通，許多乘客仍然偏好搭乘梅西渡輪過河。因而到了1900年，梅西鐵路公司宣告破產。然而，電氣化的到來使得梅西線於1903年起死回生，不僅提升列車的速度，這條路線也再次受到大眾歡迎。

1970年代初期，開始了一項稱為「環狀連結」（loop and link）的工程，目的是要整合梅西河沿岸的各種路線及北線和威勒爾線。所謂的「環」是一條全新的單軌隧道，由現在已經更名為威勒爾線（Wirral Line）的梅西鐵路公司興建。列車將在摩菲爾站（Moorfields）、萊姆街站及利物浦中央車站下方的環狀構造轉彎，繼續駛向詹姆斯街站，再重新接上梅西河下方的隧道。而所謂的「連結」則是一條透過往北的南港（Southport）支線，連接北線狩獵十字路口（Hunts Cross）支線的雙軌隧道。這個規模浩大的工程於1977年完工，使利物浦擁有全英國除了首都倫敦以外，唯一一條地底路線。不過，在興建過程中，梅西線位於詹姆斯街站及利物浦中央車站間的一小段路段，必須暫停營運。

而長三點二公里的女王隧道，則是經過梅西河下方，連接利物浦及伯肯黑德的第一條道路。這條路早在1920年代便開始設計，最終於1934年啟用，是當時世界上最長的隧道，其入口、路燈、通風井、收費站等，都屬於裝飾藝術風格。不過，女王隧道有一小段位於伯肯黑德的路段，亦即蘭德爾街（Rendel Street）支線，於1965年關閉。另一條為了舒緩車潮而興建的國王隧道（Kingsway Tunnel），則是於1960年代開始興建，並在1971年啟用，長二點四公里，連接利物浦及瓦勒西（Wallasey）。

此外，為了在火災或水災等緊急情況時逃生，隧道的路面下方設有七條緊急避難通道，透過走道互相連結，兩端都有出口，每條通道最多可以容納一百八十人。

上：設計師構想圖當中所描繪的一座威廉森隧道高聳的拱頂。

左頁上：梅西河下方的隧道構造十分複雜，總共花了9年才完工。這幅圖片來自1926年的《倫敦新聞畫報》（Illustrated London News），圖中顯示隧道擁有雙層構造，但實際情況其實並非如此。

左頁下：1934年7月，女王隧道由英王喬治六世（George VI）及其母親瑪莉王后（Queen Mary）啟用，當時被譽為「世界第八大奇蹟」，觀禮人數達二十萬人之多。

利物浦奇人

利物浦有名奇人約瑟夫・威廉森（Joseph Williamson），身兼地主、菸草商、慈善家等身分，同時也是個隧道狂熱者。1810年至1840年間，威廉森在邊丘附近興建了許多神祕的地底通道，這些通道後來稱為「威廉森隧道群」（Williamson Tunnels），大部分都是由磚塊或石頭建造而成。

除了威廉森個人的樂趣之外，他興建這些隧道的確切目的，一直都不為人知，直到最近發現了一座巨型宴會廳。這座建築是威廉森請來的工人，在替他的宅邸興建許多磚造拱頂，並在其上鋪設正式的花園後，繼續興建而成。威廉森請工人在地底挖掘巨大的洞穴，據說包括兩座以螺旋梯連接的巨大地底「宅邸」，但在威廉森死後，地底空間遭垃圾及廢水堵塞，因而需要回填並封閉。1989年，以威廉森為名的基金會創立，負責維護他身後的資產，並於2000年初期，對公眾開放數條整修完畢的隧道。

曼徹斯特

先行者的白日夢

曼徹斯特是北英格蘭首府，同時也是工業革命、現代電腦科技、原子理論、女性參政、貿易公會、素食運動等人類文明重要里程碑的發源地，並擁有多采多姿的地底空間，人口達五十六萬，週邊都會區則居住著另外兩百萬人。曼徹斯特由古羅馬人建立，最初稱為「曼谷尼恩」（Mancunium），規模在中世紀逐漸發展，隨著蒸氣機及紡織業在18世紀末興起，1900年時，曼徹斯特已從幾千人的小村莊，搖身一變成為人口近五十萬的大都市。

曼徹斯特的運河

布里奇瓦特運河（Bridgewater）於1761年啟用，是全英國第一條現代化運河，連接曼徹斯特郊區的沃斯利（Worsley）及市中心的城堡區（Castlefield）。這條運河的成功，使得英國吹起了一陣「運河狂熱」（Canal Mania）。曼徹斯特的運河也蓬勃發展，1799年，原本預計興建一條一公里長，連接厄威河（Irwell River）及羅徹戴爾運河（Rochdale Canal）的隧道，但相關預算直到36年後才通過。預算撥下來之後，在坎普街（Camp Street）下方十一公尺處，興建了曼徹斯特—索爾福德運河（Manchester and Salford Junction Canal），並在目前位於迪恩路（Deansgate）的大北方鐵路公司倉庫（Great Northern Railway Warehouse）下方擁有兩座卸貨碼頭。此外，曼徹斯特—索爾福德運河在後來的曼徹斯特中央火車站（Central Station）及下慕斯利街

（Lower Mosley Street）處，也和羅徹戴爾運河連接。二次大戰期間，運河被抽乾當成防空洞使用，可以容納近千人。曼徹斯特的工業發展相當先進，使得街道下方擁有許多水道，包括於1783年地下化的提伯河（River Tib）等。1789年，為了將沃斯利礦坑挖出的煤炭，沿梅德拉克河（River Medlock）運送至上游，興建了六百公尺長的公爵隧道（Dukes Tunnel），到了上游，工人會將煤礦從深井中取出，並改以船隻從羅徹戴爾運河繼續輸送。但不到20年後，公爵隧道便遭廢棄，因為1800年興建了直接通往市中心的新運河。此外，還有其他幾條隧道是供船隻行走，包括於1798年啟用，通往安科斯（Ancoats）艾斯頓運河（Ashton Basin）的班格爾街隧道（Bengal Street Tunnel）等。

失敗的捷運計畫

說到興建捷運系統，在所有英國城市中，嘗試得最努力，卻也摔得最慘的，非曼徹斯特莫屬，在過去至少出現過十多個嚴謹的提案，包括世界上最早的捷運構想。1830年啟用，連接利物浦及曼徹斯特的城際鐵路大受好評，但因為最初的車站位置離市中心太遠，因此需要重新調整，於是一條延伸路段很快在1844年啟用，通往狩獵河岸路（Hunts Bank）附近的曼徹斯特主教座堂（Manchester Cathedral），稱為曼徹斯特維多利亞站（Manchester Victoria station）。

上：圖中為曼徹斯特─索爾福德運河的隧道，於1839年啟用，長度將近五百公尺，擁有磚造拱頂，並以煤氣燈照明。隧道大致呈東西向，位於現今的坎普街下方。1875年在地面興建曼徹斯特中央火車站時，封閉了部分隧道。1936年，隧道其餘的部分也遭到廢棄，不過在1940年12月慘烈的曼徹斯特大空襲（Manchester Blitz）後，運河便被抽乾，成為大型防空洞，能夠容納將近一千三百五十人，圖中便是當時的景況，目前此處則是英國的二級古蹟。

1847年，由於曼徹斯特─伯明罕鐵路（Manchester and Birmingham Railway），預計通過位於維多利亞站南方一點五公里處，後來稱為皮卡迪利站（Piccadilly）的斯托爾街站（Store Street），兩家公司都認為連接彼此相隔一段距離的總站，將會更為便利，因此計畫在地底興建一條隧道。如果這條隧道順利完工，很有可能就會成為曼徹斯特捷運系統的濫觴，可惜事與願違。

之後又陸續出現各式興建捷運及電車隧道的計畫，包括1868年、1878年、1903年、1911年、1914年等，1920年代也出現了四個不同的計畫，1930年代也是，1950年代也有幾個，到了1960年代，出現至少七個。最後，地下捷運工程終於在1970年代初期展開，預計連接皮卡迪利站及維多利亞站，擁有五座地下車站，稱為「皮卡迪利─維多利亞線」（Picc-Vic）。為了興建這條路線，進行了地形調查，並建立了3D的車站與隧道模型，建築計畫與車站設計也都已經完成，工程也開挖了，其中有將近二十

處深達二十七公尺，還在新建的昂戴爾購物中心（Arndale shopping mall）下方，預留了未來的月台空間。後來新堡的地下運輸系統完工了，利物浦的也完工了，而曼徹斯特充滿野心的計畫卻因1974年發生石油危機，政府撤回預算而停擺，皮卡迪利─維多利亞線從來沒有啟用。

不過，至少有一條位於地底隧道中的路線倖存下來，也就是一點五公里長的索爾福德鐵路（Salford Underground Railway），這條路線於1898年由蘭開夏暨約克夏鐵路公司（Lancashire and Yorkshire Railway）創立，連接曼徹斯特運河（Manchester Ship Canal）位於特拉福路（Trafford Road）八號碼頭及九號碼頭之間的河段，以及現今的溫莎線（Windsor Link）。這條路線一開始在碼頭末端設有月台，稱為新車庫站（New Barns station），到了1901年就廢棄了。曼徹斯特輕軌（Metrolink）則於1992年啟用，僅有一小部分路段位於隧道之中。2019年，大曼徹斯特都會市長安

迪‧伯南（Andy Burnham）再次提出興建捷運的計畫，承諾未來曼徹斯特輕軌在市中心的所有路段，都將地下化。

不為人知的奇觀

從曼徹斯特發展初期開始，曼徹斯特主教座堂及厄威河間，就矗立著多處堤防，堤防設計經過多次變動，之後便以「教堂之梯」（Cathedral Steps）聞名。1833至1838年間，建造了成排的磚造拱頂，以將地面架高，同時也興建了一段新的堤防，這段堤防稱為「維多利亞拱橋」（Victoria Arches），附近有公廁、小型商店、以及一座酒窖。19世紀末期，厄威河邊興起木製碼頭，供小船停泊，並提供遊河之旅，終點為曼徹斯特運河及波莫那區（Pomona），但隨著厄威河逐漸受到汙染，拱橋也年久失修，最終遭到封閉。不過後來在1939年，二戰爆發前夕，此處改建為防空洞，能供超過一千六百人避難。

迪恩路是曼徹斯特長度最長，路線最筆直的道路之一，擁有許多商店，包括知名的肯德爾—米恩百貨公司（Kendal Milne department store）。1921年，經營者還在百貨公司下方興建了一條隧道，以連接不同的區域。另外，據說在曼徹斯特主教座堂下方，有一條長二點五公里、深二十公尺的隧道，經諾特米爾區（Knott Mill）及徹斯特路（Chester Road），通往玉米溪路（Cornbrook），不過尚未出現可信的資料，證實這條隧道的興建時間及目的。

知名報紙《衛報》（Guardian）發源於曼徹斯特，原名《曼徹斯特衛報》（The Manchester Guardian），直到一百三十八年後，於1959年搬遷至倫敦時，才捨棄曼徹斯特一詞，更名《衛報》。但在此之前，英國就已經有冷戰相關的機構，以「守衛者」為名：1950年代，英國郵政總局秘密進行一項計畫，要在英國的重要城市，倫敦、伯明罕、曼徹斯特，興建三座防核通訊設施。

下：位於地下深處的守衛者地底電信局，最初是為了核戰而興建，即便核戰的威脅在1980年代逐漸散去，此處仍是英國電信（BT）主要的電信局之一，這張照片攝於1993年，五年後此處便遭到廢棄。這座地底設施不僅擁有電信交換設備，也有員工宿舍、廚房、柴油發電機等，甚至還有假的窗戶跟一張撞球桌。雖然目前已經不再使用，隧道中依舊充滿各式電信管線。

於是，「守衛者地底電信局」（Guardian Underground Telephone Exchange，簡稱GUTE）誕生了，又稱「五百六十七號計畫」，於1953年動工，1957年完工，深度達三十四公尺，位於現今曼徹斯特市中心的中國城下方。除了擁有數百公尺長的隧道及儲存設備的空間外，這座設施同時也是一座長期防空洞，可供三十五名職員居住。此外，GUTE也擁有通往其他電信局的隧道，雖然規模較小，但長度較長，像是通往亞德威克電信局（Ardwick）的隧道就有將近八百公尺長，通往電信大樓（Dial House）的隧道則長九百公尺，而通往索爾福德電信局的隧道，更長達一點五公里，每條隧道都有通風井通往地表。

守衛者地底電信局於1958年成為電信交換機房，並在1967年和建於地表的拉塞福電信局（Rutherford）連結。1972年，又興建了一條一百一十公尺長的隧道，通往位於索福爾德的厄威電信局（Irwell House）。不過，即便最初興建時所費不貲，1988年此處仍然遭到廢棄。

曼徹斯特地底最神秘，也可能是最長的隧道群，在當地報紙1973年的一篇文章中，露出了蛛絲馬跡。文章作者為喬依·漢考克斯（Joy Hancox），她的消息來源則是前工程師威廉·康諾（William Connell），康諾相信曼徹斯特地底存在歷史可追溯至古羅馬時代，卻遭人長久遺忘的隧道網路，至少朝城市的四個方向呈扇形延伸，連接各處重要地點。

如果康諾的說法正確，隧道總長度將達幾乎四十公里，通往老特拉福、克朗普索（Crumpsall）、瑞迪許（Reddish）、沃德利（Wardley）、科索（Kersal）、克萊頓（Clayton）、布拉福礦坑（Bradford Colliery）、萬聖區（All Saints）等地，但這個傳說目前仍是未解之謎。

倫敦

站在羅馬的肩膀上

倫敦是英國的首都,座落於英格蘭東南方的泰晤士河畔,人口九百萬人,同時在地底下也隱藏著世界上種類最多、路線最複雜、最多人使用的通道及管線。

造成上述現象的理由相當複雜。首先,倫敦是世界上定居歷史最悠久的地區之一,其次,在工業革命初期,這裡也是世界上人口最密集的都會區。第三,在維多利亞時代,倫敦是人類史上最大帝國的中心,最後,在20世紀的兩次世界大戰中,此地也都遭遇重大的威脅。以上種種原因,使得倫敦成為許多新興地底建設工法的發源地,特別是在興建世界第一條地底鐵路時,所使用的工法。另外,雖然倫敦的人口多次遭到其他城市超越,例如東京、紐約、北京等,卻仍然保持其重要地位,它蓬勃發展的地底設施,和城市綻放的天際線相互輝映。

羅馬根源

巴黎到處是古老的採石場,加拿大的城市隨處可見巨大的商城。相較之下,倫敦的地下建設可說相當多元。另外,古羅馬人建造的羅馬到今天依舊可在地面上看到很多古蹟,而倫敦地底最古老的設施,也可以追溯至羅馬時期。

倫敦最早的人跡,是羅馬人於西元43年前後建立的「倫帝尼恩」(Londinium),位於泰晤士河北岸一點三公里處,範圍大略等於現今的倫敦市中心。古老的倫敦曾經擁有超過三萬名居民、數百座建築、數百條街道、一座堡壘、一座澡堂,甚至還有一座競技場,然而古城已經消失在歷史的洪流之中,或是掩埋在現代的倫敦下方,只剩幾堵牆垣依稀可見。考古學家迄今已發現數千座古蹟,以及某些入口,讓遊客到地底一窺昔日倫帝尼恩的神祕面貌。鑒於當時羅馬城市的繁榮景況,以及目前持續進行的考古工作,接下來幾年間,應該還會出現更多有趣的發現。

羅馬人大約在西元400年前後離開不列顛,他們興建的大部分道路及建築都遭到廢棄。下一個侵略者,活躍年代介於西元400至500年間的薩克遜人(Saxons),在羅馬遺址附近興建了一座新的城市,大約位於現今倫敦的西敏區。在接下來的盎格魯─薩克遜及中世紀期間,定居的範圍擴大到現今的大倫敦都會區。不過,上述這些時期的遺跡也都已經消失,徒留幾顆石頭以及深埋地底的幾座遺址,目前都已經妥善保存。

9世紀時,人們又開始居住在先前的倫帝尼恩地區。這個地區隨後經過重新建設,到了都鐸王朝(Tudor)時期因沿河貿易開始蓬勃發展。1600年的時候,這一塊昔日羅馬城牆圍起的地區,已經擠進將近二十萬人,雖然1666年發生的倫敦大火摧毀了將近三分之一的區域,後來在重建時,仍是決定保留羅馬及中世紀時期的窄小街道設計,這讓當時的建築師相當困擾,例如克里斯多夫‧雷恩(Christopher Wren)等人。他們心中的規劃,是能夠和法國及義大利華麗的巴洛克風格一別苗頭的設計。

倫敦的超級下水道

18世紀初期的喬治時代以降，倫敦的人口從原先大約六十萬人，暴增到近兩百萬人，使其超越北京，成為世界最大的城市。這個時期擴張，正式開啟了倫敦地底建設的篇章。這段時期最經典的例子，便是馬力勒波冰屋（Marylebone Ice House），位於攝政公園新月宅邸（Regent's Crescent）下方九公尺處，約於1780年前後建造，用來儲存從挪威冰河進口的冰塊，以替逐漸成長的菁英階級消暑或保存食物，可以說是倫敦最古老的人造地下空間之一。

數個世紀以來，許多流入泰晤士河的小型支流，若不是被圍成蓄水池，便是被引至其他水道，也有不少遭到填平。這項工程最早可追溯至1245年，當時貝斯瓦特水道（Bayswater Conduit）將西河（Westbourne River）位於柏靈頓（Paddington）及齊普賽（Cheapside）之間的區段，引至大排水道（Great Conduit）中。大排水道於1479年擴建，台本河（Tyburn River）也流入此處，現在還可以在馬力勒波巷附近，看見1776年的台本河紀念碑。至於艦隊河（Fleet River）則是從十六世紀中期起便遭

到填平。然而，重新導引倫敦的河流，並沒有解決惡臭來源，也就是下水道。

15世紀初期，倫敦興建了數座陽春的磚造下水道，包括沃爾布魯克（Wallbrook）及艦隊河沿岸等，但隨著工業用水需求激增，加上兩百萬人的民生用水及排進泰晤士河的穢物，使得倫敦主要河流的惡臭、汙染、及供水問題，逐漸對居民的健康造成嚴重威脅。

1830年代至1850年代間，便爆發了數次霍亂，光是在1853到1854年，就死了將近一萬一千人。大都會下水道管理局（The Metropolitan Commission of Sewers）指派工程師約瑟夫・巴澤傑特（Joseph Bazalgette）處理這個問題。巴澤傑特計畫興建完善的當地排水道，通往更大的下水道，或是離市中心較遠的河口，但議會起初認為太過昂貴，直到議會（就位於受汙染河岸邊）在炙熱的1858年夏天，親自體會到沖天惡臭，議員們才倉促通過巴澤傑特的計畫。計畫完成後，超過一千八百公里長的小型排水道，於是匯流進入一百三十公里長的大型磚造下水道。

巴澤傑特設計的地底排水道系統花了十年才

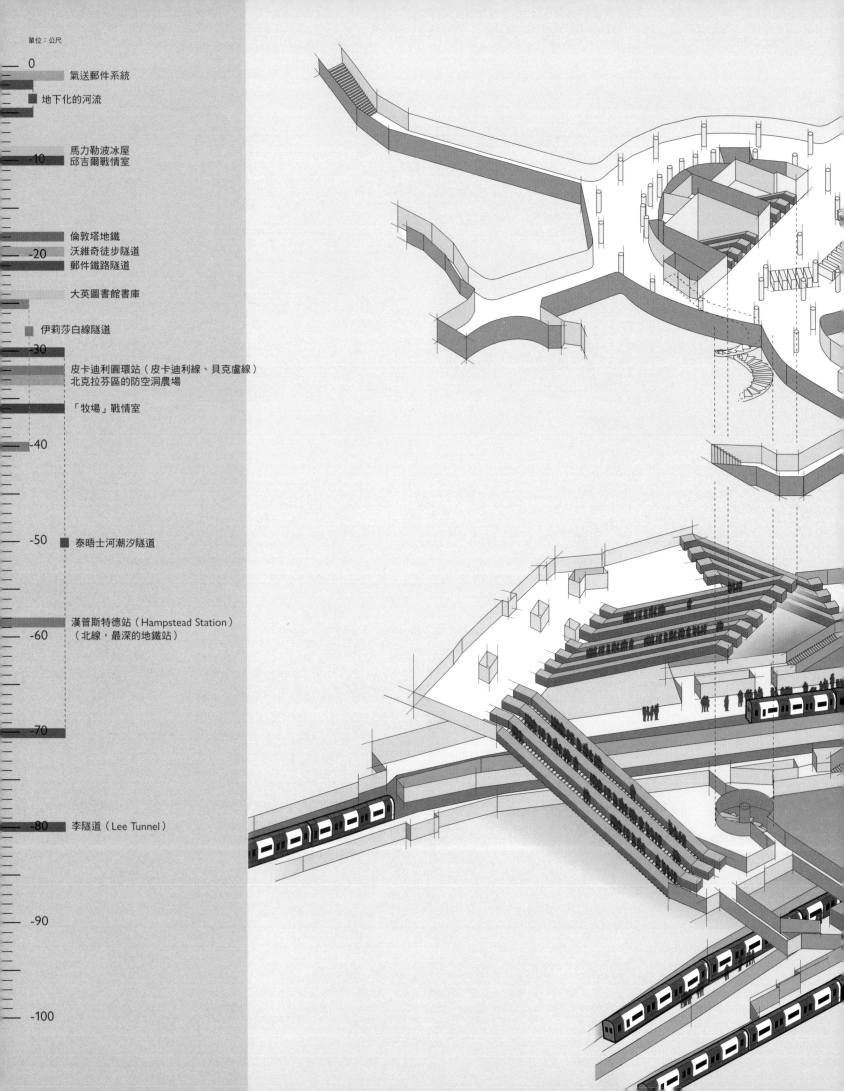

單位：公尺

0 ── 氣送郵件系統

氣送郵件系統

地下化的河流

-10 ── 馬力勒波冰屋
邱吉爾戰情室

倫敦塔地鐵

-20 ── 沃維奇徒步隧道
郵件鐵路隧道

大英圖書館書庫

伊莉莎白線隧道

-30 ──

皮卡迪利圓環站（皮卡迪利線、貝克盧線）
北克拉芬區的防空洞農場

「牧場」戰情室

-40 ──

-50 ── 泰晤士河潮汐隧道

漢普斯特德站（Hampstead Station）
-60 ── （北線，最深的地鐵站）

-70 ──

-80 ── 李隧道（Lee Tunnel）

-90 ──

-100 ──

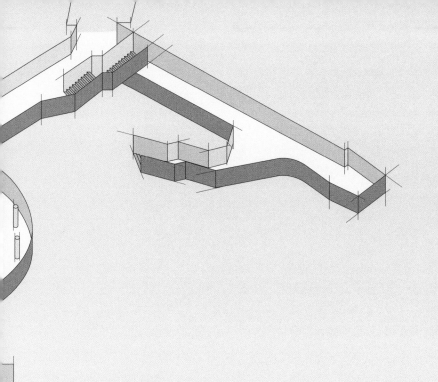

皮卡迪利圓環站

大部分的行人經過倫敦著名的皮卡迪利圓環站時，大概都會受上方明亮的LED廣告看板吸引，而不會想到自已腳下的地底設施，但在愛神雕像下方，其實擁有隧道織成的複雜網路，其中也包含遭到廢棄的隧道。

皮卡迪利圓環站最初於1906年啟用時，要從街上抵達三十公尺深的地底月台，只能透過電梯。但到了1920年代初期，本站的運量已達將近一千八百萬人，電梯擠得水洩不通，因此倫敦交通局（London Transport）決定興建新的地底售票大廳，配備有十一部電梯連接貝克盧線及皮卡迪利線。建築師查爾斯·霍頓（Charles Holden）於1925年開始設計本站，負責工程的約翰摩威建築公司（John Mowelm）只花了三年便蓋好本站。在建設期間，圓環的愛神雕像暫時移至維多利亞堤防。本站的環狀站體，以淡褐色的石灰華大理石建造，擁有藝術裝飾風格的柱子及照明，完工後被譽為「豐滿時髦的傑作」。1929年，本站的電梯及其通往月台的隧道遭到關閉，此後便如鬼魂般靜靜矗立在倫敦最繁忙的地底空間之中。

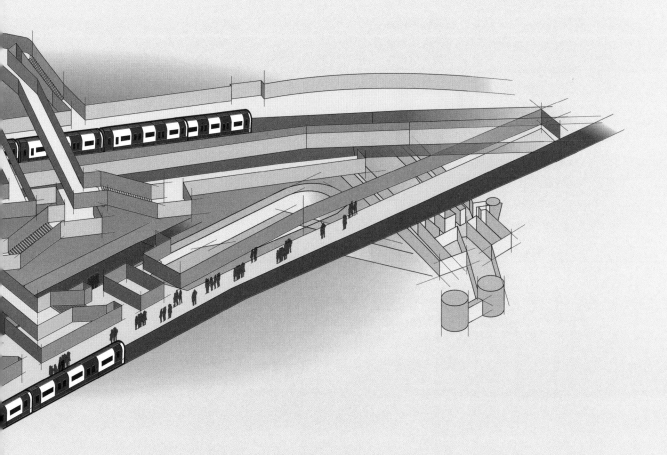

完工。工程推進到泰晤士河北岸時，發現當地正要建造新的地底鐵路，因此兩項計畫合而為一，成為「維多利亞堤防」（Victoria Embankment），其中包含下水道以及1870年啟用的大都會區鐵路（Metropolitan District Railway）。

近年來，隨著原先的維多利亞下水道逐漸老舊，倫敦的人口也達到原先設計時負荷的兩倍，也就是四百萬人，環保機關提出了新的計畫，讓倫敦能夠處理過多的雨水以及城市產生的多餘廢水。2016年，泰晤士河潮汐隧道（Thames Tideway Tunnel）開始動工，這條長二十五公里，位於地底深處的隧道，將花費將近五十億英鎊，連接泰晤士河西邊的艾克頓（Acton）及東邊的艾比米爾斯抽水站（Abbey Mills），預計於2023年完工。而為了向先前的工程師約瑟夫・巴澤傑特致敬，負責建設的公司稱為「巴澤傑特隧道公司」（Bazalgette Tunnel Ltd）。

倫敦地下世界

倫敦最引人入勝的地方，當然就是地下世界。除了排水道之外，1863年啟用，連接柏靈頓及法靈頓（Farringdon）的大都會線（Metropolitan line），可以說是倫敦大眾運輸系統的濫觴，而開挖大眾運輸系統，從此也成了人類不斷向下發展的好理由。

雖然英國北邊的城市，利物浦及曼徹斯特，是英國鐵路的始祖，但身為首都的倫敦，發展大眾運輸的腳步也沒有落後太多。到了1840年代，倫敦四周已經出現了不少火車終點站。但要穿越整座城市，最大的阻礙卻是出在歷史悠久的市中心。因為議會立法禁止拆除市中心的建築，路線因而無法朝此處延伸。

於是，有名叫查爾斯・皮爾森（Charles Pearson）的律師，建議興建一條六公里長的地底隧道，來連接不同的火車終點站。這項工程於1862年底完成，不過卻苦於當時蒸氣機車頭產生的廢氣。雖然有

上：大都會鐵路公司（Metropolitan Railway）於1863年1月，創立了世界上第一條地底鐵路，多虧細心的整修，圖中描繪當年蒸氣火車抵達貝克街（Baker Street）其中一個月台的景象，到今日依然可以見到。

地底城市

許多創新的設計來排除廢氣，整條隧道仍然充滿蒸氣與黑煙，因此隧道的深度無法太深，而且每隔一段距離就需要興建排放廢氣的孔洞。雖然有人警告一直待在廢氣之中會有窒息的可能，這條路線仍然大獲成功，很快又繼續延伸，同時也帶動了其他地下路線的發展。

大都會區鐵路使用了巴澤傑特興建的維多利亞堤防上方的空間，並於1884年擴張為完整的環狀線，幾年之後，隨著電力的發明，鐵路也跟著電氣化。倫敦的第一條電氣化鐵路，便是於1890年啟用的倫敦市─南倫敦鐵路（City and South London Railway）。

此外，這時的工程技術也可以興建更深的隧道。1900年啟用的倫敦市中心鐵路（Central London Railway），便是在這段時間興建，當時稱為「地鐵」（Tube），現今該詞則泛指整個交通運輸系統。這條路線行經的範圍是倫敦最繁忙的商業區，也就是牛津街（Oxford Street）、倫敦市、以及聖保羅主教座堂（St. Paul's Cathedral）附近，其以白色瓷磚鋪設的明亮月台，和便宜的「兩便士」（tuppenny）票價，帶動了其他路線的發展。

1906至1908年間，又有三條新的地鐵路線啟用，服務範圍為西倫敦，後來分別稱為貝克盧線（Bakerloo Line）、北線（Northern Line）、皮卡迪利

下：倫敦最新啟用的伊莉莎白線（Elizabeth Line）車站，位於地下，整體設計以簡潔、安全、永續發展為概念。圖中為法靈頓站的連通道，擁有流暢和緩的圓弧線條，由AHR建築顧問公司設計。

線（Piccadilly Line）。另外，從1907年起，倫敦的地下鐵路服務就通稱「地鐵」（Underground）。而工程技術的進步，也催生了其他城市的地底運輸系統，包括布達佩斯及格拉斯哥（Glasgow）（1896年）、巴黎（1900年）、柏林（1902年）、及紐約（1904年）等。

倫敦在1930年代及二戰後，經歷兩波大興土木：1960年代開始興建維多利亞線，1990年代則是興建朱比利線（Jubilee Line）。而地底建設也在21世紀的前25年再次捲土重來，以2009年動工的伊利莎白線為始，該工程在倫敦地底開鑿總計二十一公里長的隧道，供一般火車行駛，連接倫敦東邊及西邊的郊區，規模和巴黎的RER特快車系統（Réseau Express Régional）相當。

獨特的建設工法

雖然倫敦的地底空間可說由地鐵宰制，仍然有其他值得注意的地底設施，例如連接洛瑟希（Rotherhithe）及瓦平的泰晤士隧道，位於泰晤士河下方，當河面滿潮時它的深度可達二十三公尺。這個野心勃勃的計畫，總共花了將近二十年的光陰，以及兩代工程師的心血才完成。隧道原先是設計給馬車行駛，於1825年動工，使用布魯諾父子（Marc Isambard Brunel & Isambard Kingdom Brunel）的潛盾工法興建。過程中經歷數次意外，造成傷亡，預算還不斷暴增，這條河底隧道仍於1843年完工。可惜規模雖龐大，使用率卻不如預期，後於1869年改為鐵路隧道，隧道迄今仍在使用，屬於倫敦地上鐵路運輸服務（London Overground）的一部分。

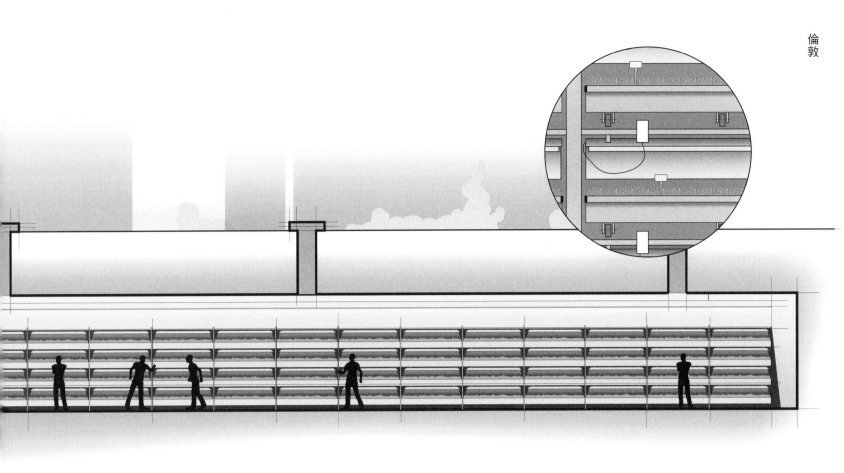

上：1940年納粹德國轟炸倫敦後，英國政府快速啟動了興建十座大型防空洞的計畫，每座防空洞可容納高達一萬人。雖然其中有兩處因地形問題無法興建，但其餘八座很快在兩年內完工，其中一座便位於北線的北克拉芬站（Clapham North）下方。2014年，一家叫作零碳飲食（Zero Carbon Food）的公司買下這個空間，將其改建為地底都市農場，農場的水耕系統在克拉芬區下方三十三公尺的空間，生產新鮮的葉菜類，供製作沙拉使用。

同樣有趣的，還有倫敦塔地鐵（Tower Subway），這是一條行人專用隧道，連接南華克（Southwark）及倫敦塔（Tower of London），於1869年啟用，不久便改為纜車路線，但在幾個月後又因虧損而關閉，接著改成行人專用，但不到三十年也因同樣的理由再次關閉。這個維多利亞時代的工程創意，現在看來大概和供水系統差不多。

倫敦其他值得注意的地底設施還包括：1853年啟用的氣送郵件系統，透過加壓氣送管遞送郵件；1885年的倫敦銀庫（London Silver Vaults）；1912年啟用的沃維奇徒步隧道（Woolwich foot tunnel）；1927年啟用的郵政鐵路（Post Office Railway），又稱「信件鐵路」（Mail Rail），雖然於2003年停用，目前仍對外開放；1939年啟用的「牧場」（Paddock），是位於朵利斯山（Dollis Hill）的秘密碉堡；1939年的邱吉爾戰情室（Churchill's War Rooms）；1940年的奧斯蓋特海軍碉堡（Oxgate Admiralty Citadel），位於目前北線地底深處的路線，原先是當成防空洞使用，但在戰後也沒有通車；建於1945年的國王大道電信局（Kingsway truck telephone exchange）等。

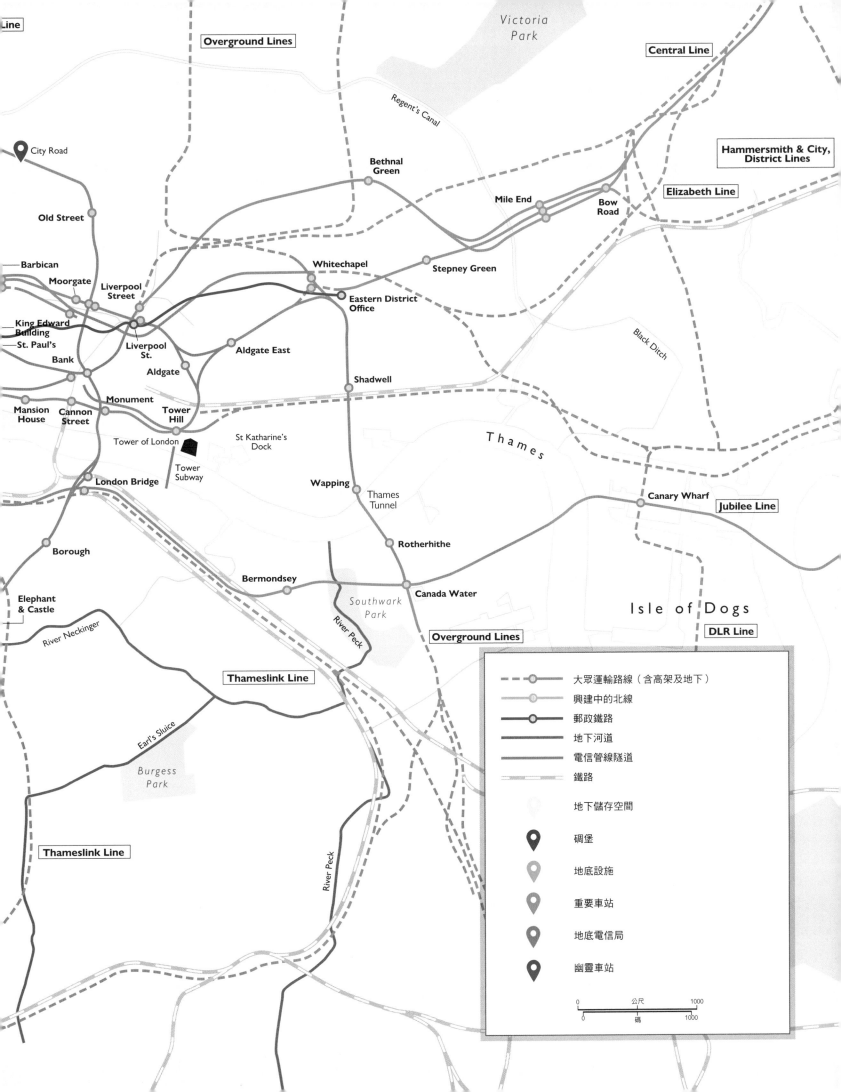

巴塞隆納

事先規劃的城市

巴塞隆納是西班牙加泰隆尼亞地區最大的城市，西班牙的第二大城，自古羅馬時代起，便已在地中海岸邊發跡，目前市區有一百六十萬居民，都會區有五百萬人。西元507年到573年時，它是西哥德王國（Visigoth）的首都，中世紀時併入亞拉岡王國（Kingdom of Aragon）後，成為該區的市政中心，最後成為加泰隆尼亞自治區的首府，如今是歐洲重要的文化與旅遊指標之地。

歷史根源

巴塞隆納現存的古羅馬遺跡可追溯至西元前218年，當時羅馬人建立了一個巴塞諾（Barcino）聚居地，做為其衛星城市，居民大約兩千多人，有規模龐大的圍牆。就像許多古羅馬城市一樣，很多當時的建築物如今已遭掩埋，而且據說就留存在現代的城市街道下面。有人宣稱，巴塞隆納有全世界最大規模的地下羅馬遺跡，有些部分現今能在國王廣場（Plaça del Rei）的下面看到，從巴塞隆納城市歷史博物館（Museu d'Història de Barcelona）就可以抵達。這裡有各式各樣遺跡，包括染色織品、造酒設備等，頗令人驚訝。在這個區域還可以看到一些現存的羅馬下水道與供水設施，例如在巴達洛納（Badalona，巴塞隆納省的一個市鎮）就挖掘出一段很長的水道，應該是西元20年左右時建造的。

當古羅馬帝國在西元5世紀崩解時，巴塞隆納舊市中心外圍的市區仍持續發展，成為日後的哥德區（Barri Gòtic）。11世紀時，巴塞隆納在波恩區（El Born）大規模擴展，接著是在13與14世紀之間，建造拉巴爾（El Raval）這個區域。新的防禦工事則是在1285年抵禦法國的戰爭期間興建，在之後的數十年仍持續加以強化。此時這個城市的居住空間已經過於擁擠，一些小的市鎮開始在城牆外如雨後春筍冒出。不過蘭布拉城牆（Rambla wall）是在14世紀才建好，而一直要到1850年代，巴塞隆納才正式脫離古城牆的限制。

城市規劃

正當19世紀後期工業革命襲捲整個歐洲，各地突然需要大量的空間，巴塞隆納的城牆卻限制了城市的發展，再也沒有空間可以興建新的工廠、住家與鐵路。這時，一位名叫塞爾達（Ildefons Cerdà，原本是位土木工程師）的城市規劃師贏得了巴塞隆納擴建設計競賽。他提出「島嶼」的概念，將九百多個公寓街區依照棋盤式的方正街道規劃（即所謂的格狀網絡），造就了今天所稱的「擴建區」（L'Eixample）。這裡與古羅馬和中世紀狹窄街道的舊式規劃不同，形成強烈的對比。

擴建區裡的建築，原本規劃只有兩到三面會朝下俯瞰著一個內部封閉型的空間，當

成花園或停車場。塞爾達同時還規劃了地下設施，包括當時的煤氣與下水道系統。在每個面臨街道的交叉處，街區有去角的角隅（形成八角街區），這樣就形成一個轉彎處，適合未來電車系統經過，到今天這項特色都還保留著。

這個整齊方正的擴建計劃將會穿過平原，並整併小的市鎮，而它的中規中矩也讓其他建築師群起反叛。現今聞名於世的建築師高第（Antoni Gaudí）正是其中的一位，他在設計公寓時，創作出華麗無比的裝飾，並且開始著手進行永無止盡的聖家堂建造計畫。

巴塞隆納地鐵

伊比利半島上的第一條鐵路線建於1848年，是從巴塞隆納到其鄰近的海岸市鎮馬塔羅（Mataró）。這條很短的交通運輸線建於1863年，有四個地下車站，但一直要等到1924年，巴塞隆納大都會公司（Gran Metropolitano）開始營運雷塞布斯（Lesseps）與加泰隆尼亞廣場（Plaça de Catalunya）之間的地鐵線後，才出現真正可以稱為地下鐵的交通運輸系統。之後巴塞隆納的地鐵系統一直在擴延，不過速度相當緩慢。

這個地鐵系統有個怪異之處，就是很多車站被關閉或換址重新設站，也有一些是建好卻根本沒使用過。這些幽靈車站大約有十幾個，例如，Banc（1911），這個站從沒使用過，但未來可能會接在四號線線上；Bordeta（1926），由於位置接近Santa Eulàlia站，因此於1983年關閉；Correos，這是1934年的一個車

0
巴達洛納導水管

-10
高第站/
鑽石廣場防空避難所
防空避難所307

米羅蓄洪池

-20

海水淡化廠

-30

-40

-50

-60

Llefià地鐵站（L10）

-70

El Coll/ La Teixonera地鐵站
（L5；最深的地方）

-80

-90

-100

Llefià地鐵站與鑽石廣場防空避難所

加泰隆尼亞自治區向來以它創新與實驗性的藝術和設計傳統自豪，這點從地面上跟地面下都可以看得出來。其中最顯而易見的便是巴塞隆納的地鐵系統，它在近二十年來擴展的速度越來越快。

目前正在施工的九號線與十號線將會是全市位於地下最深的地鐵線（有些地方深達八十公尺），會共用一個核心區域，從這裡有支線延伸出去。這兩條線最後將長達五十公里，目前在城市的兩端已有部分路段通車，分別是九號線北段、九號線南段、十號線北段、十號線南段。基於技術方面的原因（也是巴塞隆納所少見），全斷面隧道鑽孔機挖出了直徑十二公尺的隧道，這樣上下都可以有列車行駛通過。

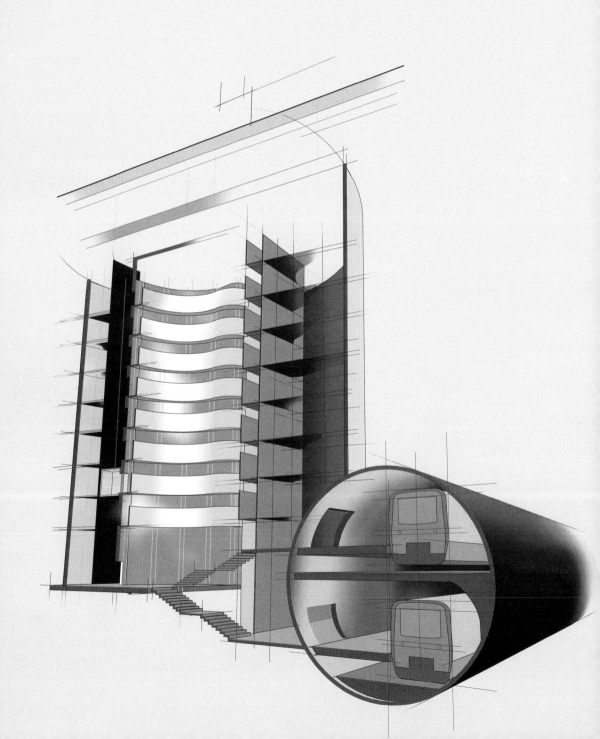

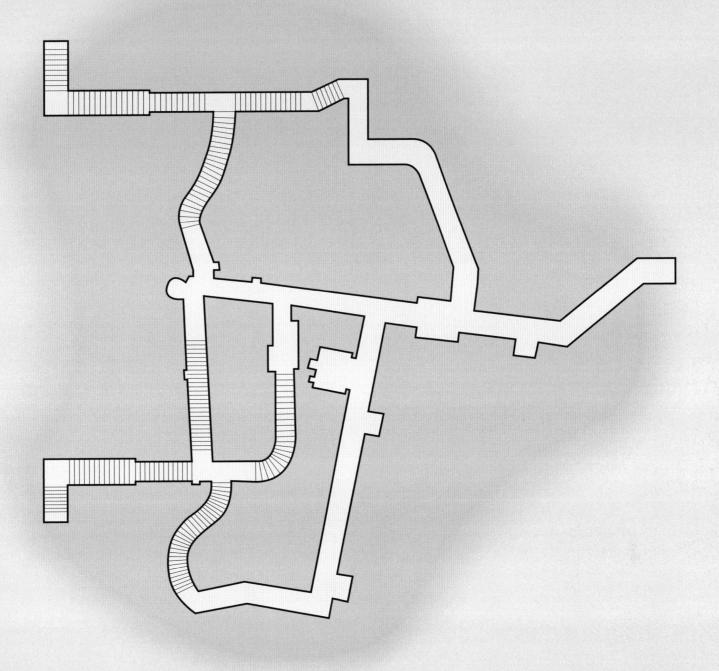

左：在十號線北段的Sagreram與Gorg之間，有兩個地鐵站（Llefià與La Salut地鐵站）是經過特別規劃過的。這兩個站都位於地下深達二十公尺處，由直徑二十五公尺的井狀通道抵達。為了減少乘客從地面到達月台的暈眩感或幽閉恐懼症，建築師Alfons Soldevila Barbosa特別在照明與通道上大量使用了水平的素材。

上：這個防空避難所建於西班牙內戰時期，是目前全世界最大型、保存最好的防空避難所之一。它位於鑽石廣場下面十二公尺深的地下，可以容納兩百人，有兩百五十公尺長的隧道一直延伸至鑽石廣場下面，通往附近街道，例如Carrer de les Guilleries和Carrer del Topazi。這個防空避難所是在1992年被重新發現，2006年已對外開放參觀。

站，1972年因為三號線的延伸而關閉；Gaudí（1968），從來沒有被使用過，因為它太接近旁邊的聖家堂站；Travessera，它本來應該是在Diagonal與Fontana之間的一個車站，但一直沒有完工。另外有三個站從原來的位置遷移：Espanya、Santa Eulàlia和Universitat，而它們原本的月台部分還一直保留在地下。

防洪措施

西班牙內戰時期，國民軍進攻巴塞隆納。政府當局毫無防備，倉促之間，當地的居民不得不赤手空拳自己挖防空避難所，前後蓋了一千多座防空避難所。其中一個「三○七號避難所」（Refugi 307），是最近在Poble地區發現的地底避難所，有長達四百公尺的地下通道，裡面有浴室、飲水處，甚至壁爐等設施。當時這個地下避難所保護了數以千計的民眾躲過炸彈的攻擊。

由於巴塞隆納位於平原，兩邊有山脈，緊鄰地中海，有略夫雷加特河（Llobregat River）流經，在天氣惡劣時就會發生水災，有時候還有山洪爆發。地理環境促使當局建造八個地下、兩個露天的蓄洪池系統。這個系統自1977年開始興建，可以處理大約五萬立方公尺的水。儘管所費不貲，加泰隆尼亞自治區的居民對此非常自豪，因為的確有效防範了洪水氾濫。

最大的幾個蓄洪池當中，有一個位於Universitat區，另一個以西班牙畫家米羅（Joan Miró）為名，有龐大的混凝土柱子，帶著超現實、近乎科幻的風格。在蓄洪池的水被放出流回大自然之前，會經過一個過濾系統，每年得以防止一千噸帶有污染物懸浮粒子的水大量流入地中海。

上： 十號線上的Llefià地鐵站，可以搭電梯抵達月台，或者可以從這個光線明亮的通道到達，大約32公尺。

右上： 從入口處可以明顯看出裸露的混凝土，證明這裡是為了躲避空襲而建的防空避難所。

右下： 這些美麗的列車車廂是從1924年開始行駛，一直到1991年退役，現在已修復回原樣，並且在特別的場合行駛，慶賀巴塞隆納地鐵的光榮歷史。

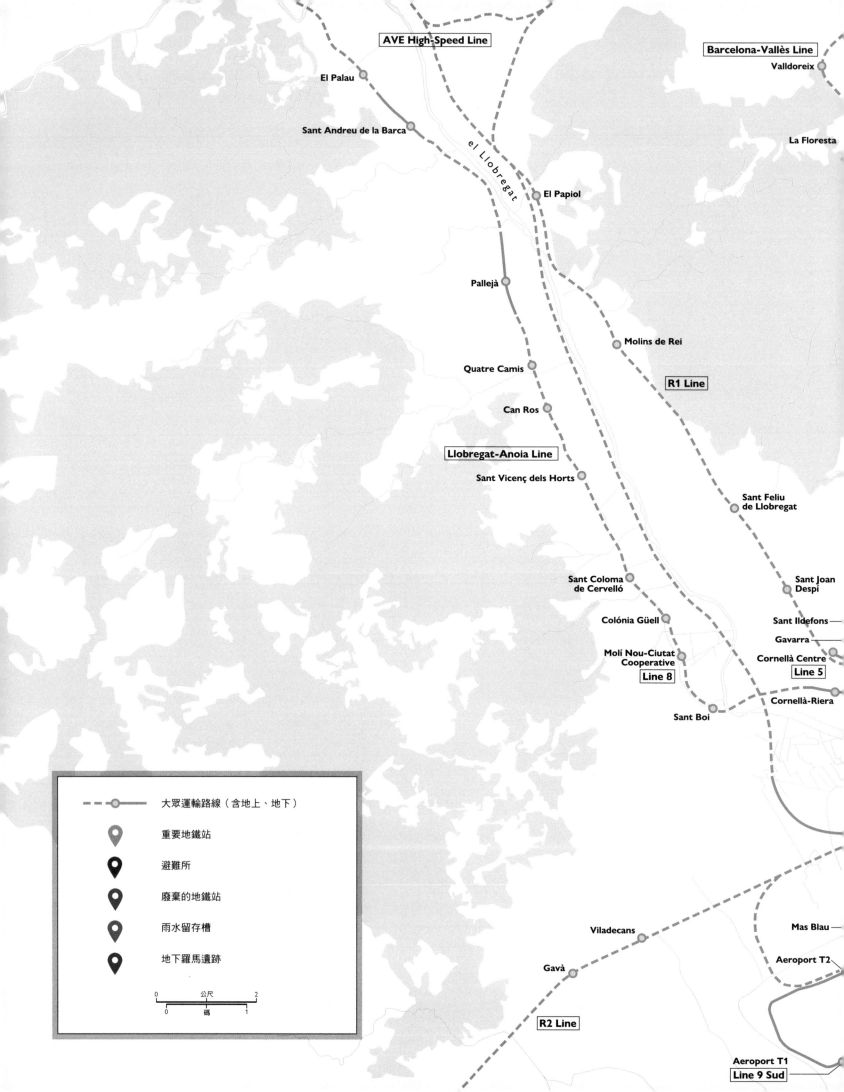

AVE High-Speed Line

Barcelona-Vallès Line

Valldoreix

El Palau

La Floresta

Sant Andreu de la Barca

el Llobregat

El Papiol

Pallejà

Molins de Rei

R1 Line

Quatre Camis

Can Ros

Llobregat-Anoia Line

Sant Vicenç dels Horts

Sant Feliu
de Llobregat

Sant Coloma
de Cervelló

Sant Joan
Despí

Colónia Güell

Sant Ildefons

Gavarra

Molí Nou-Ciutat
Cooperative

Cornellà Centre

Line 8

Line 5

Cornellà-Riera

Sant Boi

大眾運輸路線（含地上、地下）

重要地鐵站

避難所

廢棄的地鐵站

雨水留存槽

地下羅馬遺跡

0　　　公尺　　　2

0　　　碼　　　1

Viladecans

Mas Blau

Gavà

Aeroport T2

R2 Line

Aeroport T1

Line 9 Sud

巴黎

歐洲的瑞士起司

艾菲爾鐵塔、聖母院、羅浮宮、凱旋門……法國的首都幾乎不需要多做介紹。巴黎位於法蘭西島中央，歷史悠久，市區有兩百一十萬人口，週邊都會區則多達七百萬人，是歐洲人口最稠密、最繁榮的地區之一。

大約在西元前3000前，一支稱為巴黎希（Parisii）的凱爾特族移居到這個盆地，周圍環繞著塞納河中的眾多小島。西元前52年，古羅馬人在塞納河左岸建立了聚落，對面就是現今的西堤島（Île de la Cité）。他們的城鎮稱為盧泰西亞（Lutetia Parisiorum），規模大到不但有圓形露天劇場，還有傳統的羅馬神廟、澡堂與市集。到了羅馬帝國衰落、基督教興起時，這裡的拉丁名稱直接縮短為Parisus。後來法蘭克人從高盧抵達此地。經過了好幾次火災、築城設防，以及維京人等的攻擊，巴黎這個現在位於「右岸」（指塞納河）與西堤島上的城市，在11世紀之時已成為法國最大的城市，是集藝術、文化、政治、宗教、教育於一地的核心之處。聖母院大教堂、羅浮宮的宮殿與初期的大學，都是在這段中古時期興建的。1328年，巴黎是歐洲最大的城市，有二十萬人密集居住於城牆之內，到了1640年，人口成長兩倍，18世紀中期更超過了五十萬人。雖然1789年的法國大革命有可能造成人口下滑，不過在1800年代拿破崙治理下又恢復成長。這時工業革命風潮正在興起，巴黎的第一條鐵路也於1837年興建，可從聖拉扎爾（Saint-Lazare）抵達勒佩克（Le Pecq）。

巴黎採石場

巴黎人在蓋房子時，不是從遠處開採建築用的石塊，而是直接從腳底下挖掘：數以千噸的盧泰西亞石灰岩就從巴黎採石場開採出來，許多是來自塞納河的南邊。巴黎人從1400年代開始挖掘，時間長達數世紀，範圍達三百公里，巴黎因此成為地表上開採密度最大的都會區域。雖然這個龐大的區域有部分可以經由官方導覽路線抵達，但大多數仍是非常危險，沒有照明設備，當地的「地下派」成員（cataphiles，巴黎採石場的城市探索員）宣稱，還有許多地方仍需要探查。

採石場內還有另一個令人毛骨悚然的旅遊景點：地下墓穴。1700年代末期，傳染病快速蔓延，巴黎市民大量死亡，公墓完全不敷使用。當局決定採用一種極端的方式來處理死者，也就是把他們埋到左右綿延達數百公里的採石場。當時在蒙魯日（Montrouge）的伊蘇瓦爾公墓（Tombe-Issoire）剛好位於城市邊緣的外圍地區，於是就在這裡開挖，將巴黎最大的聖嬰公墓（Saint-Innocents）裡的骨骸存放在此。於是這裡在1786年成為市立納骨堂，從1809年開始對外開放（必須先預約）。由於巴黎四個大型公墓的所有死者都被挖出移來這裡，若說在這個地下墓穴堆放與貯存了六百萬具屍骨，應該一點也不讓人驚訝。在上個世紀，這裡還有另一個用途：納粹的地下碉堡，裡頭還有一個私人的電影室。

右：位於十四區的蒙蘇里水庫，建於1868到1873年期間，主要用來供應巴黎市南半區的乾淨用水。它有一千八百支優雅的柱子，藍色的磁磚底部，還有鑄鐵裝飾的塔樓（地面上），看起來有點像是一個美麗的室內游泳池。水庫的水來自泉水，以導水管輸送至巴黎市，最遠達一百三十公里遠，總計可儲存二十萬立方公尺的水。

洪水與乾淨的水

經過一千年的持續開發，巴黎地底下滿佈著溝渠、排水管、通道與管道。所有都市規劃者面臨的一個最大難題便是處理水的問題。在巴黎，全長五百四十公里的馬恩河（Marne River）自市區東南方流入塞納河。另外，除了一些小山丘——最高的是蒙馬特（Montmartre）與電報山（Telegraphe），大約標高都在一百三十公尺——巴黎的地形可說是相當平坦。事實上巴黎位於一個氾濫平原上，只要塞納河水位一滿，河岸就會潰堤。

早期的防洪措施是將巴黎四個島中的其中兩個與堤岸連結起來，在塞納河上形成一個彎曲的手臂，將洪水隔離，慢慢變乾。這個區段後來有部分由聖馬丁運河（Canal Saint-Martin）取代。聖馬丁運河於1825年開通，是一條長四點六公里的水道，縮短了塞納河二十五公里的航程。它還連結了烏爾克運河（Canal de l'Ourcq），並且負責提供巴黎市區「新鮮」的水。19世紀中期，聖馬丁運河在聖殿（Temple）與巴士底（Bastille）的這個區段被覆蓋起來，形成巴黎市最長的隧道。雖然河邊的堤岸全建好了，但塞納河仍舊難以馴服，在1910年時釀成大水災，淹沒了地鐵系統，堵塞了下水道，顯示巴黎仍需要更好的防洪措施。

儘管巴黎有一些最早期的鋪面街道（1200年左右鋪設）跟基本的下水道（有些是古羅馬時期建造的，還有一個露天的，是1370年建於蒙馬特），但一直要到17世紀才完成第一座地下污水處理系統，並將塞納河一條小的支流，比耶夫爾河（Bièvre River），改造為運河。至於巴黎真正有規模的地下下水道系統，則要等到1800年代初拿破崙在位期間，才終於完成其中的三十公里。

拿破崙三世聘用了法國都市設計師奧斯曼男爵（Baron Haussmann），奧斯曼又聘用了工程師貝爾格蘭德（Eugène Belgrand），建造六百公里長、磚砌的下水道與排水系統，這個系統大部分位於奧斯曼規劃的新的大道與人行道之下，總計兩百公里長。

從第一次大戰末期到1970年代中旬這段期間，另一條長達一千公里的下水道興建完成，連接上巴黎現有的系統，這項不凡的成就，後來是由巴黎第七區的地下水道博物館（Le Musée des Égouts de Paris）來加以紀念與稱頌。

巴黎地鐵

巴黎人敏銳地覺察到歐洲各地的工業正在大幅躍進中，特別是在德國與英國。跟倫敦與其他各地一樣，巴黎這個城市於1830年代興起不久後，鐵路也跟著出現，因此車站想當然原本都是位於市郊，來自各省

的乘客抵達後要先下車，帶著行李、坐著有軌馬車或出租馬車，或者徒步，穿過繁忙的街道，到達下一段火車的轉乘地點。

主要幹線的鐵路公司長久以來一直在想方設法，試圖解決連結各個終點站距離過遠的問題，巴黎人也受不了要走那麼遠，或者得坐擁擠的有軌馬車，不然就是坐昂貴的出租馬車。當時的一些想法（其中很多都非常先進）都是建議興建地下鐵路，例如，1854年有人提出從北站（Gare du Nord）到巴黎大堂（Les Halles）市集的街道下面蓋一條二點二公里的貨運鐵路。其他還有一些非常異想天開的提議，全都遭否決。

1860年代早期，報紙報導了倫敦正在興建世界上第一條城市地下鐵路，這件事讓法國大受刺激，有啟發也有憤慨。競爭會帶來強大的驅動力，也帶來創意，短短幾個月之內，冒了出來一大堆提案，希望在巴黎這個眾人熱愛的城市，可以有以鐵道為基礎的大眾交通系統雛形。而像紐約那樣沿線都是高架的鐵路，對巴黎來說不可行，接著一大群頗負聲望的工程師都支持各種地下交通運輸的型態。但是支持主線鐵路公司的政府從國家利益考量，與巴黎市府官員傾向支持更在地化連結的系統，兩者間引發了政治僵局。最後在1887年，工程師貝利爾（Jean-Baptiste Berlier）提出了一項建議，採用三條地下路線，讓列車在地下的鐵製隧道裡行駛。

工程的完工期限常會隨著巴黎舉辦大型活動出現變動，例如，1889年的萬國博覽會，古斯塔夫・艾菲爾（Gustave Eiffel）所建造的艾菲爾鐵塔便於當年完工，可是巴黎的地鐵系統卻一直沒什麼進展。1895年另一個警訊出現，有一條郊區線（國璽線，Ligne de Sceaux）以隧道方式加以延伸，使得有兩個車站更接近市中心。一年後，1900年萬國博覽會即將舉行之際，市議會終於否決了土木工程師Fulgence Bienvenüe的提案，不考慮興建包含十條線的地下鐵路系統。

最後達成的妥協方案是：這個系統會連結一些主幹線的車站，例如巴黎東站、北站、里昂站、蒙帕納斯站與聖拉扎爾站，另外還有一些線提供當地居民可以抵達到市區各點。1998年工程開始進行。

第一條完工的線是沿著塞納河右岸由東南往西北這個主要軸線興建，全部都是地下化。這條線必須採用「明挖覆蓋」的工法進行，但卻造成某些繁忙的街道一片混亂。它另外有兩條支線，後來成為其他線的基礎。巴黎地鐵於1900年開通，剛好趕上萬國博覽會，但是只有一個主幹線的車站完工，那就是里昂站。這個站的月台與通道鋪有美麗的白色磁磚，一直到今天都還保留著。

第二條線是環繞著北邊街道（舊市區城牆的遺跡），形成一個半圓形，包括四個高架的露天車站。這條線很接近幾個主線道的車站，卻派不上什麼用場。第三條線圍繞著南邊的街道，至少有幫助到聖拉扎爾站。它也有高架的部分，並有十二個露天車站，可以通往蒙帕納斯站與奧斯特利茲站（Austerlitz）。

北站與東站這兩個主要的大站則是花了比較長的時間才完工。巴黎地鐵很快聲名大噪，成為巴黎人的一大成就，僅十年的時間就大致完成最早的系統建制。另外三個輔助的路網也獲准興建，南北向的線道則是在1912年開通。南北向的路線大部分都是採用鑽掘隧道，在入口處有特別的裝飾。如今聖拉扎爾站裡的一個環形售票處還留存著，與美麗的彩陶相互輝映。

巴黎地鐵的奇特之處

巴黎地鐵有幾個罕見之處，創造出迷人的地下空間。首先，大多數路線都沒有支線，而是在終點站設有很大的迴轉空間，讓列車可以轉向，從相反方向駛回。儘管有些迴轉區仍在使用，但大多數都已經被延長的路線繞過，當成車廂停放處。

第二，相較於其他城市，巴黎地鐵的車站與車站間的距離非常近，常常可以從隧道這頭看到黑暗中下一站明亮的月台燈光。第三，地鐵會經過數公里長的古代採石場，少不了得面臨許多工程上的挑戰。例如，地鐵七號線是行駛於肖蒙山丘（Buttes-Chaumont）下面的幾個大洞穴，這裡過去曾經被大量開採過。在某一處，由隧道進入空無一物的龐大地下空間時，是在洞穴的地上豎起柱子，支撐著以鐵與鋼製成的封閉型管狀物，好讓列車可以從裡面駛過。

有些地鐵經過的地形過於崎嶇，必須讓兩個隧道上下堆疊，而不是並列。此外，有些部分雖然完工了，但卻從來沒有正式營運。比如說，在第十六區有幾個隧道連結九號線與十號線，但從來沒看過有列車行駛過。還有一個站完工時有一個島式月台，卻沒有通道可以到達上面的街道。「地鐵歷史迷」（ADEMAS，L'Association d'Exploitation du Matériel Sprague）會舉辦參觀行程，甚至在月台舉辦活動，吃聖誕夜大餐。

巴黎還有很多幽靈車站，不是開通後又關閉，就是只蓋到月台後就不了了之。阿祖站（Haxo）是其中一個典型的例子。此站位於節日線（Voie des Fêtes）上，這條線是一條沒什麼人搭乘的連接線，往來於三號線支線與七號線支線之間。阿祖站的月台只是蓋來想做為節日廣場站（Place des Fêtes）與丁香門站（Porte des Lilas）中間唯一的一個站。但它一直沒有開通連接到地面上，只有用來測試新的設計。其他長久關閉的站還有阿仙奴站（Arsenal）、戰神廣場站（Champ de Mars）、紅十字站（Croix-Rouge）與聖馬丁站，這些站全都因為與其他的站鄰近而在二次大戰時關閉。不過聖馬丁站在「地鐵歷史迷」舉辦的少數導覽中是頗值得一訪，因為這個站裡還保留以前常見的浮雕廣告，這在其他地方現在是看不到了。

有幾個關閉的站現在還看得到。從三號線的岡貝塔（Gambetta）下車，沿著月台往回走（往巴黎方向），這個月台特別的長，因為它以前是馬丹納度站（Martin Nadaud）的一部份，後來在1969年被併入岡貝塔，總長兩百三十公尺。

1930年代拉德芳斯區（La Défense）附近原本有兩個預定興建的車站，當時已蓋好混凝土箱室，但因為這條線的規劃後來生變，這些箱室從沒使用過，就空蕩蕩地留在原地，但上面已有其他新的建築物。在奧利機場站（南）（Orly-

單位：公尺

深度	標示
0	氣動管（郵件）
	加尼葉歌劇院水池
	盧泰西亞羅馬遺跡
10	
20	Vincennes採石場/地下墓穴
	大堂廣場
	節日站廣場
30	歐貝站（RER A線；最深的地方）
	阿貝斯站（地鐵12號線；最深的地方）
40	
50	
60	
70	
80	
90	
100	

巴黎大堂廣場與市立納骨堂

巴黎有世界上最大的納骨堂。納骨堂源自羅馬與東正教的悠久傳統，是指將古代的屍體挖掘出來，撿出骨骸的部分，放入一個小箱子中，或者像本書介紹的巴黎納骨堂，放入地下墓穴。

巴黎大堂廣場是二十一世紀巴黎逛街血拼的新地標，以前這裡原本是巴黎的生鮮食物市集——中央市場（十二世紀就存在了），但後來在1971年拆掉，遷移到郊區。同一個時間，巴黎的地下快鐵RER正在尋找一個核心地點，做為新的轉運站。於是在舊有的市場下面挖掘了一個大型空間，稱為「市場大洞」，剛好可以做為兩條RER新線的交會處，而且連接到四條巴黎地鐵線（後來變五條）。在列車行駛的上層，還蓋了現代的商場、電影院跟游泳池，全都在地下。2010年商場進行改建，於2018年重新開張。

下：夏特雷-大堂站這個核心的轉運站，每天有七十五萬人次經過，是全歐洲最繁忙的地下車站，這裡的商場每天也有高達十五萬的人潮。

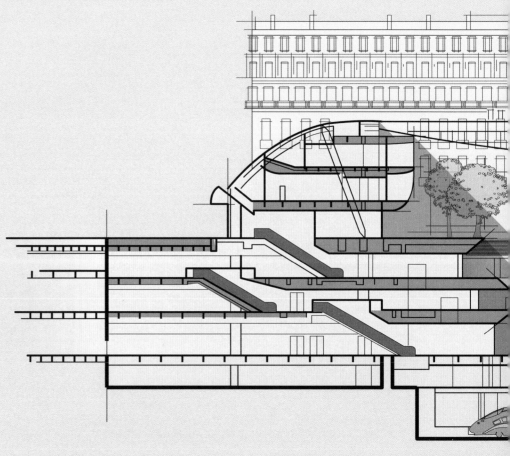

右：由於有幾百萬的骨骸，十九世紀的巴黎工程師德圖里（Louis-Étienne Héricart de Thury）把原址改建為墓地，成為悼念之處。這位工程師遵循了早期傳統（將骨骸排成圖案），下令將頭骨與股骨堆疊成複雜精細的圖樣。

Sud）下面有一個類似的混凝土箱室，也都沒有使用過。其他特別的車站還有西提站（Cité）與聖米歇爾站（Saint Michel），這兩個車站是以鋼板沉箱建造，從地面直接沉放入地下。這種罕見的構造從入口處即可看出，因為入口就是建在寬大的鋼製管道中。

通往郊區

原本巴黎地鐵的各線只到達舊巴黎的城牆邊緣，但很多郊區是位於城牆以外，絕大多數都希望有地鐵可以抵達。1920到1930年代期間，地鐵系統延伸至城市邊緣之外的計畫開始實施。幾乎每一條線都有兩三個站設在鄰近的郊區。儘管二次大戰使得地鐵的發展暫停，之後也沒多快恢復，不過到了1960年代各種計畫紛紛出籠，以前關於地鐵主幹線從巴黎各區從城市地下穿過的建議又再度出現了。

巴黎區域快鐵（RER，Réseau Express Régional）因此需要更新、更深的隧道，還需要在市中心南北向與東西向的地鐵線有大型的轉乘區。剛好在1971年，大堂區（Les Kalles）的舊巴黎市集遷移，原有的建築都拆掉，留下一個超大的大洞，這個稱為市場大洞（Grand Trou）的地方，就在夏特雷（Châtelet）。這裡被開闢為RER新線從各重要地點駛抵的核心地。當1977年開通時，這個站是全世界最大的地下車站，一開始是服務RER的A線（東西向）與RER的B線（南向），這兩條

線乃是由此站連結原有的國璽線（在盧森堡公園站經由新的隧道連接到它舊的終點站）。連接到北站的北向區段則是到1982年才完工。

RER的歐貝站（Auber）（A線）幾乎也一樣非常大。由於這裡的地下水位很高，它得像一個混凝土的潛水艇一樣，浮在浸滿水的土壤中。RER另一條東西向的C線，則是規劃在塞納河左岸，連接到位於奧塞這個主線車站（奧塞車站現在成了美術館）與奧斯特利茲，這主要是將軌道沿著塞納河放進長七百公尺的河堤裡才大功告成。C線在1981年完工。RER在郊區的擴展速度越來越快，但是一直到1999年才有兩公里長的路段在巴黎市裡完工。RER的E線則是將聖拉扎爾站與馬真塔站（Magenta，這裡有通道可以抵達東站與北站）和市郊的謝勒站（Chelles）連接起來。RER現在還有一條新的路線正在進行，主要連結聖拉扎爾站與拉德芳斯站，總長八公里，預計2020年完工。

1990年代，提出跨時代的巴黎第一條無人駕駛地鐵線計畫，也就是東西快速地鐵（Météor，MÉTro Est-Ouest Rapide）。這條線將可以疏解RER A線與一號線的人潮，而且兩端都可以架設新的軌道。第一段於1998年完工，即十四號線。乘客會非常驚訝於這條線的快速與現代感的設計，還有月台門，更不用說沒人在駕駛。人們第一次可以坐在列車最前頭，看著隧道一一從眼前飛駛而過。

右：位於法國國家圖書館中間的庭園，裡面充滿了植栽，讓訪客有一種自己正在觀看一座花園的印象……雖然這裡最底層可是在地下好幾十層樓這麼深。

下：大堂廣場之前曾是一個大家都不想靠近的地下區域，在2018年由伯格（Patrick Berger）和安祖帝（Jacques Anziutti）兩位建築師重新設計之後，引進了大量的自然綠色光影，照射到下面如迷宮般的百貨商場與地鐵系統（地下層）。這裡的屋頂被稱為「天篷」，建造靈感源自抬頭往上看森林樹頂的視覺體驗。

由於大巴黎地區不斷在發展，對於更優質的交通運輸的需求當然也大增。最新的計畫是一個包含四條線的新地鐵系統，總計兩百公里長。這項大巴黎快線（Grand Paris Express）計畫預計會將現有的十一號線與十四號線大大延長：十一號線延長五公里到羅尼蘇布凡（Rosny-sous-Bois），十四號線有一站往北到Pont-Cardinet，但也替代了十三號線的支線聖丹尼普萊耶爾（Saint Denis Pleyel），這條線也會自另一頭往南延伸十二公里，到奧利機場。

十五號線預計在2020到2030年之間開通，這是一條全新的線，有七十五公里長全部是在地面之下。全線共計三十六個車站，除了一個以外，全都可以轉往其他的地鐵線、RER、郊區火車或電車，而且全都是在地下。十六號與十七號線的長度都是二十五公里，後者可通往戴高樂機場。十八號線將有五十公里長，預計通往奧利機場。

二次大戰時的地鐵用途

二次大戰即將爆發的陰霾籠罩全歐洲之際，巴黎已為空襲做好了準備。地鐵的節日廣場站是一個不錯的地點，因為這裡的月台在地下綿延長達二十二公里，有些還位於全巴黎最深的地方。這個站在1935年曾因為十一號線的規劃而重新改建，入口也趁此機會弄得更牢固，以防遭到攻擊。這個裝飾藝術風格的新入口是防彈的，因此這裡除了是地鐵車站，還是個地下工廠，專門生產飛機的備用零件。附近的肖蒙山丘站則是當做軍事作戰的地下碉堡。在巴黎各區至少都有幾個地鐵站是做為防空避難所，例如玻利瓦爾站（Bolivar）、斯特拉斯堡-聖但尼站（Strasbourg - Saint-Denis）與紅十字站。當時還有一家醫院設在巴士底站的地鐵通道。1956年，十一號線改為採用一種實驗性質的軌道車輛，以降低噪音與震動：列車安裝上橡膠輪胎，行駛於混凝土的軌道上。這個法

國設計的系統非常成功，其他線紛紛改為採用，該項技術還輸出到海外。

在東站的B月台盡頭，有一些很怪異的柵欄圍著狹窄的樓梯，不知通往何處。其實下面有好幾個空間，面積總計一百二十平方公尺，房間上頭的天花板是厚達三公尺的水泥，幾乎快抵到上頭的地面了。據說這裡是在二戰爆發的前幾年建的，為的是存放行李，但為什麼屋頂要蓋得那麼牢不可破？原來當時巴黎人堅信，這個具有戰略性質的地鐵站會是毒氣攻擊的目標地之一，所以要蓋成封閉型的防空避難所，裡面可以容納七十個鐵路工人。諷刺的是，1940年納粹佔領巴黎之後，這裡被徵用為地下碉堡，現今的城市探索者還可以在牆壁上發現德文的簽名字跡。

地下深處

法國國家圖書館建於1461年，目前位於托爾比克（Tolbiac）的舊地鐵站上面，有四座特製的玻璃大樓，外型看起來就像是直立打開的書本。這裡於1996年開幕，閱覽室與地下室位於地下數十層，有一個自動化的文檔檢索系統，這對於要查詢圖書館裡四千萬本藏書來說可是非常重要。

儘管羅浮宮平時已展示了四萬件收藏物品，但下面的儲藏室及工作區還藏有超過十一倍的物品。事實上，在巴黎有這麼多的地窖、秘密通道、地下空間，舊的新的都有，難怪有歐洲的格呂耶爾起司之稱。最後還有一個特別的地方值得一提，那就是在著名的加尼葉歌劇院（巴黎歌劇院）下方，有一個人工水池。據說它是在1860年興建的，當時的建造者原本想要做噴泉，但一直沒法讓水持續流入池子，最後只好圍起來，在上面建造歌劇院。在這個三公尺深的封閉性水池裡，甚至傳說有一條幽靈魚。

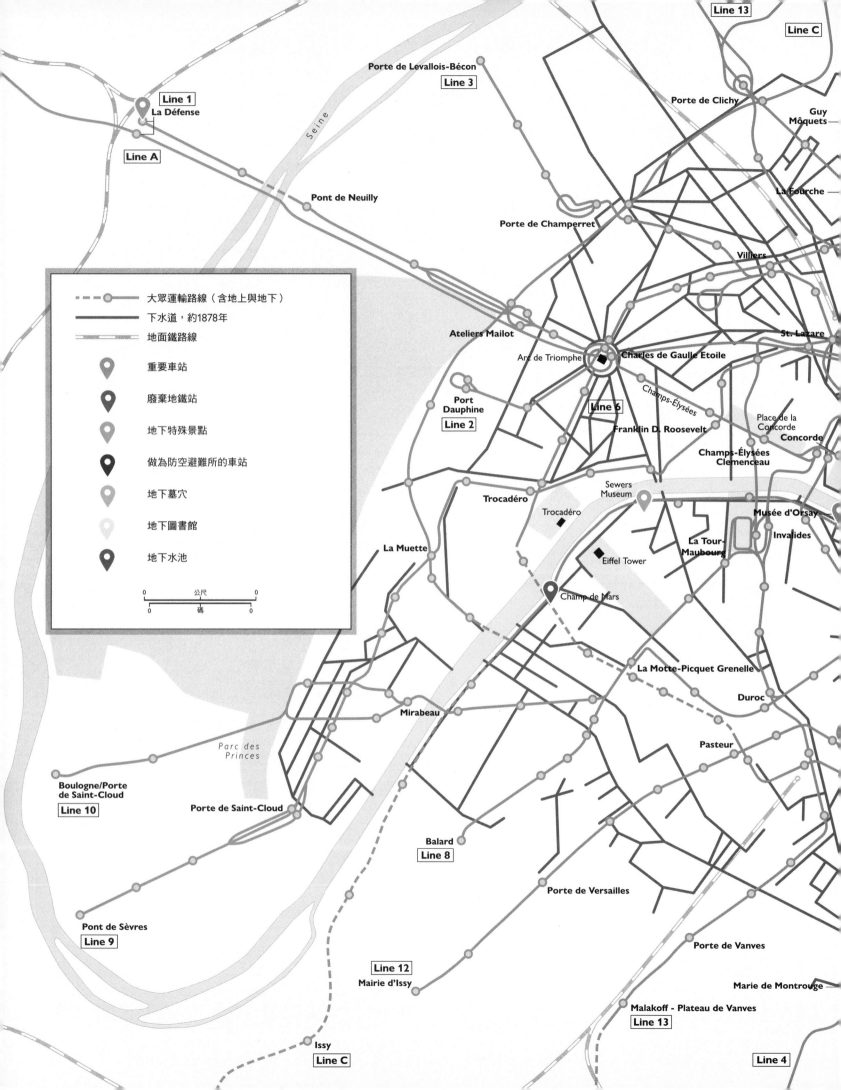

Line 13

Line C

Porte de Levallois-Bécon

Line 3

Porte de Clichy

Guy Môquets

Seine

Line 1
La Défense

Line A

La Fourche

Pont de Neuilly

Porte de Champerret

Villiers

Ateliers Mailot

St. Lazare

Arc de Triomphe

Charles de Gaulle Etoile

Line 6

Champs-Élysées

Port Dauphine

Line 2

Franklin D. Roosevelt

Place de la Concorde

Champs-Élysées Clemenceau

Concorde

Trocadéro

Sewers Museum

Musée d'Orsay

Trocadéro

La Tour-Maubourg

Invalides

La Muette

Eiffel Tower

Champ de Mars

La Motte-Picquet Grenelle

Duroc

Mirabeau

Pasteur

Parc des Princes

Boulogne/Porte de Saint-Cloud

Line 10

Porte de Saint-Cloud

Balard

Line 8

Porte de Versailles

Pont de Sèvres

Line 9

Porte de Vanves

Line 12

Marie de Montrouge

Mairie d'Issy

Malakoff - Plateau de Vanves

Line 13

Issy

Line C

Line 4

大眾運輸路線（含地上與地下）

下水道，約1878年

地面鐵路線

重要車站

廢棄地鐵站

地下特殊景點

做為防空避難所的車站

地下墓穴

地下圖書館

地下水池

公尺

碼

0　　0

0　　0

鹿特丹

力阻怒海

鹿特丹是荷蘭面靠北海這個區域的歐洲最大港，市區有超過六十萬人，都會區有兩百五十萬人。這個城市座落於新馬斯河（Nieuwe Mass River，萊茵河的一條支流）的兩岸，大部分的區域都有堤防保護著，因為它其實是位於海平面以下。

這裡的城鎮最早是在1270年出現，當時羅特河（Rotte）上還蓋了一座大壩。由於當地在幾個世代之內經歷過可怕的水災襲擊，不得不興建新的防護措施，以防止洪水氾濫。就在過了一個世紀之後，荷蘭伯爵威廉四世授予鹿特丹城市的地位。1350年，連接鹿特丹與其他海岸城鎮、內陸的代爾夫特（Delft）的謝爾水道（Schie waterway）完工後，鹿特丹的港口日益興盛，1600年代，它的城市地位提升到「廳」（kamer）這個等級，成為東印度公司6個地區辦公室的其中一個。1872年，二十公里長的Nieuwe Waterweg運河開通，這是一條人工運河，可以提供船舶行駛，從萊茵河口連接到北海；它的完工進一步鞏固了鹿特丹成為歐陸主要大港的地位。

新馬斯河

由於整座城市位於海平面之下（有些地方達六公尺以下），鹿特丹沒有太多關於地下空間的歷史可言，最早期的一座地下建築物應是一點三公尺的馬斯隧道（Masstunnel），位於新馬斯河之下。受限於這條河流的寬度，以及使用鹿特丹的港埠船運量，蓋一座跨河的橋樑不切實際，於是在1937年改為興建一座結合行人與車輛都可以通行的隧道。

雖然荷蘭在二次大戰期間保持中立，鹿特丹還是被轟炸得很嚴重，整個國家也在1940年被德國佔領，但是這個隧道興建計畫仍舊在兩年後完成。它共分九段各二十五公尺，先在陸地上建造，接著放入水中，沉入在河床上已經挖好的渠道。這個隧道是荷蘭的第一座水底通行隧道，也是以這種方式建造的第一座水下長方形隧道。它至今仍在鹿特丹的道路、自行車與行人步行的網絡系統中提供重要的連結。

最早在1954年，就有人提出興建穿過新馬斯河隧道的電車，但卡在財務上的限制，並沒有繼續討論下去。不過在1959年，一項更具體的地鐵系統興建計畫被核准了。受到馬斯隧道成功的啟發，這項地鐵興建計畫採用了類似的方式：先在陸地上的3個大型建造廠建造隧道部分，然後把隧道「沉入」主要街道的混凝土溝渠中。由於當地的水位很高，這個計畫所費不貲，而且困難重重。第一段六公里長的鹿特丹地鐵（南北向，從鹿特丹中央區到Zuidplein）於1968年正式開通。

第二條東西向的線花了比較久的時間才完工，最後是在1982年完成（從Coolhaven到Capelsebrug）。之後還有一些比較新的隧

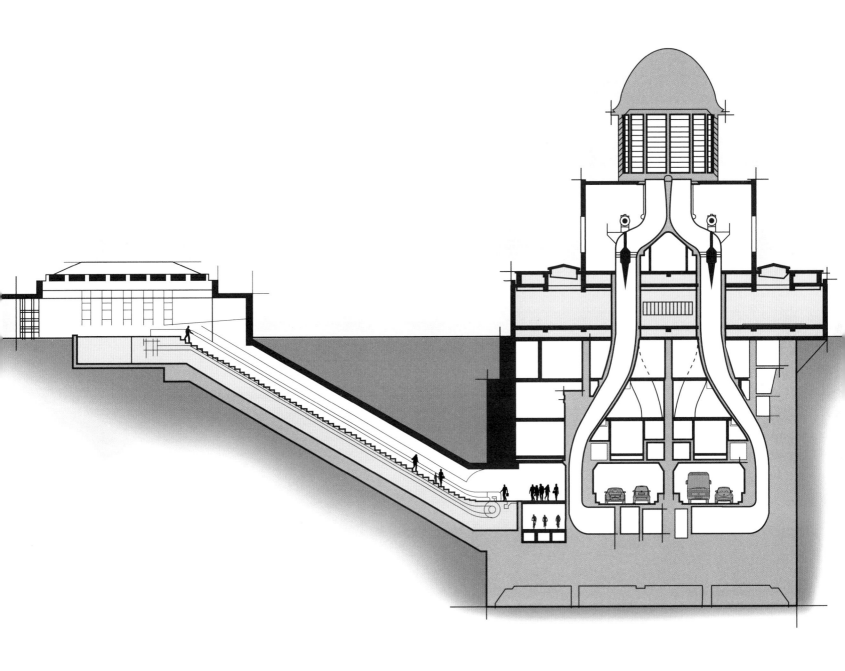

上：馬斯隧道位於海平面之下的最深之處可達二十公尺，在冷戰期間完工時，真的可說是工程上的非凡成就。它也是第一座提供自行車專用道的水底隧道，而且隧道兩頭都有自行車專用的特別電梯！

道路段與其他地上的路段完工。鹿特丹的地鐵系統現在可以直接與其他城市接軌，包括荷蘭角港（Hoek van Holland）、De Akkers、海牙等，共有五條路線，有將近四分之一的車站位於隧道內。

當工程的技術大幅躍進，可以在較寬的河面上建造橋樑時，最早的一個提議便是在新馬斯河上蓋一座美麗的橋。伊拉斯謨橋（Erasmusbrug）有時稱為天鵝橋，建於1996年，長八百公尺，是一座開闔式橋樑，也是斜張橋樑。當橋樑打開時，就有一個重達一千多公噸的巨大配重，向下進入地面下的巨大空間內，使得車道（包括電車）往上傾斜，這時船舶就可以從下面通過了。

左：荷蘭的第一條地鐵線花了七年才完成，在1968年開通時，是世界上最短的地鐵線。由於這個國家的一切都位於海平面以下，因此地鐵建造是極為昂貴，而且耗費時日。從這張1961年的照片可以看出，隧道部分是先在陸地上建造的。

下：鹿特丹的Wilhelminaplein站有個特別之處，就是月台有點傾斜，因為它接近隧道口。

右：鹿特丹大壩（Maeslantkering，風暴潮防護堤）是世界上最大型的可移動式建造物。先不論造價多少，它對於防護鹿特丹這個當時世界上的最大港絕對是至關緊要。防護堤只有在預測風暴潮達三公尺以上才會關閉，還好自1997年建造完成後，這樣的情況並沒有發生。

地下遺跡

鹿特丹有一個處境尷尬的地下幽靈電車站。在鹿特丹地鐵通車後，所有其他的交通運輸系統都重新規劃，只留下一條南邊的電車線。這條電車線非常繁忙，1969年時還在Groene Hilledijk街的下方開挖了一條隧道通行，甚至還有自己的車站，但是隧道於1996年關閉，只留下車站的空殼，最後成了幽靈車站。

在舊郵局的下面、接近市政廳的地方，有一個地下的防空避難所，由荷蘭電信公司（PTT）在冷戰期間建造，1975年完工。這個防空避難所當時用了巨額經費打造，為的是確保萬一受到核武或化學武器攻擊時，重要的官員還能持續與外界通訊。在全荷蘭各地都有這樣的防空避難所（稱為NCO），形成一個網絡，目前最核心的那一座依然保持運作，以防範緊急事件發生。

風暴潮防護堤

荷蘭大部分地區都位於海平面以下，北海常可能出現海水倒灌，因此在1997年興建了巨大無比的Maeslantkering（風暴潮屏障，或稱鹿特丹大壩），來防止暴風雨釀成災害。它是由兩座半圓形的閘門組成（二十二公尺高，兩百一十公尺長），平常位於新水道運河（Nieuwe Waterweg）兩邊的陸地上。漲潮時，這兩座閘門會旋轉至運河河道上，充滿水之後，再沉入運河河底上的溝槽裡，以防止風暴潮侵襲鹿特丹市中心。為了有效地與整個海洋的力量抗衡，運河河床上的溝槽在建造時就必須以達到最大效能為目標。雖然這座防護堤很少派上用場，可是每年都會測試，還有一次保護了沿海地區免受洪水氾濫。只不過1980年代在規劃時，原本以為氣候變遷的緣故可能會常常用到。

時間階梯

2014年鹿特丹有一座新的大型市場（Markthal）開幕。這座馬蹄形的建築物在地面上有十一層樓高，裡面有辦公室和公寓。市場的攤商與商店集中在一樓，地下四層則是龐大的停車場。建造期間，由於原址下面是一個14世紀的村子，結果在地下七公尺深的地方挖出了很多歷史遺物，這些遺物就送至De Tijdtrap（時間階梯）博物館保存，並加以展示。訪客在逛完市集回到停車場時，會感覺彷彿時光倒流了。

阿姆斯特丹

隱藏在運河之下

荷蘭的首都阿姆斯特丹，市區約有一百萬居民，都會區則有兩百多萬的人口，以其運河與低地位置聞名遐邇。雖然位於海平面以下，它還是有一些令人驚異的地下奇景。這座城市一直到近期，還被認為有人類居住的時間並沒有太久。阿姆斯特丹位於內陸，現在離海岸線約三十公里，但在12世紀時它曾是一個小漁村，14世紀早期獲得城市的地位。不過阿姆斯特丹地鐵開始建造之後，在深達三十公尺的地下發現了新石器時代的工具與人造物品（搥子、斧頭、陶器），代表這裡在一萬四千年以前就有人類聚居了。

水鄉澤國

由於治水是迫切需要解決的問題，荷蘭幾個世紀以來一直在築壩、造橋、攔蓄，當然還有花錢跨越水面。運河是在這當中自然而然衍生出來，到了1500年代，在阿姆斯特丹城市發展的區域已經有許多的溝渠與水道，分佈在狹長島嶼兩側。隨著貿易路線帶來經濟繁榮，1600年代有一項重要的擴展計畫提出，結果形成了一直延續到今日的城市特點：從中央區呈放射狀的半圓形運河地帶。

17世紀時，東印度公司這個當時世界上第一個跨國公司宣告成立（1602年創立），阿姆斯特丹進入了黃金時代。1660年，它的人口達到了二十萬。

雖然荷蘭是水利工程方面的專家，不過在舊城區與快速往北發展的郊區之間有一個障礙仍有待克服：IJ灣。它原本是一個海灣，後來因為地理環境不斷改變，現在比較像是一條河，而它的確是很難跨越。1950年代末期，一個供車輛通行的水底隧道工程開始進行。1968年完工時，總長一點七公里的路面，其中一公里在地底下，主要是在IJ灣。隧道實際上是先在陸地上建造，然後沉入河床上特別先挖好了溝槽，最深的地點位於海平面以下二十公尺。

建造捷運系統

跟多數大城市一樣，阿姆斯特丹也渴望能夠建造地鐵系統，而且在1920年代就有人建議興建一條地下的地鐵線。由於整座城市幾乎是建造在木樁上（木樁打進水潦的土壤），好幾十年來所有人都認為，在技術上地鐵系統是不可行的。最後終於在1960年代有四條路線被核准，1970年開始動工，七年後第一條線通車。這條線從中央車站出發，有三公里在地下，一直到Amstel才改為地面行駛，一直通到市郊。

很遺憾的是，這個龐大的計畫花費過多，還有對於新市場（Nieuwmarkt）週邊地區遭到破壞，各界抗議不斷，結果剩下的三條線都被取消，雖然沒過多久之後，位於Weesperplein站下、未來東西線的轉運地

點就完工了。這個地下的轉運點後來改為冷戰期間防止核彈攻擊的防空避難所，一直沒有對開放，而成了阿姆斯特丹神秘的地下建物之一，只不過所有的設備都已移走，現在是空蕩蕩一片。

基於大眾強烈抗議而取消某個計畫——不管這個計畫立意多麼良善，並不代表此需求就不存在，阿姆斯特丹長期交通擁塞的問題最終還是迫使城市規劃者要想辦法解決。1996年，「新建隧道以連結城市南北地區」的提案再度出現，次年還是遭到公投否決。但由於公投結果沒有約束力，因此1997年至2002年間仍建造了試驗孔，發現這個區域的土壤果然難以建造隧道，需要非常昂貴的土壤注射技術，才能確保在古城中心底下建造隧道安全無虞。

地鐵南北線（Noord/Zuidlijn，正式名稱為五十二號線）是在運河與古老建物底下開挖，它位於地下二十公尺深。這條線是2003年開始建造，全長九點二公里，本來預期2011年完工，結果證明當初是太過樂觀：通車時間總共延後了八次之多，直到

2018年7月才開始營運。五十二號線縮短了阿姆斯特丹從北到南的交通時間，還開創了令人難忘的全新地下空間景象。

地下驚奇

儘管阿姆斯特丹的建築物位置接近海平面，或者甚至不得不低於海平面，但每棟建築下面都有個地窖。在水壩廣場（Dam Square）的新教堂（Nieuwe Kerk）旁邊有一個知名的酒窖，裡面收藏了許多南美洲的酒標。入口是從附近的梅莉餅乾店（Melly's Cookie Bar）進去，從一個螺旋形階梯下去。

在馮德爾公園（Vondelpark）有一座橋樑，從它的支撐物可以通到Vondelbunker防空避難所。這是在冷戰時期建造的一個避難所，當時還蓋了不少其他的避難所。當有緊急狀況時，這裡可以容納兩千六百人躲避。現在這裡是社區活動中心，還有一座小型釀酒廠，生產的酒恰如其份就命名為「防空避難所啤酒」。

上：等待多年才終於完工的南北線（通車時名為五十二號線），有一些設計上的特點，其中最受矚目的是中央車站的建築與月台，由Benthem Crouwel Architectures這間建築事務所設計。該建築事務所宣稱，這些在地下的設計都是經過精心打造，看起來跟城市景觀一樣：「就像在地面上穿越整個城市時看到運河與街道一樣」。

單位：公尺

0

運河（平均值）

-10 Albert Cuyp停車場

阿姆斯特丹中央車站（地鐵51、52
、53、54號線）

-20 Ij灣

De Pijp（52號線，最深的地方）

-30 地鐵隧道（最深的地方）

-40

-50

-60

-70

-80

-90

-100

單位：公尺

Albert Cuyp停車場與Weesperplein站

要在低於海平面的濕軟土壤裡建造防水的建築物，絕
對不可低估工程上的挑戰。但是荷蘭人證明了決心與
創新是克服挑戰的關鍵。撇除了海平面的問題，阿姆
斯特丹還是成功建造了像是Albert Cuyp停車場（地下
十公尺）、Ij隧道，以及Weesperplein站裡的混凝土建
物。Weesperplein站建於1977年，月台下方是一大片
廣袤的空間，這裡原本是要做為防範核武攻擊時的防
空避難所，幸好從來沒有使用過。

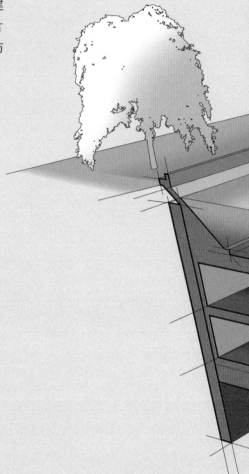

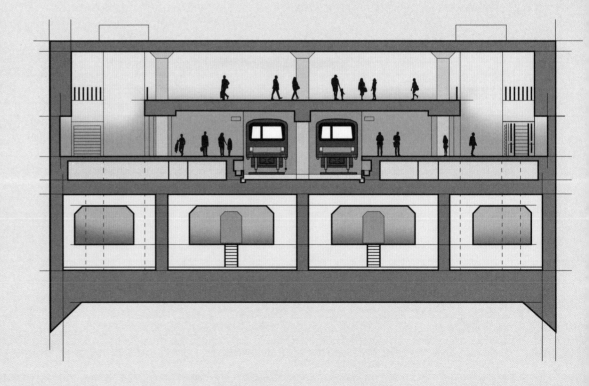

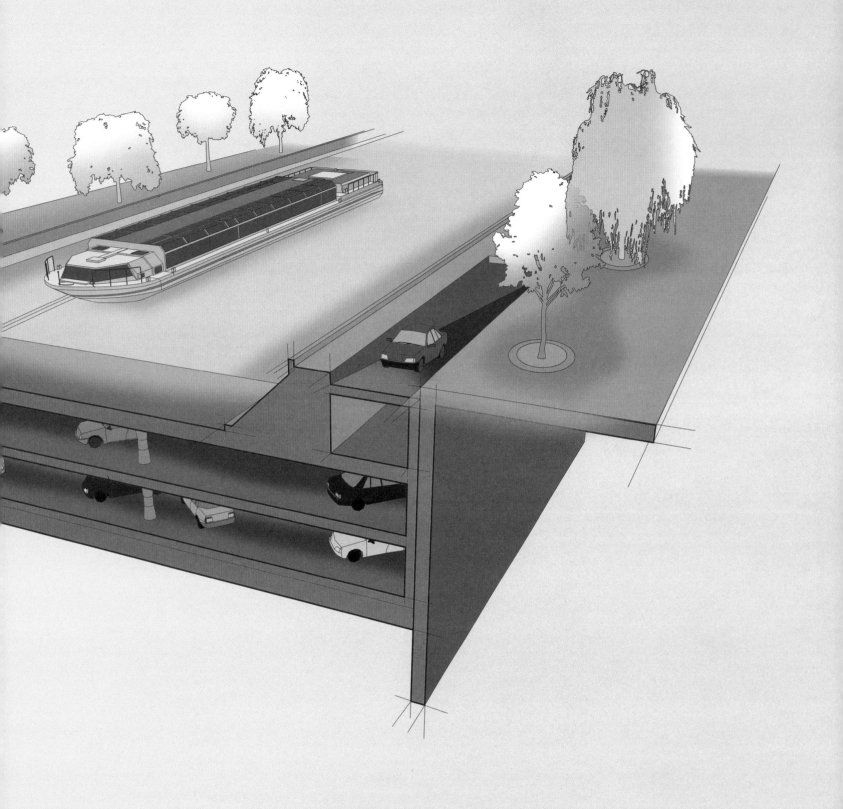

0　　　　???　　　　2

0　　　　???　　　　1

Buiten-IJ

I j m e e r

Diemen Zuid

Verrijn Stuartweg

Ganzenhoef

Kraaiennest

Gaasperplas

Line 53

Gaasperpark

Gaasperplas

Line 50

Line 54

Holendrecht

Gein

Reigersbos

馬賽

隧道鋪出來的海灘

馬賽位於地中海岸邊，市區有九十萬居民，都會區有一百五十萬人口，超過了里昂成為法國第二大城市。這裡在西元前六百年時曾是古希臘的殖民地，與羅馬淵源深厚，為往來北非的商業港口，地理位置十分重要。19世紀初期，人口就已達十萬人。

隆河的馬賽隧道

1879，馬賽商會提出建議，讓寬闊的隆河（Rhône）直接通到馬賽港口，1906年，準備工作開始進行。這其中最大的挑戰是如何將運河從寬闊的內陸湖「貝爾湖」（Étang de Berre），延伸至馬賽的東北部。為了讓運河接近馬賽第十六區的萊斯塔克（L'Estaque），它必須穿過奈特山巒（Massifs de la Nerthe）堅硬的石塊，到達利翁灣（Golfe du Lion）的蔚藍海岸（Côte Bleue）。不過只要運河能完工，就能非常容易抵達馬賽港邊。

為了解決這項工程的難題，最後建造出世界上最長的運河隧道，而且至今仍舉世無雙：羅夫隧道（Tunnel du Rove）總長七點一公里，寬二十二公尺，高十一點四公尺。儘管這條隧道1916年就已完成，但過了十年之後，全長八十一公里的隆河馬賽運河才完全開通，連接了亞爾與馬賽。由於馬爾蒂蓋地區（Martigues）有眾多水道（這裡因此有「普羅旺斯的威尼斯」之稱），藉著這些水道，運河得以穿越通過。雖然運河可以縮短

大量貨運的時間，不過很多物品都已轉為鐵路運輸，因此新的運河並沒有真正完全發揮功能。羅夫隧道在1963年部分坍塌後，也造成整條運河完全關閉。

大眾運輸系統

馬賽以前曾經有一個範圍非常大的地面電車系統，在1876年完工，1899年電氣化。在營運最顛峰時，有超過四百三十輛車、七十一條路線。1943年時，原本計畫要將部分最繁忙的路線改為地下化，經由兩個隧道穿過市中心，但是當地官員比較傾向以汽車為主要的交通工具，於是在1960年時電車停駛。不過還留有一條，就是六十八號線，它最早於1893年開始營運，從一個位於諾艾萊（Noaillles）的地下總站駛出，經過六百公尺左右的地下隧道後，行駛約二點五公里抵達聖皮耶（Saint Pierre）的總站。

正當馬賽在規劃現代的輕軌電車時，當局決定把這條在地面上最後留存的線也整併進來。六十八號線於是在2003年12月關閉整修，並且併入新的電車線T1。這條線幾乎都是在地面行駛，最後抵達位於Les Caillols的總站。之後馬賽又新增了兩條地面行駛的電車路線。

馬賽電力公司曾經在1918年提出一個全面地下化的交通運輸系統，不過後來就沒有下文。地下化的計畫在1940年代被退回了三次，其中一個計畫是要將兩個隧道經由聖查

爾斯站（Saint-Charles）連接瀕臨碼頭的若利耶特區（Joliette）到夏特羅地區（Chartreux），另一個計畫則是建造三條地下電車線。

一直等到1964年，當地官員才開始認真考慮建造一個比較完善的大眾運輸系統，因為交通已逐漸變成馬賽一大問題。馬賽大眾運輸公司（RATVM）於是著手研究，要如何取代最繁忙的電車路線。首先提出的是一條長七點四公里、十個車站的路線，從普拉多地區（Prado）經過聖查爾斯主站通往夏特羅。兩年後，這條路線微調改為包含兩條線的系統，共計二十五公里，有二十六個車站。路線一（藍線）是從布朗卡爾德車站（La Blancard）到羅斯區（La Rose），路線二（紅線）是從阿納克（Arnec）到馬札格區（Mazargues），這個計畫在1969年通過，但是政府沒錢，反而要另外研究怎樣的規劃才對馬賽跟里昂最好。

這個延宕讓當地居民火冒三丈，還好最後經費還是撥來了，並且在1973年開始動工。最後的總長度改為二十一點八公里，其中十八公里是在地下，車廂採用橡膠輪胎系統（巴黎研發的系統）。第一段路線在1977年開通，但第二段是在十年後才完工。

這個系統另外附帶了一個特別的禮物：一個海灘。馬賽雖然有將近六十公里的地中海海岸線，卻沒有一個像樣的海灘。1975年，普拉多濱海公園正式開幕，即是使用從第一條地鐵線挖出的廢土填充而成。

道路隧道

馬賽多山，加上20世紀的道路網一直擴增，隧道的需求自然也持續增加。長六百公尺的馬賽舊港隧道（Tunnel du Vieux-Port）在1964開始進行，於1967年開通。另一條更長的普拉多卡耐基隧道（Prado Carénage，長二點四公里）在1993年完工。其他馬賽的隧道包括2007年完工的路易雷格隧道（Louis-Rège，長三百公尺）與2013年完成的南普拉多隧道（Prado Sud，長一點五公里）。

上：自1660年起護衛著馬賽舊港的聖讓堡（Fort Saint-Jean），可以從馬賽舊港隧道入口的右側看得到，這裡靠近拉托雷廣場（Esplanade de la Tourette）與Vaudoyer大街（Avenue Vaudoyer）。

米蘭

地窖與遺跡

被譽為「世界設計之都」的米蘭，市區人口一百三十萬人，都會區人口有三百到五百萬人。這個城市位於義大利北方，在距今約3000年前即有人類定居。長期以來，這裡當然也出現了各式各樣有趣的地下空間。

米蘭的城市歷史最早可以回溯至西元前600年，當時是凱爾特人定居在此。西元前222年，古羅馬人征服此地，286年成為西羅馬帝國的首都，很多羅馬的歷史遺跡留存至今。從那時到中世紀結束，圍攻與世仇爭鬥不斷上演，讓統治者跟百姓不得安寧，最後在16世紀時整座城都被城牆環繞保護。當時包含現今義大利北部的區域都是由西班牙和奧地利統治，直到1848年民眾群起反抗，才加入薩丁尼亞王國。之後義大利於1861年統一，米蘭由於工業發達，鐵路在歐洲各地四通八達，奠定了它在義大利北部的主導地位。

歷史遺跡

在市中心的核心區域，亦即主教座堂廣場（Piazza del Duomo）下方四公尺處，為建於4世紀的聖若望洗禮堂（San Giovanni alle Fonti Baptistery）。這個地方（已知為世界上第一座八角形的領洗池）是在1960年代興建米蘭地鐵系統時被挖掘出來的。在米索里廣場（Piazza Missori）的聖若望教堂（San Giovanni in Conca）遺跡下方，也有一座現存的羅馬地窖。這個地窖在當時不但是墓室，也是倉庫。在著名的地標——斯福爾扎古堡（Castello Sforzesco）下面，則是有大量的通道，其中特別長的一條稱為「地下之路」，原本是圍城時的逃難通道，但結果變成將水引導至護城河的通道。另一條通道通往聖馬可教堂，可能是16世紀初期建造的，當時達文西剛好在這座城堡工作。二戰期間，這座城堡的地下空間被當做防空避難所使用，旁邊許多地下隧道是特別為了這個目的興建，其中至少有二十個現都已修復了。

米蘭的地面電車

用馬拉的電車在1876年出現在米蘭街道，當時只有一條線，行駛於米蘭與旁邊的蒙察（Monza）。蒸汽電車於兩年後出現，而一個完整、密集、遍佈市中心的的電車系統是在1881年完成，從主教座堂廣場為起點發車。1892年，愛迪生公司開始將部分電車路線電氣化，並於1910年開始將路線編號（從一到三十號）。七年後，所有行經米蘭市中心的地區電車都改由市政府管理。1930年代，採購了數以百計一五○○型列車，並統一漆上愛迪生公司的代表色：黃色。另外還有幾條線是從米蘭行駛到更遠的市鎮（第一條是1882年通車）。這兩個系統在1939年的營運都達到了顛峰。「1953年市政管理計畫」曾提議廢止所有的電車系統，開始進行地下鐵的興建工作，不過米蘭在二次大戰之前就已經在討論此事。但米蘭跟其他城市不一樣，雖然有部分無軌電車，但並未放棄有軌電車。很多電車到現在仍在營

運，雖然行駛路線只有一百八十二公里長，包含十七條市內線與一條城際線。有一個舊的電車機廠改成了一個地下水療溫泉浴場，叫做Termemilano，位於地鐵黃線羅馬門（Porta Romana）站的鐵軌下層，有磚造的拱廊。

米蘭地鐵

在米蘭興建大眾捷運系統的想法最早可以追溯至1857年，當時Carlo Mira這位工程師提出一項大膽的計畫，建議將Martesana運河的水改道，然後將運河河床挖低，把上面填平，鋪設

軌道，這樣就可以讓馬匹拉著電車行駛。1905年時，工程師波瑞奧利（Baldassarre Borioli）建議，在市中心設一條環狀的主線道，長九公里，行經八個轉運站，由主教座堂廣場站出發的地下電車都會經過。同年，另有一位工程師提議興建一條地下線，連接維多利亞門（Porta Vittoria）站與麥堅塔門（Porta Magenta）站，同樣是經過主教座堂廣場站。1912年，米蘭當局請各界提供進一步的建議，結果收到三項很厲害的提案：一條連接聖克里斯多（San Cristoforo）與羅瑞託（Loreto）的

上：聖若望教堂的歷史雖然最早可以追溯到4世紀，但分別在11、13與19世紀進行過重建，1949年則有部分毀壞。不過地窖有保存下來，也是米蘭現存僅有的羅馬式建築。位於地面上的建築正面，有部分被修復，從這裡即可通往聖若望教堂的地窖。

路線；另一案則提議將最繁忙的電車路線全部地下化；第三案建議在米蘭與蒙察之間修建地鐵連結。不到一年的時間，米蘭市府就決定，這三項提案都不符合米蘭城市發展的需求，雖然提案背後有像愛迪生公司、AEG等大型承包商與義大利和法國的財團支持。唯一核准的路線是連接兩個主線車站：中央車站與北站，而且同樣經過主教座堂廣場站。

第一次世界大戰的爆發使得該研究計畫暫時中止，不過1923年時，愛迪生公司再度提案，建議興建米蘭市府想要的路線，免得讓他們收回電車的營運權。市議會拒絕了這項提議，但是反將興建地鐵的想法納入1933年的區域發展計畫。到了1938年，一個包含七條地下線的系統被提出，幾年後縮減為五條線，不過戰爭再次中斷了計畫的進行。

1952年米蘭市政府核准了四條線的建造，最後終於在1957年，第一條線開始動工。七年後，米蘭地鐵的第一條線，也就是從洛特站（Lotto）站到塞斯托馬瑞里站（Sesto Marelli）這段（行經主教座堂廣場站）終於通車。第二條線在1969年完工，有部分是採用原本通往賈薩特方向（Gessate）的電車線。但第三條線花了比較長的時間完成，直到1990年才開始營運。五號線是2013年完工，但四號線到現在都還在建造中。米蘭地鐵目前有一百零六個站，行駛路線總長九十七公里，大部分都是地下化。

地鐵系統打造完成後，米蘭開始計畫將部分重要的郊區路線地下化。主要目標是將北邊和西邊的通勤路線，透過「米蘭鐵路地下化」（Milan Passante）連結到東邊和東南邊的路線。另外，有三條地鐵線的轉

上：米蘭地下鐵路系統的這個車站月台大廳是在1997年首次落成。這條線比較像是郊區的鐵路線，地下的部分則是像此圖所顯示。整個系統一直到2008年才完工。

右上：這間理髮店原本開在位於歐伯登廣場（Piazza Oberdan）下面的廢棄浴場，是最後搬離這裡的店面。理髮店和其他原本的店家目前都在修復中，很快就會對外開放。

右下：畢安可夏客（Biancoshock）是米蘭當代最具話題性的藝術家，他在一個排水道裡面設計了一個迷你小房間，這是他系列作品的一部份，為了是要凸顯在米蘭這類城市過高的房價。

乘區也陸續整修完成：地鐵M1線在威尼斯門站（Porta Venezia站）、M2線在加里波底站（Garibaldi），M3線在共和站（Repubblica）。米蘭鐵路地下化系統的第一條線是行駛於米蘭北站（Milano Nord Bovisa）站和威尼斯門站之間，而自從這條線開始營運後，就成為米蘭主要通勤列車的核心路線。

文化創新

目前為止，米蘭最奇特的地下空間就屬概念藝術家畢安可夏客（Biancoshock）的作品了。他想要提醒社會大眾注意到生活貧困的人，例如住在布加勒斯特（Bucharest）下水道的人和米蘭狹小公寓裡的居民等，於是在廢棄的下水道放滿了室內家具組。

至今他已完成了三項社會議題相關的作品，包括在街道無人使用的人孔蓋下面打造一個廚房跟一間浴室。

在歐伯登廣場（Piazza Oberdan）下面有一個地下浴場。它是當地議會在1926年開的，佔地一千兩百平方公尺，裡面還有一個理髮店、修指甲舖，奇怪的是還有一間相館跟一家旅行社。這裡在建造第一條米蘭地鐵線時有部分關閉起來，而儘管在2006年時所有的店家（最後離開的是理髮店）都已搬離，不過目前這裡已被修復，維持著昔日的光彩。

奧斯陸

天賜良機

位於挪威西海岸的峽灣城市奧斯陸，充滿了北歐的歷史文化氣息，市區人口僅七十萬，都會區則有大約一百萬人左右。該市於公元2000年時慶祝自己的歷史屆滿千年，不過有人主張，奧斯陸峽灣北端的聚居地安斯陸（Ánslo），應該是遲至11世紀中期才由挪威國王哈拉爾（Harald Hardrada）所建立。1300年代初期，國王哈康五世（Haakon V）遷居到此地後，定都奧斯陸，但一個世紀後丹麥入侵，它又失去了首都的地位。

這個城市在很短的時間內經歷過十四次大火，到了1624年已沒有多少原來的木構建築留存下來，於是展開全市遷移計畫，並正式命名為克里斯蒂安尼亞（Kristiania）。新的城市規劃為格網狀，將建築物蓋得更堅實，提高安全性。1811年第一所大學成立。三年後，克里斯蒂安尼亞成為新獨立的挪威王國的首都。既然是首都，它需要足以代表國家的重要建築與財務機關，並且還要擴展到鄰近區域，迎接即將到來的工業革命，同時增加大量人口。1854年這個城市開始有鐵路，1925年正式更名為奧斯陸。

奧斯陸的鐵路系統

1898年，霍爾門科倫（Holmenkollen）這條線開通，這是一條長六點二公里的輕軌線，從貝賽路得站（Besserud）通往城市西邊的瑪尤什敦（Majorstuen）。位於瑪尤什敦的總站也有從市中心發車的電車抵達。1921年，瑪尤什敦

與卡爾約翰斯門（Karl Johans Gate）之間的隧道開始動工，總計兩公里長，更接近城市的核心區域。可是在Valkyrie plass站附近發生了一場可怕的土石流，工程不得不中斷，奧斯陸的市議會開始討論新的總站地點。

大約在同一個時間點，市議會舉辦了一項奧斯陸輕軌系統設計的競圖。結果在1918年公布：一條新的輕軌線（地上）會從瑪尤什敦連接到利勒克線（Lilleaker，一條原有的電車路線），並於1919年開始營運。從瑪尤什敦到大廣場（Stortorvet）這段是採地下行駛，然後改為地面高架，行駛至東邊的威特蘭區（Vaterland）。從大廣場往北，是另一條支線，可以通往北邊的Kjelsås區，從這裡會與另一條線交會。

雖然這個計畫最後並沒有付諸實現，但是卻讓市議會更仔細評估霍爾門科倫的隧道。最後是在1926年開始建造三百公尺長的地下隧道，從瑪尤什敦通到新的臨時總站（國家劇院站，位於Studenterlunden公園裡）。

兩年後，這段地下隧道完工（經過Valkyrie plass站，因為土石流造成一個大洞，結果蓋了一個原本沒有在規劃之內的車站），被視為是北歐國家中第一條地下鐵的肇始。雖然這段路線總長只有一點六公里，但後來證明它對於奧斯陸未來大眾捷運系統的發展極其重要。

1950年代，奧斯陸開始規劃一個有四條支線的大眾捷運系統，這也是奧斯陸計畫往鄰近市鎮擴展的一部份。1966年，住宅區Tøyen與鐵路廣場站（Jernbanetorget，在奧斯陸東站旁）之

間的地下路線完工，中間還有一個位於Grønland的站。這樣規劃的目的是設想有一天，這條線可以跟位於國家劇院站的舊地鐵系統連接。另外，兩條已在營運的電車線升級為地鐵規格，這樣就可以在新的地下隧道行駛，只是這也代表在城市另一邊原有的路線，同樣得使用不同的規格了。結果前後花了十年多的時間，才將較新的隧道從鐵路廣場站延伸至森特倫（Sentrum）的一個新站。1983年時，水患造成森特倫的車站關閉，之後為了整修，這個站關閉了四年。當車站重新啟用後，成為新的總站，現更名為挪威國會大廈站（Stortinget），來自東、西兩邊進入市中心的地鐵線都以這裡為終點站。到了1993年，為了讓列車由城市兩邊從隧道穿越市中心，於是興建了「共用隧道」（Fellestunnelen）。這個隧道總長七點三公里，現在已成為奧斯陸地鐵的核心樞紐，共有六條線行經。

新的地鐵系統花了非常久的時間完成，名為Tunnelbanen。在2006年環狀線通車後，總長八十五公里，共有一百零一個站，其中十七個在地下，使得奧斯陸可說擁有全世界最密集的大眾捷運系統，因為就居民數量來說，奧斯陸相較之下算是一個小的城市。

最早的霍爾門科倫線現在已經延長，總長度為十一點四公里，但它的Valkyrie plass站已經關閉，因為後來發現，為了要將原本的西部線改為地鐵規格，需要擴大月台來容納更長的列車，這實在太困難又危險。這個站因此變成奧斯陸唯一的幽靈車站。列車經過時，在黑暗中仍看得見車站月台，偶爾會有人在這裡拍攝電影。

上：國家劇院站的通道將奧斯陸的地鐵系統（T-Banen）連接到主幹線的火車站，並且也是該車站1995年擴建計畫的一部份，當時是為機場快捷系統做準備（3年後開始營運）。LPO Arkitektur建築設計公司以「幾近無有」為設計理念，贏得了這項車站擴建案，由上圖可以一見端倪，從車站其他的部分也可以看出此設計概念。

主要的火車線也使用奧斯陸的地下隧道。1953年，在北海灘地區（Nordstrand，市中心南邊的海邊區域）發生了一場土石流，使得1879年就已通車的Østfold線中斷。附近Mosseveien道路的拓寬計畫與鐵路修復工程一起進行，於1958年完成了一條長五百七十八公尺的隧道。

自19世紀中期奧斯陸開始有火車之後，私營的鐵路公司就在城市邊緣興建車站。不過到了20世紀，這些站已不敷使用，規劃者於是夢想著將奧斯陸各個總站相互連接起來。1938年，有人提議在奧斯陸東站與西站之間建造一條隧道。由於要克服險峻的地形來建造鐵路費用不低，這項提議長達三十年間一直沒被核准，而三點六公里的隧道也是等到1980年才完工通車。

2009年，為了容納更多的月台，位於國家劇院的車站花了非常高額的費用進行擴建。車站的通道設計得頗具質感，內牆是木壓混凝土，配上色彩明亮的不銹鋼壓條。

歌劇隧道系統

奧斯陸有一個令人印象深刻的隧道系統，它將高速公路與道路隧道相互結合起來，統稱為歌劇隧道（Opera Tunnel）。自1990年起，這個隧道經歷過幾個建造時期，最後從奧斯陸西邊濱海的菲力普區（Filipstad）延伸到東邊的雷恩地鐵站（Ryen）。如今這個隧道系統全部總計六公里長，每個方向有三個車道，還有許多連接點。現在每天大約有十萬輛車得以輕鬆地穿過市中心的地下，使得市政廳廣場（Rådhusplassen）附近的街道少了許多車輛排放的廢氣。

第一段一點八公里長的隧道是1990年通車的Festning 隧道。接下來是1995年通車的Ekeberg隧道與2000年通車的Svartdalen隧道。2010年時，長一點一公里的Bjørvika隧道完工，其中有六百七十五公尺是位於海底。這個與E18高速公路齊名的歌劇隧道系統，使得奧斯陸用路人有更為便捷的方式抵達濱海地區。

除了歌劇隧道系統，奧斯陸還有兩條地下車道：一條是Granfoss隧道，從Ullern教堂通往Mustad區（長一點五公里），另一條是從Mustad區通往Lysaker。兩條都是於1992年通車。

右：Granfoss隧道最南端的出入口。

下：整條E18高速公路花費最多、但也最重要的路段之一，就是位於奧斯陸中心區的Bjørvika雙孔沉管式隧道，總計長一千一百公尺，於2010年通車，每個方向有三個車道，隧道有一半以上是在海底。它連接了Ekeberg隧道和Mosseveien地區及阿克斯胡斯城堡（Akershus Fortress），成為奧斯陸環狀線道路與歌劇隧道系統的一部份（歌劇隧道系統是西邊濱海的菲力普區與東邊瑞恩地鐵站之間的互連隧道系統）。

羅馬

屋頂變地基

羅馬的市中心有兩百八十萬人口，周遭的都會區另有兩百萬居民，座落於離義大利西部海岸約三十公里的內陸地區。非常獨特的是，羅馬可說是整個包圍了另一個國家，那就是梵諦岡。這個世界上最小的獨立國家，位於羅馬的西北邊，人口不到一千人。

歷史悠久

從考古學研究發現，台伯河（Tiber River）沿岸在一萬四千年前就已有人類居住，而古羅馬應該是大約兩千八百年前自帕拉蒂尼山丘（Palatine Hill）開始發跡。不久之後，鄰近的六座山丘也都有人類聚居，使得羅馬成為歐洲歷史最悠久的首都之一。
羅馬王國是在西元前753年建立，一直延續了兩百五十年之久。它在開疆闢土的顛峰時期成為共和政體，接著羅馬帝國誕生，統治了大部分的歐洲與部分亞洲地區。到耶穌誕生時，羅馬人口已增長到大約一百萬人，成為當時全世界最強大的城邦。
尤利烏斯・凱撒的兒子叫奧古斯都，是羅馬第一位皇帝。他和他的繼任者陸續興建了像是帝國議事廣場、圖拉真市場、馬克西穆斯競技場與古羅馬廣場等宏偉的建築。羅馬競技場則是花了將近一個世紀才完成，而且直到西元80年才開始使用。
羅馬帝國在476年滅亡之後，羅馬人口隨之大減，許多壯麗的建築物也成了廢墟。直到1400年左右，羅馬在義大利文藝復興時期才復興起來，接著1870年代再次興起，成為義大利統一後的首都。

古羅馬下水道系統

很少人知道，羅馬山丘周圍的低窪谷地其實是低於海平面。不過大部分土地的水分都已排乾，羅馬人因此能夠以徒手方式在地上填滿粗石，將地面墊高約十公尺。同時羅馬的工程師掌握這個機會，預留建造運河的空間，之後不久就成了排水道。當新鮮乾淨的水從附近的高地與湖泊沿著宏偉的導水管輸送到羅馬，早期的下水道就比較偏向是排除山丘之間潮濕土地的水，而非處理污水。不過馬克西姆下水道（Cloaca Maxima）是世界上最早特別打造的下水道之一，於西元前600年啟用，原本是一條運河，在之後的數十年間有部分被覆蓋。而當時的統治者是羅馬最後一位皇帝蘇培布斯（Tarquinius Superbus）。
由於越來越多的公共廁所與浴場連接到馬克西姆下水道，這條下水道的涵管越來越多。從地圖可以看出，它從和平神廟往西南延伸了數公里，抵達台伯河的排污口。這個排放口至今仍留存，只是現代的下水道已先防止污水直接排入台伯河，或是倒流回去。

一個被埋葬的城市

西羅馬帝國滅亡後，很多當時的建築從5世紀末起就荒廢在原處。當需要新的建築時，羅馬人乾脆直接蓋在舊的頹壞建築上面，而且通常是從其他廢墟挖掘石頭來用。這種做法使得新的建築下面就有現成的地基與地下室，結果便出現了許多地窖。

雖然在其他城市也有類似的情況，但在羅馬特別明顯，部分原因是當地有太多廢棄建築可以直接在上面加蓋。假設那時候在古羅馬有數以萬計的住宅和將近兩千座宮殿，這些建築絕大多數已經傾頹，上面又加蓋了新的建築，於是「古羅馬是被埋葬在自己的遺跡下面」這句話，多少有幾分可信度。這其中可以輕易抵達的是位於聖格肋孟聖殿（Basilica San Clemente，建於12世紀）的下方。地下第一層是一個會堂，上面還留存著最早期聖格肋孟教堂的濕壁畫（聖格肋孟教堂是羅馬最早期的基督教教堂之一，建於更

早的800年之前）。在西元1000年左右，這一層地下空間被認為不夠穩固，於是填放了數公噸的粗石與瓦礫，並在上面蓋了新的聖殿。不過從這一層還可以到達下一層，這裡其實是另一個更早期的建築，以前曾是一棟私人住宅裡的神廟，大約建於西元100年。令人難以置信的是，這還是蓋在另一層又更早期的建築物上。關於這地下第三層建築的年代，考古學家已追溯至西元64年的大火，當時連燒了六天，幾乎摧毀了整座城市的三分之二。一般認為，這一層是建於羅馬皇帝尼祿在上述大火後重建整個城市的時候。考古學家從第四層的水管（至今仍有改道的河水流經）與厚實的人造磚牆推測，下面至少還有五公尺深。這樣的模式一再重複出現在古羅馬人經過的所有地方。遊客如今漫步於此地時，腳下其實是一層層如蜂巢般的地下建築，滿布著整棟的別墅、公共浴場、競技場與街道。

下：聖格肋孟聖殿下面有好幾層建築物，其中一層是2世紀的密特拉神廟（Mithratic Temple），當時的異教徒在這裡獻祭公牛。

單位：公尺

0

馬克西姆下水道
聖彼得大教堂下面的古代墳場

-10　Amba Aradam站下面的羅馬營房

金宮
羅馬競技場的地下房室

多米蒂拉墓窟

-20　威尼斯廣場下面的墨索里尼碉堡

-30　聖若望站（A、C線；深處）

-40

-50

-60

-70

-80

-90

-100

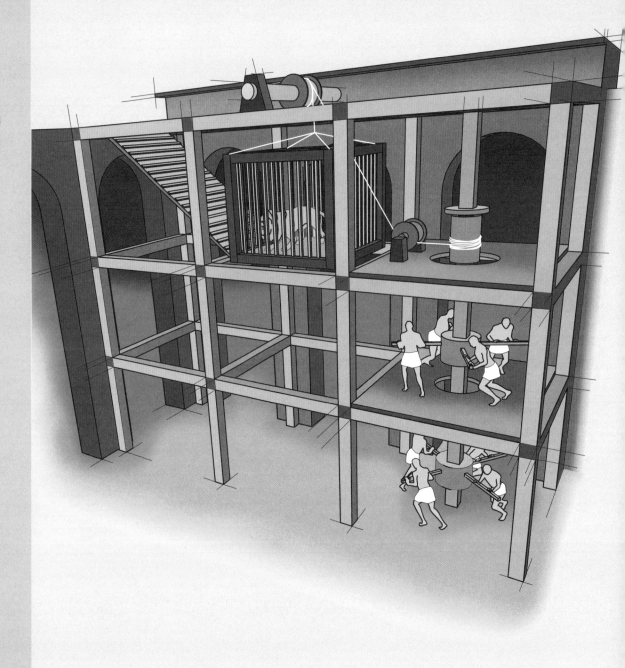

上：羅馬競技場的競賽場地是用木頭做為地板
（83×48公尺），上面鋪了沙子。這個木頭地板下面
有數以百計的柱子做為支撐，形成如迷宮般的兩層樓
建築物，稱為「地下室」（hypogeum，這個拉丁字
的意思是「地下的」）。各項精彩表演的舞台布景、
格鬥戰士、奴隸與動物都是暫時停留在這裡，等待著
上去。這裡有很多通道通往格鬥者的營房、囚犯的牢
房與動物的畜舍，這樣表演時就可以很快上台。

羅馬競技場與金宮

羅馬競技場確實是一個龐然大物，是羅馬人生活的集中點。它於西元80年完成，總計花費八年時間建造，整體造型是一個189×156公尺的橢圓形，可容納多達八萬名的觀眾，為全世界最大的圓形露天劇院。羅馬競技場不僅是用來做為格鬥比賽之地，也是一座巨大無比的劇場，還有各種場面浩大的表演在此上演，包括歷史戰役的重演、戲劇，還有以餌引誘／追捕動物的秀（在西元80或81年的開幕表演中，有八千人因此喪命）。規劃周延的座位，以及在競技場下面內部的設施（大部分都在地面之下），使得競技場一直到6世紀都是非常成功、極受歡迎的表演場地。

金宮是羅馬皇帝尼祿的龐大宮殿與庭園。裡面有羅馬人慣用混凝土建造的兩個用餐區，環繞著一個八角形的天井，天井上是一個巨大的圓頂，光線則透過圓頂中央的眼洞窗流洩而下。

下：這張圖顯示了光線是如何照射進入金宮裡面。

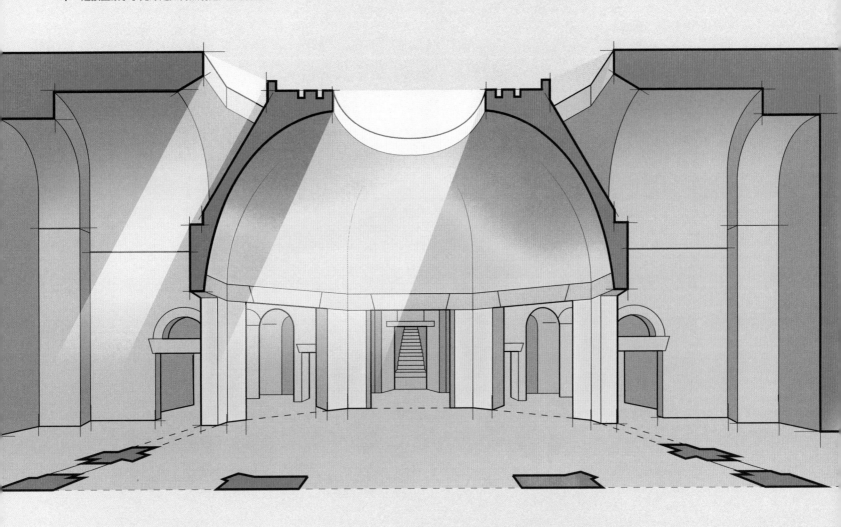

死者之城

另一個尼祿重建的遺跡位於埃斯奎利諾山丘
（Esquiline Hill）下，從它東邊不太穩固的階梯往
下可以抵達金宮（Domus Aurea），這裡過去應該
是一座龐大的八角形宮殿。2019年時，在這個遺址
發現了一個房間，裡面畫有威嚴的貓科動物，因而
被考古學家暱稱為鳳凰廳。尼祿死後，這座宮殿遭
遺棄，後來羅馬競技場就蓋在上面。

在卡比托利歐山丘（Capitoline Hill）上，元老宮建
於另一座更為早期的宗教性建築上頭，而在這之下
則有證據顯示是一座古代墳場。越過台伯河，在梵
諦岡裡的聖彼得大教堂下面，也有另一座更大的古
代墳場，在1940年代才挖掘出來。

還有一座西元2世紀的古代墳場位於梵諦岡目前座
落的山丘斜坡上。使徒保羅曾被囚禁在這裡，而除
了彼得的墓地還保留著，其他地方都被填滿，然後
完全遭到遺忘。數世紀以來一直有死者埋葬於此，
部分墓場至少擴延了三十公尺。有些墳地上面還有
手寫的希臘字母，有些則有證據顯示，至少有一千
場葬禮在這裡舉辦過。近年來不斷發見古舊的墳
地，經過修復後開放參觀。

就像巴黎和其他古老的城市，羅馬也有很多地下墓穴。最大的一座位於聖卡里斯托（San Callisto）教堂下面，裡面有長達二十公里的通道，埋葬著基督教朝聖者的骨骸。由於這裡還埋葬了十六位教宗，因此又稱為「小梵諦岡」。另一大型的納骨地點是多米蒂拉墓窟（Catacombe di Domitilla），位於Via delle Sette Chiese街道下十六公尺處，裡面有十五公里長的通道。還有一個十二公里長的地下墓穴，在某個古代礦區裡面，位置就在聖塞巴斯蒂亞諾（San Sebastiano）Ardeatino區下面。整個羅馬市區還有其他三十幾個較小的地下墓穴，例如位於Sant'Agnese與聖普里西拉（Santa Priscilla）的地下墓穴。

羅馬地鐵

從地面下有這麼多珍貴的遺跡這點來看，羅馬地鐵系統發展得非常緩慢，便不足為奇了。第一條線是在1930年代規劃，當時執政者是法西斯主義的創始人墨索里尼。本來是要設在特米尼（Termini）車站與萬國博覽會預定地之間，預計1942年完工。工程在1930年代末期從城市南邊開始進行，總長十一公里，大約超過一半會在地下，但是博覽會因為二次大戰爆發而取消。有些隧道在戰爭期間就當做防空避難所使用。

地鐵興建計畫從1948年再度進行，這時原本做為博覽會的廣大用地被重新規劃為新的郊區，命名為萬國博覽會區（EUR）。第一條線（後來的B線）長十八公里，有二十二個站，1955年通車。第二條地鐵線（後來的A線），一直到1980年才完工。這條線靠近梵諦岡的邊緣，整段幾乎都是地下化。有一條小的支線（B1線，長八公里，其中七公里在隧道中）是在1990年通車。C線則結合了原有的輕軌路線，在市中心有部分新改為地下化，於2014年通車（十九公里長，二十二個車站）。

C線在建造時，幾乎每個階段都因為有不可思議的考古發現而中斷。有一個站原本會在古羅馬廣場旁邊，入口處在威尼斯廣場（Piazza Venezia），結果因為一直發現珍貴的歷史遺跡，必須改為離原本位置幾

公尺遠的地點。還有一個稱為大禮堂（Auditoria）的遺址，咸認為是羅馬第一座大學的所在地。建造Amba Aradam站時還挖掘出一座羅馬軍營。它幾乎沒有受到什麼破壞，裡面有四十個房間，有些大型的鑲嵌畫還保存得十分完整。

由於有太多考古發現，羅馬的博物館實在放不下。在幾個車站裡，例如聖若望站，就裝設了大型的玻璃展示櫃，其中部分算是在裝飾地下車站的通道，但也是在展示挖掘出來的寶物。有些延伸的地鐵線還在規劃中，不過D線建造計畫在2012年被喊卡。羅馬有三十一公里長的地面路線，這是從以前號稱全國最密集的電車系統留下來的。現在經過現代化之後，有六條線主要是供輕軌車輛使用（少數改為復古風格的電車有保留下來）。

羅馬還有三條通勤火車（Ferrovie Urbane）路線，其中一條Roma-Viterbo線，1932年通車，終點站在市中心，其中有三公里的地下隧道，建造時間甚至早於地鐵。

地鐵B線延伸之後，增加了一個站，但長達十三年一直沒使用過。原本Pietralata（在Tiburtina站與Monti Tiburtini站之間）這站，是為了被稱為SDO這個新興地區而設的，也預留了轉乘空間，以便通往一直沒有建成的D線。但是當整條線其他部分在1990年通車時，這個後來改名為Quintiliani的站，卻遲遲等到2003年才正式啟用。

停車場

對於現代羅馬人來說，若不是搭大眾運輸工具，那麼停車必是一大問題。公元2000年時，梵諦岡需要一個新的停車場，於是在賈尼科洛山丘（Gianicolo Hill）蓋了一座地下五層的停車場，裡面共有九百個車位。這個停車場由於接受過教宗的祈福，因此又稱為「上帝的停車場」。另一個停車場在三年後開始動工，就位於梵諦岡的正下方。由於在建造時期發現了另一個古代墳場，裡面保存得十分完整，充滿了考古學上的珍貴收藏物，於是停場車計畫就取消。現在這裡是一座博物館。

上：維爾戈水道（Aqua Virgo）是羅馬的十一座水道之一，負責運送數千公升的新鮮飲用水到市區。它總長二十一公里，一直延伸到羅馬周圍的山丘上，而且幾乎全部是在地下，是所有羅馬水道中坡度最淺的一條，從源頭緩緩下降，上下差距僅四公尺。從此圖中可以看到通往水道的螺旋形階梯，這裡是在梅迪奇別墅（Villa Medici）與西班牙階梯（Spanish Steps）附近。

下：在亞壁古道的Complesso Callistano（公頃的墓地）有一幅3世紀的濕壁畫，位於通往Callixtus地下墓穴的入口處。畫中描繪的是教宗聖科爾乃略（Saint Cornelius）與基督教殉教聖者聖居普良（Saint Cyprian）。

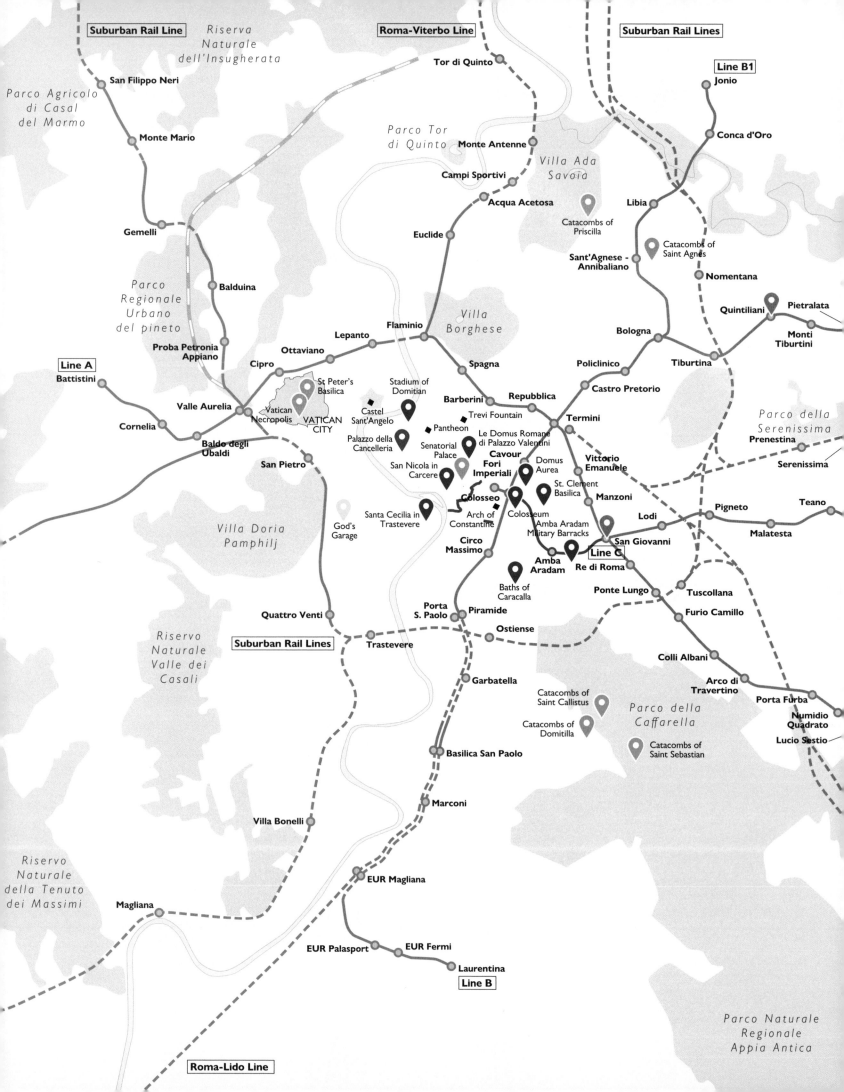

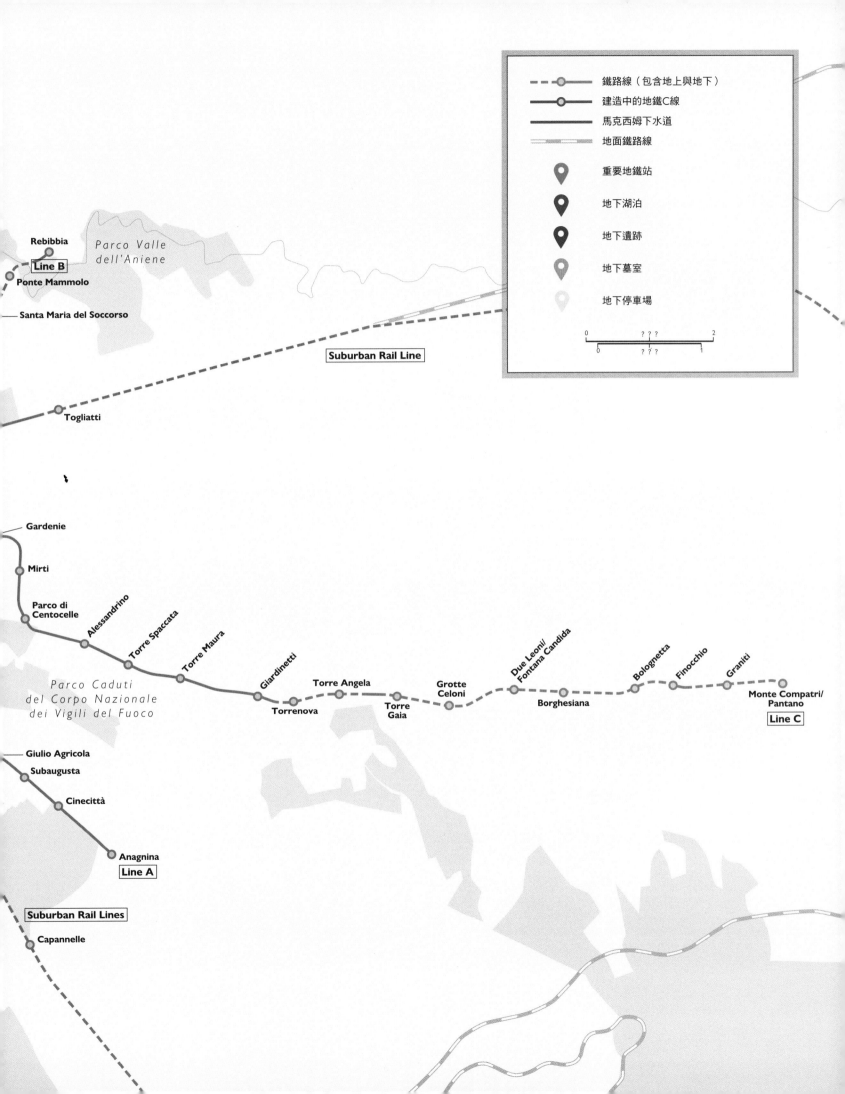

Rebibbia
Line B
Ponte Mammolo
Santa Maria del Soccorso

Parco Valle dell'Aniene

Suburban Rail Line

Togliatti

Gardenie

Mirti

Parco di Centocelle

Alessandrino

Torre Spaccata

Torre Maura

Giardinetti

Torre Angela

Torrenova

Torre Gaia

Grotte Celoni

Due Leoni/ Fontana Candida

Borghesiana

Bolognetta

Finocchio

Graniti

Monte Compatri/ Pantano

Line C

Parco Caduti del Corpo Nazionale dei Vigili del Fuoco

Giulio Agricola
Subaugusta
Cinecittà
Anagnina
Line A

Suburban Rail Lines

Capannelle

慕尼黑

從瓦礫中重生

以眾多博物館、聖誕市集跟啤酒節聞名於世的慕尼黑，是德國第三大城，巴伐利亞邦的邦府，市區有一百四十萬人口，都會區則有六百萬居民。

慕尼黑最早由鹽路（Salt Road，古代貿易路線）上的本篤會僧侶所創立，第一次出現於文獻是在1158年，1175年被授予城市地位並得以築城設防。到了16世紀，慕尼黑成為文藝復興的重鎮，並且在巴伐利亞於1806年成為王國時顯露出其不凡的價值。

慕尼黑有很多富麗堂皇的新古典主義建築與街道，年代可追溯至19世紀初期，當時的國王是路德維希一世（King Ludwig I）。也是在他的統治時期，慕尼黑的第一條鐵路誕生，於1835年開始從紐倫堡（Nürnberg）行駛至福爾特（Fürth）。這條鐵路線命名為「巴伐利亞路德維希鐵路」（Bayerische Ludwigseisenbahn，以當時的國王名字命名），加上最早期延伸的慕尼黑—奧格斯堡鐵路（Munich–Augsburg，總計12公里長），促進了這個區域工業革命的開啟。

慕尼黑地鐵系統

1905年時，一開始是提議在慕尼黑東站與中央車站興建一個地下鐵路系統，另外再加一個環狀線。不過就當時的交通狀況而言，這兩條線的規劃看起來是有點過頭。以當時五十萬居民的乘車者數量來看，電車反倒比較符合經濟效益。1928年，興建地鐵的建議又再度提出，這次是建議建造一個包含五條線的系統，但是由於全球經濟危機，再度立刻被打槍。自1936年起，慕尼黑成為納粹德國（第三帝國）運動的中心，因此當局認為值得在這裡投資興建市區鐵路系統。於是在1938年，城市快鐵（S-Bahn）線的第一個隧道開始動工，這條線是行駛於森德靈門（Sendlinger Tor）與歌德廣場（Goetheplatz）之間。1941年，長五百九十公尺的隧道完工，同年，軌道車輛也運至。只是二戰期間物資短缺，導致整條線的建造工程延宕。已建好的隧道就當做防空避難所使用，1945年之後大部分都被碎石填滿。

大戰期間帶來的可怕毀滅，讓德國重建工作舉步維艱。慕尼黑滿目瘡痍，幾乎全毀，但居民投票支持重建舊城區，而不是像法蘭克福改建為現代樣貌。建築物的高度最高只能到教堂的尖塔，美式的購物商場不得進駐，因此慕尼黑的市中心在今天仍頗具歷史感。

選擇這麼做的代價就是沒有資金建設大眾捷運系統。1950年代有人提議興建電車系統，但遭到否決，轉而支持地鐵系統（U-Bahn），不過花了更長的時間才完成。原本在1940年代蓋好的隧道（歌德廣場站）仍舊非常堅固，可以當做其中一個隧道使用，於是1964年另一個平行的隧道開始動工，讓第一條南北向的地鐵線可以行駛經過，總計十二公里長，往來於歌德廣場站和松園站（Kieferngarten）之間（現在的U6線）。1966年，慕尼黑榮獲授權主辦1972年的夏季奧運會，因此從這第一條地鐵線建造

上：巴伐利亞以啤酒聞名，許多伊薩爾河附近的釀酒廠都將數以千計量產的啤酒桶存放在地下的磚造地窖。從這幅插圖可以看出，相較於送到酒吧與咖啡館的啤酒桶，這裡的桶子有多麼大。

下：慕尼黑顯然有花了不少心思在地鐵車站的裝飾上頭。1971年通車的瑪利亞廣場站，主要色調是明亮的橘色（這個顏色在1970年代的地下鐵很常見）。這段後來完成的人行通道顯然也選用了當年的橘色做為主色調。

了一條新的支線，從慕尼黑自由廣場站（Münchner Freiheit）行駛至奧林匹克中心站（Olympiazentrum），即現在U3線的一部份。同時，一條新的東西向線也在興建中，它直接穿過市中心，連接市中心兩端鐵路主線的火車站。這條線被稱為城市快鐵（相對於地鐵較小的規格、大多都在地下，城市快鐵是載客量較多、體積較龐大的鐵路線），與地鐵線在瑪利亞廣場（Marienplatz）可以相互轉乘。

2017年，第二條市間的城市快鐵開始興建。這條線長七公里，的確為中央車站與東站之間提供更多的運輸量，也節省更多交通時間，並且在Marienhof新設了一個站。綽號為「慕尼黑的橫貫鐵路」的這條線，造價高達三十八點四億歐元，規劃時間長達十六年，預計花十年建造，於2026年完工。

治理水患

慕尼黑地處於伊薩爾河（Isar River）的氾濫平原上，加上巴伐利亞的氣候，需要有完善的政策來防止洪水為患。一旦發生水災，污染物最後會被洪水帶進河裡，因此自1970年代開始，慕尼黑便陸續興建了十三座雨水滯留的建造物。這個合流排污溢流系統現在總計可以儲存七十點六萬立方公尺的水。暴風雨帶來的雨水會暫時儲存在一個巨大無比的地下蓄水池裡，之後在嚴格控管下才會讓水流入下水道系統。

柏林

分裂後的癒合

柏林為德國的首都，也是最大的城市，市區有三百七十萬居民，都會區有兩百三十萬人。它最早是一個13世紀的小村落，位於歐洲平原中央，四面有湖泊環繞，15世紀時是布蘭登堡侯國的首府。從1688年的一張地圖可以看出，今日的柏林最早期是由四個聚落組成，這些聚落逐漸發展成施普雷河（Spree River）邊的人口聚集之處，其中的柏林與科恩（Cölln），藉由兩座重要的橋樑相互連結，並與城牆之外的區域聯繫。1701年，普魯士王國成立後，這些聚落成為王國的核心地區，八年後附近的佛萊德瑞克區（Friedrichswerder，現為柏林米特區）、弗里德西施塔特（Friedrichstadt）、朵羅辛施塔特（Dorotheenstadt）與科恩全合併進來，統稱為柏林。

柏林這個城市在工業革命時期迅速發展起來，繼續兼併附近的聚落，逐漸成為鐵路與貨運的樞紐。隨著普魯士在背後不斷推動國家統一，柏林在1871年成為得意志帝國的首都。到了1920年，柏林市的面積已經從六十六平方公里擴展到八百八十三平方公里，人口也增加到將近四百萬，成為歐洲第三大的城市。雖然1945年分裂後，柏林當時不是首都，不過到了1990兩德統一，它再度成為德國的首都。

地面之下

城市規劃者在柏林發展早期就得面對處理污水的問題。柏林位處於冰河溢道（這裡以前有許多湖泊，還有像施普雷河等河流的氾濫平原），一定得全力處理掉越積越多的污水，否則整個城市最後會被自己的污染物給淹沒了。柏林第一座自來水廠是1856年於施特拉勞爾門（Stralauer Tor）開始啟用，不過一直要等到十五年後，才由一家市立的建設公司，在都市規劃專家霍布利希德（James Hobrecht）的主持下，以磚造方式，展開建造適當的下水道系統這項艱鉅的任務。柏林現在有九千七百公里長的污水排水管與下水道，其中三分之一的部分是早期規劃來因應暴風雨釀成的水災。

柏林雖然歷史悠久，不過在1900年代交通運輸量的需求大增之前，好像沒從地下挖掘出來什麼。1864年，柏林馬拉電車公司（Berlin Horse Railway Company）開始經營行駛於柏林市中心與附近夏洛騰堡（Charlottenburg）之間的電車。當電車全面電氣化之後，就得需要裝設高架電線，但大家覺得對美麗的街道而言實在不甚美觀，於是建議將菩提樹下大街（Unter den Linden）這段的電車改為地下化，這也促成了1916年林登隧道（Lindentunnel）的興建。

同一個時候，其他的電車系統也準備開始改為地下化。一項早期實驗性質的地下電車路線是由AEG公司於1897年建造。這條線行駛於該公司位於Volkspark Humboldthain的兩個工廠之間的地下，距離地面約六點五公里，長三百公尺，主要負責運送貨物與工廠的員工。這條線也被視為市內未來地下鐵路的試驗，但是柏

林當局卻很擔心會因此破壞了他們新建的下水道系統。

德國在鐵路方面發展得非常好,甚至早在1800年代,柏林幾乎已經全部被重軌的鐵路線所環繞,其中有些至今仍由城市快鐵使用。第一條較窄的鐵路線(後來成為地鐵線)建於1902年,總長十公里,大部分在地面上行駛。雖然整條線總共才四個站,而且僅有兩公里在隧道之中,不過在1906年到1930年之間延伸了好幾次。柏林南北鐵路線(Nord- Süd-Bahn)在1912年動工,但因為戰爭的緣故,一直到1923年才通車。這是第一條後來所謂的「大車」路線,因為使用的是較大的軌道車輛。一直到1930年代初期,現有的鐵路線都在快速擴展,新的路線也一直在建設中。

希特勒留下了什麼

二次大戰即將爆發之前,納粹政府開始建造數以千計的防空避難所。其中數百個是建成地面防空堡壘形式,但很多是龐大的地下建築,例如像是健康泉地下防空避難所(Gesundbrunnen Bunker)。目前柏林地下世界協會(Verein Berliner Unterwelten,是一個致力於保存柏林地下遺址的協會)有提供參觀這些地下碉堡與地鐵幽靈車站的行程。其他的防空避難所,比如說位於Blochplatz的避難所(曾經可能有一千三百人在此避難),有些有留存下來,但多數已被碎石填滿或摧毀。

希特勒曾有一個浮誇的計畫,想要重建柏林,讓它成為一個新世界帝國的首都,並更名為「日曼尼亞」,到處是宏偉的建築與巨大的拱門和圓柱,不過這個計畫絕大部分並

上:健康泉地下防空避難所是二戰時期以來保存最好、最大型的防空避難所。由柏林地下世界協會規劃的地下博物館參觀行程,可以讓參訪者深入瞭解在防空避難所裡的生活,同時探索地鐵的歷史、下水道系統,以及氣動式郵件分發系統。該協會聲稱,來參觀的遊客將會看到將近一百六十年的柏林地下歷史。

單位：公尺

— 0

■■■■■ 元首地堡（Vorbunker

▨▨▨ 貝爾瑙爾大街（Bernauer Strasse）逃生隧道

▨▨ AEG實驗地鐵線

Führerbunker

— 10

■■■ 57號隧道

▨▨ 蒂爾加滕公園隧道／紅市政廳地鐵站

▨ 健康泉站（Gesundbrunnen，8號線；
深處）

— 20

— 30

— 40

— 50

— 60

— 70 ■ 柏林水井

— 80

— 90

— 100

— 170

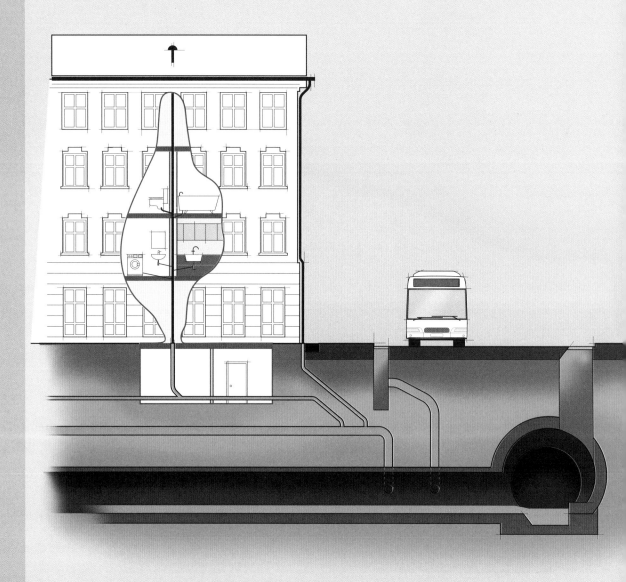

合流與分流式下水道系統

柏林市的下水道排水系統總長度高達九千七百公里，目的是解決市內各種各樣的排水需求（包含雨水、廢水等）。全市大約有四分之三的家戶是以混合水的方式（下圖左方）與下水道系統接管，讓雨水、廢水一起合流排除。這樣的設計在市中心格外有效，因為街道下方的地底空間，早就已經被各種各樣的交通管線所佔滿。至於另外的四分之三，則是將雨水、廢水透過專屬管線分別排除（下圖右方），這樣的優點是就算雨勢很大，也能順利排除。

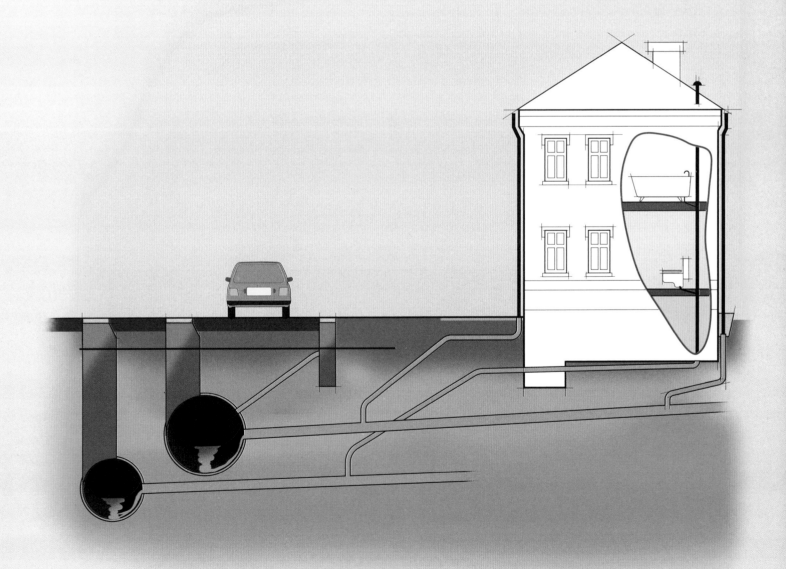

沒有實現。在建築師亞伯特·史佩爾（Albert Speer）的規劃下，柏林位於名為「錦繡大道」（Prachtallee）的中心，這是一條全新的寬闊大道，長五公里，有部分是沿著拓寬的夏洛特堡道（Charlottenburger Chaussee，現在的「六月十七日大街」），另外有部分是沿著勝利大道（Siegesallee，這條大道原本是19世紀皇帝威廉二世的計畫，預計穿過蒂爾加滕區Tiergarten），然後回到蒂爾加滕公園。「錦繡大道」其實是一個閱兵場地，車輛無法通行，只能從地面下行駛。因此當時有為這條地面下的快速道路進行部分隧道工程，但後續並沒有完成。

鐵幕覆蓋

戰敗之後，德國由四個同盟國成員（美國、英國、法國、前蘇聯）分區佔領，由於柏林全部位於前蘇聯的佔領區，因此又劃分為四個佔領區。雖然德國境內都設有邊界，柏林本身也有不太嚴格的邊界管制，結果仍有三百五十萬名東德人（大約百分之二十的人口）與其他東歐人民逃離蘇聯，向西柏林投誠，其中很多是透過地下鐵逃難（當時東西柏林之間仍有地鐵相通）。1961年時，東柏林當局關閉多個地鐵車站，加強邊界跨越的管制，並禁止民眾在東西柏林之間往返。東德還建造一百四十公里長的圍牆，想要完全與西柏林隔絕。但東柏林人還是繼續試圖跨

越邊界，最為成功的方式就是利用下水道或在地下挖掘隧道逃過去。在柏林圍牆存在的期間，也就是1961到1989年間，總計有多達七十個不同的隧道建造出來，儘管很多人因為計畫失敗或被捕而喪生，但還是有三百多人成功逃到西柏林。其中最著名的逃難路線是從「第五十七號隧道」（建於1964年）投奔自由。

鐵幕不但標誌了德國與柏林的分裂，還有接下來的冷戰，同時也促使數百個軍事碉堡、操控室與為防範未來核戰攻擊的防空避難所一一出現。潘克街（Pankstrasse）防空避難所位於地鐵延伸的八號線旁，建於1977年，預估萬一第三次世界大戰爆發，可以庇護三千多人度過兩週的時間。

重新統一之後

1989年柏林圍牆倒塌、1990年德國重新統一之後，所有在分裂期間被關閉的設施必須要復原。在圍牆倒塌後的第二天（1989年11月11日），首先執行的是將亞諾維茲橋（Jannowitzbrücke）地鐵站重新對大眾開放，做為一個正式的邊界跨越點。之後很快地，其他被關閉的車站，例如羅森塔勒廣場（Rosenthaler Platz）與布瑙爾街（Bernauer Strasse），也重新開放。當檢查站在1990年全面廢止後，之前關閉多年的車站再次啟用，沒有任何限制，東、西柏林人得以搭乘

上：這裡是以前Oswald-Berliner Brewery釀酒廠的地下室，現在是柏林地下世界協會的展覽空間，供訪客參觀。訪客可以在這裡看到柏林圍牆還在的時期，人們挖掘隧道企圖投奔自由，失敗與成功的都有。

市區地鐵自由往來。接下來的幾年間,其他像是地鐵二號線與一號線奧伯鮑姆橋(Oberbaumbrücke)部分,全都重建(一號線奧伯鮑姆橋這段在分裂期間是完全被切斷的)。

重新統一後,地鐵十號線未蒙其利,反倒遭殃。它原本是東德地鐵興建計畫的一部份,總計長兩百公里。這條線是1953年到1955年規劃的,一直到1997年都還在進行中,預計從富肯堡(Falkenberg)到亞歷山大廣場(Alexanderplatz)、史得可立茲(Steglitz),最後抵達利希特費爾德(Lichterfelde),以對角線方式穿越柏林市區。原本也規劃可轉乘到其他線,因此在至少五個現存的車站增設了月台與穿越通道。結果這條線成了眾所周知的「假想線」。西柏林這邊規劃的三號線白湖(Weißensee)這個新區段,後來也宣告失敗,僅在之後完成了波茲坦廣場(Potsdamer Platz)的部分,如今廢棄的月台是當做活動空間之用。在柏林的米特區(Mitte),一座兩層的大型地鐵站正在興建中,地點位於紅色市政廳(Rotes Rathaus)。這個地鐵站將位於三十二公尺深的地下,五號線與另一條三號線的延伸線(重新改頭換面的十號線)都會經過,預計2020年完工。

下:從下面的插圖可以看出,這座建於紅市政廳地下層的新地鐵站,是如何位於與其同名的建築物下方。

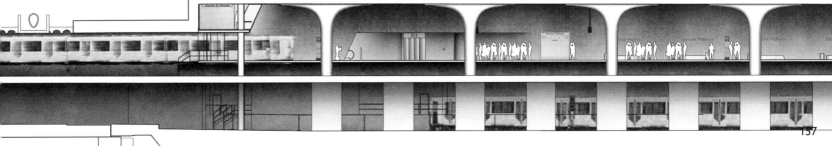

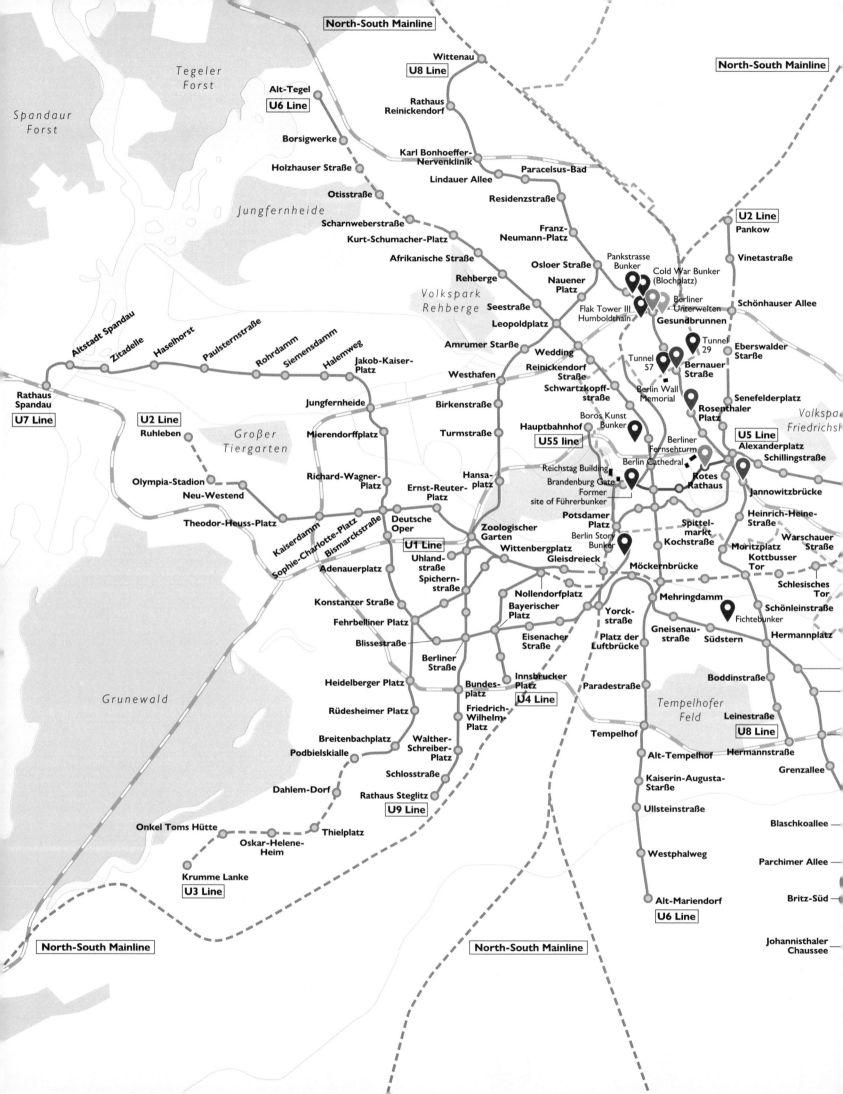

Tegeler
Forst

Spandaur
Forst

Wittenau

U8 Line

Rathaus
Reinickendorf

Alt-Tegel

U6 Line

Karl Bonhoeffer-
Nervenklinik

Paracelsus-Bad

Borsigwerke

Holzhauser Straße

Lindauer Allee

Residenzstraße

U2 Line

Otisstraße

Jungfernheide

Scharnweberstraße

Franz-
Neumann-Platz

Pankow

Kurt-Schumacher-Platz

Afrikanische Straße

Osloer Straße

Pankstrasse
Bunker

Cold War Bunker
(Blochplatz)

Vinetastraße

Rehberge

Nauener
Platz

Berliner
Unterwelten

Schönhauser Allee

Volkspark
Rehberge

Seestraße

Flak Tower III
Humboldthain

Gesundbrunnen

Leopoldplatz

Tunnel
29

Eberswalder
Staße

Altstadt Spandau

Zitadelle

Haselhorst

Paulsternstraße

Rohrdamm

Siemensdamm

Halemweg

Jakob-Kaiser-
Platz

Amrumer Starße

Wedding

Reinickendorf
Straße

Tunnel
57

Bernauer
Straße

Volkspa
Friedrichsl

Westhafen

Schwartzkopff-
straße

Berlin Wall
Memorial

Rosenthaler
Platz

Senefelderplatz

Rathaus
Spandau

U7 Line

U2 Line

Ruhleben

Großer
Tiergarten

Jungfernheide

Mierendorffplatz

Birkenstraße

Turmstraße

Hauptbahnhof

Boros Kunst
Bunker

Berliner
Fernsehturm

U5 Line

Alexanderplatz

Schillingstraße

U55 line

Olympia-Stadion

Neu-Westend

Richard-Wagner-
Platz

Hansa-
platz

Reichstag Building

Berlin Cathedral

Rotes
Rathaus

Jannowitzbrücke

Theodor-Heuss-Platz

Kaiserdamm

Sophie-Charlotte-Platz

Bismarckstraße

Deutsche
Oper

Ernst-Reuter-
Platz

Zoologischer
Garten

Brandenburg Gate
Former
site of Führerbunker

Potsdamer
Platz

Spittel-
markt

Heinrich-Heine-
Straße

Warschauer
Straße

U1 Line

Adenauerplatz

Uhland-
straße
Spichern-
straße

Wittenbergplatz

Gleisdreieck

Kochstraße

Moritzplatz

Kottbusser
Tor

Schlesisches
Tor

Konstanzer Straße

Nollendorfplatz

Bayerischer
Platz

Berlin Story
Bunker

Möckernbrücke

Mehringdamm

Schönleinstraße

Hermannplatz

Fehrbelliner Platz

Blissestraße

Berliner
Straße

Eisenacher
Straße

Yorck-
straße

Platz der
Luftbrücke

Fichtebunker

Heidelberger Platz

Bundes-
platz

Innsbrucker
Platz

Paradestraße

Gneisenau-
straße

Südstern

Boddinstraße

Rüdesheimer Platz

Friedrich-
Wilhelm-
Platz

U4 Line

Tempelhofer
Feld

Leinestraße

Grunewald

Breitenbachplatz

Walther-
Schreiber-
Platz

Tempelhof

U8 Line

Podbielskialle

Schloßstraße

Alt-Tempelhof

Hermannstraße

Grenzalle

Dahlem-Dorf

Rathaus Steglitz

Kaiserin-Augusta-
Starße

U9 Line

Onkel Toms Hütte

Thielplatz

Ullsteinstraße

Blaschkoallee

Oskar-Helene-
Heim

Parchimer Allee

Krumme Lanke

Westphalweg

U3 Line

Alt-Mariendorf

Britz-Süd

U6 Line

Johannisthaler
Chaussee

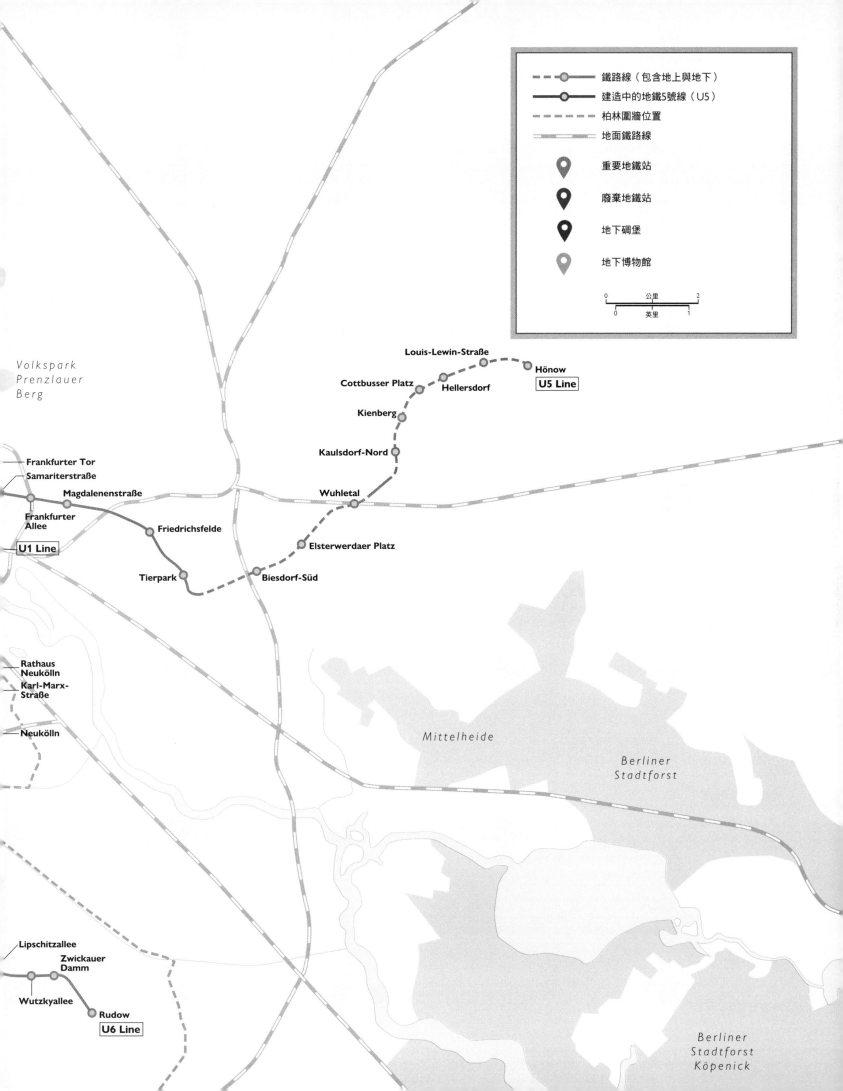

Volkspark Prenzlauer Berg

Louis-Lewin-Straße

Hönow

U5 Line

Cottbusser Platz

Hellersdorf

Kienberg

Kaulsdorf-Nord

Frankfurter Tor

Samariterstraße

Magdalenenstraße

Wuhletal

Frankfurter Allee

U1 Line

Friedrichsfelde

Elsterwerdaer Platz

Tierpark

Biesdorf-Süd

Rathaus Neukölln

Karl-Marx-Straße

Neukölln

Mittelheide

Berliner Stadtforst

Lipschitzallee

Zwickauer Damm

Wutzkyallee

Rudow

U6 Line

Berliner Stadtforst Köpenick

布達佩斯

地下溫泉

布達佩斯是匈牙利首都，市區有一百七十五萬人口，都會區另有一百多萬人，最早是凱爾特人聚落，之後成為古羅馬城市，叫做阿奎庫（Aquincum）。9世紀時，馬扎爾人（Magyar）從保加利亞北部來到此地，算是現今匈牙利人的祖先。他們在第一位國王聖史蒂芬一世（St. Stephen）的統治下，建立起自己的王國。到了15世紀，位於多瑙河兩岸的布達（Buda）、舊布達（Óbuda）以及佩斯（Pest）這幾個鄰近城市，成為文藝復興時期的重鎮，1873年，合併在一起統稱為「布達佩斯」。同一時間，布達佩斯成為匈牙利首都，也是幅員遼闊的奧匈帝國雙首都之一（另一個是維也納）。布達佩斯常被公認是全世界最美麗的城市，也是東歐金融、文化與旅遊的中心。

溶蝕地形

布達佩斯最早即是建立在有八十個地熱溫泉之處，這些溫泉富含礦物質，一直是當地很多水療館使用的溫泉水源。在地底下，這些泉水蝕刻出世界上已知最大型的熱液洞穴群，總計有兩百個。雖然這些洞穴很多都可以進去，而且就位於市區街道下面，但還有更多的洞穴是充滿了溫泉。好幾十年來，潛水夫一直在這些高達攝氏七十度高溫的水裡探勘，現在大約找出了超過六點五公里縱橫交錯的洞穴。

位於布達城堡下面的洞穴大部分是乾的。大約在五十萬年前，溫泉滾燙的熱水流過石灰岩的岩石，蝕刻出洞窟，形成一大片錯綜複雜的地下空間、洞穴與地窖。一般認為，數十萬年以前，史前時代的人類利用這些洞穴做為避難之地。在比較近代的人類歷史中，這些洞穴則有各種不同的用途。中世紀時代，它們曾當做刑求與囚禁犯人的地方，到了20世紀時是當成酒窖、軍用醫院、秘密地下碉堡、冷戰時期防範核武的避難所之用。

蓋勒特山（Gellért Hill）位於布達佩斯的布達這一側，與這一大片地下洞穴相連，也是聖伊萬（Saint Ivan）洞穴的所在地，這個洞穴以聖伊萬命名，是因為當時據說他用洞穴泉水裡的泥巴沉澱物醫治病人。羅馬天主教的僧侶在1920年代重新發現了這個洞穴，於是奉為神聖之地，還把它改為一座小禮拜堂。但這些僧侶卻在1951年復活節次日以叛國罪名被捕，遭到當局迫害。其中Ferenc Vezér這位重要的僧侶慘遭處決，追隨者下放勞改。當時這座小禮拜堂也遭到封閉，但是自從1989年鐵幕國家垮台後，已在進行整修當中。

布達城堡旁的聖約翰醫院，在二戰期間曾開設了一個新的院區：在一個洞穴裡。這個名為「Sziklakorhaz」（岩石醫院）的院區，佔地兩千平方公尺，可以容納三百名病患與四十位醫護人員。在戰爭快要結束

上右：一位勇敢的潛水伕在探索布達佩斯地下的Molnár János熱岩溶洞穴群（熱溶喀斯特地形）。這些洞穴通常只會在北極圈附近的富冰永凍土形成，但在喜馬拉雅山與阿爾卑斯山也有幾個類似的洞穴。

下右：在布達城堡下面也有很多洞穴，其中有些地下空間是有人造的通道相通，就像此圖中這個位於城堡城牆下面的區域。

單位：公尺

0

千禧地下鐵路

10

城堡地下迷宮

20

城堡山丘底下的下水道

加爾文廣場站（M4線）
30
K bánya礦區酒窖

40

50 Rákosi地下碉堡

60

70

80

90

150 千禧地下鐵路

Molnár János 洞穴

250

加爾文廣場站與岩石醫院

鑒於布達與佩斯的歷史大多與地下空間有關，現代的布達佩斯自然是大膽將公共建設規劃在地底下。1896年，布達佩斯已興建了歐洲大陸第一條地鐵線，儘管花了很長的時間才繼續擴延，但大多是在過去五十年間改進公共交通運輸系統，包括2014年M4線的通車，這條線與M3線在加爾文廣場站（Kálvin tér）交會。

下：位於M4線上的加爾文廣場站，可說是為了未來的另一條線預做準備——紫色M5線，因為這條線將會連接到郊區的鐵路線，使得加爾文廣場站成為布達佩斯最重要的交通樞紐。

右下：位於M4線上的加爾文廣場站，可說是為了未來的另一條線預做準備——紫色M5線，因為這條線將會連接到郊區的鐵路線，使得加爾文廣場站成為布達佩斯最重要的交通樞紐。

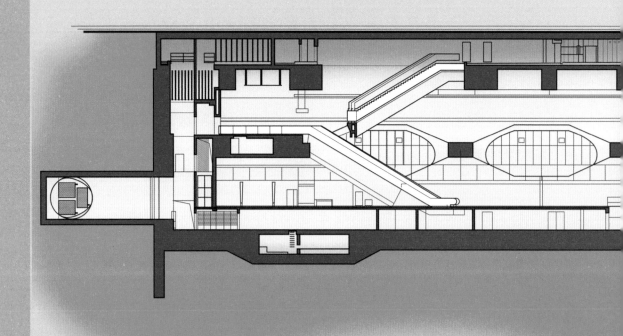

上：在1930年代戰爭陰影籠罩時期，布達佩斯市長
希望在布達城堡下面建造一個秘密醫院與防空避難
所。這裡在布達佩斯被圍攻的期間扮演了重要角色，
現在已經修復，並命名為岩石醫院與防核碉堡博物館
（The Sziklakórház Atombunker Múzeum）。

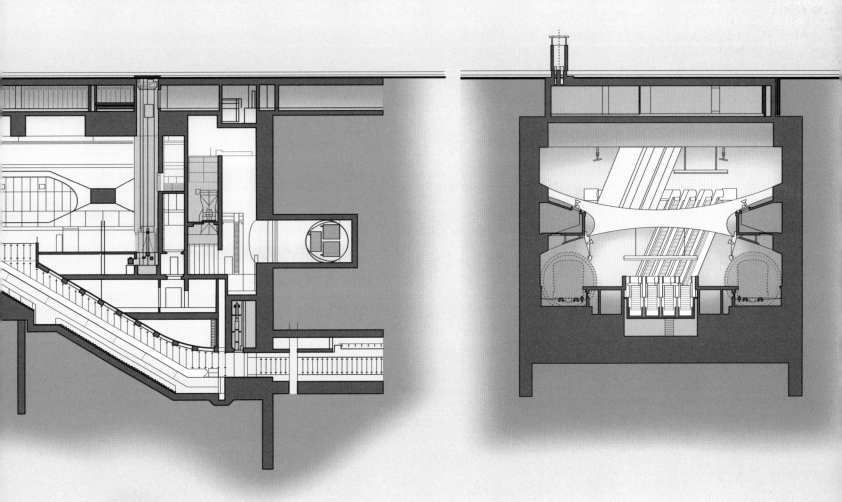

時，布達佩斯遭到圍城期間，據說這裡硬是塞了六百多位傷患。由於這裡有通道連接到鄰近的醫療院所，因此在冷戰期間是做為防止核武攻擊的避難所。2008年時，此地已改為一間博物館。

布達佩斯的居民在共產黨時代生活很辛苦，對異議份子來說更是極其危險。前蘇聯的軍隊鎮壓了1956年的匈牙利革命，迫使異議份子躲入地底下，以免被追捕。據說很多人是躲在布達佩斯地下的洞穴與隧道中，有些人是完全失蹤、遭到逮捕，可能已被殺害了。某些逃難路線的入口據稱是位於約翰保羅二世廣場（II. János Pál pápa tér）與布達佩斯東站（Keleti Railway Station）附近。

超前部署

19世紀末期，布達佩斯已逐漸發展為一個宏偉的城市。1896年時，為慶祝匈牙利王國建立一千週年慶，預定由布達佩斯主辦一個千禧年博覽會。由於看到倫敦地下鐵路十分成功，聽到其他城市紛紛想要效尤，布達佩斯電車規劃當局的負責人主張，應該要為這個博覽會建造一條新的電車線。這是一條地下電車路線，行駛於當時的Sugár út大街（即現在的安德拉什大街Andrássy út）地面之下，必須在博覽會開幕之前完工，這條線因此也稱為「千禧地下鐵路」（Millenniumi Földalatti Vasút，後來簡稱為Földalatti）。

「千禧地下鐵路」雖然要經過一條運河，還必須越過一條主要的下水道，但僅花了二十個月就完成，只是隧道僅六公尺寬，高度二點七公尺，比現代常見的規格小了一些。在弗洛斯馬提廣場站（Vörösmarty tér）與塞切尼溫泉浴場站（Széchenyi fürd）之間這段五公里的路段，是當時東歐國家中最早電氣化的地下鐵路線，一直到它延伸至墨西哥大街站（Mexikói út）之前，長達八十年都沒有變動過。

上：2014年最新通車的M4線上，位於地底最深（三十二公尺）的車站是Szent Gellért tér-M egyetem站。它的天花板與牆面上的鑲嵌式橫紋是由Tamás Komoróczky設計。位於手扶梯上的天花板也是經過特別設計。

右：聖伊萬洞穴的小禮拜堂裡，祭壇與會眾的座位都有美麗的燈光照射，突顯出未經雕琢的洞穴石頭。這裡只是其中一個空間，另一個空間則有以前一位羅馬天主教僧侶的木刻雕像。

進一步擴延地鐵系統的計畫，在1970年代仍遲遲未能實現。東西線的計畫（後來的M2線）在1940年代已經提出，工程在1950年代便已展開，但卻在1954至1963年之間中斷。一直要到1970年才有第一段工程完工。南北線的計畫（後來的M3線）倒是比較快付諸實踐。最初的計畫是在1968年提出，到1976年已通車。M1線（即之前的「千禧地下鐵路」）要比其他線位於更深的地下層，距離地面十六點五公里，M3線則是目前布達佩斯四條地鐵線中最長的一條。

第四條地鐵線最早是在1972年規劃，耗費了更久的時間才開始進行，直到2004年總算可以動工，花了十年的時間，最後完成七點四公里長的路線。由於M4線花費超支太多，其他擴延計畫都先暫停。第五條線預計不是傳統的地鐵線，而是像巴黎RER這類的火車線，將從隧道穿越市中心，抵達比較偏遠的地區。

地下奇景

冷戰時期留下了一處引人注意的遺址，那就是Rákosi地下碉堡，位於自由廣場（Szabadság tér）下面五十公尺深的地方。長久以來，一直有傳言說它建於1950年代，是匈牙利共產黨最高領導人Mátyás Rákosi與匈牙利勞動人民黨黨員的防核秘密掩體。不過等到1970年代開始進行M3地鐵線的工程，才發現這處遺址。從Rákosi地下碉堡有通道可以直達黨部的辦公室。

在以前的一個採礦地區，一個新興的事業正在地底下發展。在多瑙河的佩斯這一側，有個K bánya礦區，裡頭有綿延三十多公里的洞穴與隧道，自從停止礦產挖掘之後，當局與一位釀酒廠買下了這一大片礦區。除了儲存啤酒桶與其他不會腐壞的食物（例如罐頭），這裡也是一個奇特的農場，裡面種了數千噸的蘑菇，就種在以前的礦井之中，距離地面有數公尺之遠。

Line H5
Line M3
Line M1

Rómaifürdő
Aquincum
Kaszásdülő
Filatorigát
Szentélek tér
Timár utca
Szépvölgyiút
Molnár János Cave
Margit híd
Budai hídfő

Pál-völgyi Cave
Szemlőhegyi Cave

Kiscelli-
parkerdö

Óbudai-
sziget

Margitsziget

Duna

Nyugati
pályaudvar

Lehel tér
Dózsa György út
Árpád híd
Forgách utca
Gyöngyösi utca

Újpest-
Városkapu
Újpest-Központ

Museum of
Fine Arts

Bajza
utca
Kodály
körönd
Hősök tere
Széchenyi fürdő
Mexikói út

Városliget

斯德哥爾摩

愛上隧道

斯德哥爾摩是瑞典首都,歐洲第五大城,整座城市座落在十四個島嶼上,以各種橋樑或管道與大陸連接。斯德哥爾摩市區約有一百萬人口,都會區有兩百五十萬人口。雖然整座城市看起來像是被海水環繞,但其實是被長一百二十公里的梅拉倫湖(Lake Mälaren)圍繞,這個湖最後會匯入波羅的海。

起源與早期建設

儘管已有證據顯示,西元前8000年左右,上一個冰河時期結束之後,這裡就有人類

居住，但一直要到1200年代，才有聚落出現在城島（Stadsholmen）這個小島上，也就是現在斯德哥爾摩的老城區。這裡也是許多歷史久遠的建築物所在地，包括大教堂、騎士島教堂（Riddarholm Church），以及位於大廣場（Stortoget）的股票交易所。斯德哥爾摩由於是漢薩同盟（歐洲西北部城市與商會的聯盟）其中大員，與德語系地區漸漸往來密切，在17世紀初期已有一萬名居民。在經歷瘟疫與戰爭摧殘之後，1634年，斯德哥爾摩正式成為瑞典首都。

隨著19世紀工業化的風潮降臨，斯德哥爾摩重建其商業地位，人口也開始增長，在1850年代達到十萬人，並在50年間增長了三倍。不過城市的下水道系統卻進展緩慢，一直到1870年代才開始建設。1930年代，城市規劃者在一座山裡建造了世界上的第一座污水處理廠，自1936年到1941年間，在亨利斯達地區（Henriksdal）挖除了九萬立方公尺的岩石，又經過五次擴建（最近一次是在2015年）後，這座污水廠目前已比最早的規模擴大兩倍，還新建了一條十二公里長的污水管道，將梅拉倫湖下的Järva污水管道與Eolshäll的抽送站（位於地下二十六公尺深處）連接起來。

市區交通

1877年，斯德哥爾摩開始有了在街頭行駛的電車，進入20世紀之際，又展開全面電氣化。1922年時，從北邊與南邊發車的路線在市中心的史路森（Slussen）相接，整個電車系統很快大受歡迎，很多運輸服務都共用這些軌道，結果造成交通阻塞。由於南邊市郊的交通實在太糟了，市府於是在1933年，便將從史路森到斯坎斯圖爾（Skanstull）這條線的核心區段改為地下化。

由於新的快速電車很成功，城市規劃者大受鼓舞之後，在1941年決定要為這個不斷擴展中的城市建造新的捷運系統。事實上，由史路森到斯坎斯圖爾的電車線已是使用高規格建造，期盼未來也可以提供接近大眾捷運的服務。從斯坎斯圖爾到南邊郊區的Hökarängen這個新的區段路線，就是改建原有的電車路線來使用。

下：綠線與紅線完工後，斯德哥爾摩更雄心勃勃地蓋了迄今為止最深的地鐵線：藍線。他們還大膽決定，要保留建造月台時挖鑿的岩石裸露面，完全不加以裝飾。雖然會有燈光照射或加上一些色彩，但因此圖中Rådhuset地鐵站裡裸露的岩石面貌，被形容為「有機建築」（最早是由建築師萊特於1954年提出），加上其他車站許多具有創意的迷人設計，使得斯德哥爾摩地鐵被暱稱為「世界上最長的藝廊」。

Rådhuset

單位：公尺

0

1933年，Slussen到斯坎斯圖爾的電車隧道

10

Henriksdal污水處理廠

20

Järva—Eolshäll的污水隧道

30 Barkarby站（建造中）

中央站（T10、T11、T13、T14、T17、T18、T19線）

國王花園站（T10、T11線;最深的部分）

40

50

60

斯德哥爾摩繞城公路

70

80

90

100

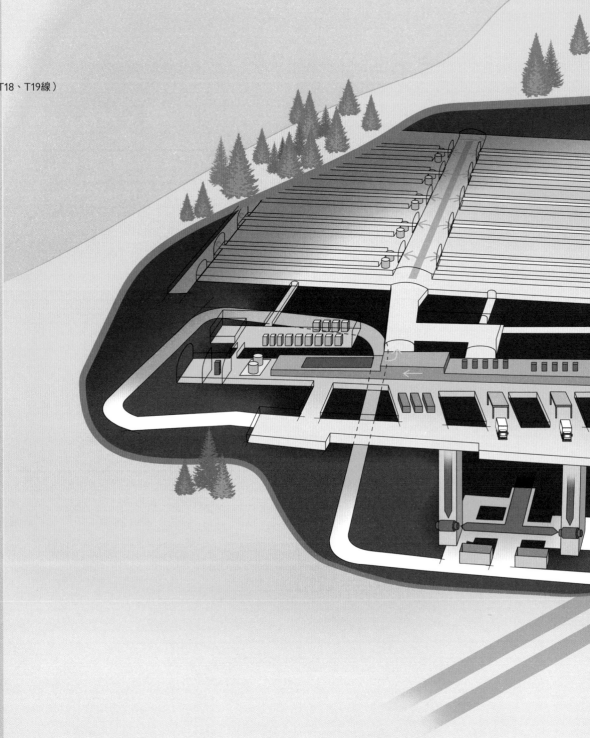

Henriksdal污水處理廠

這個世界上最大型的地下污水處理廠，是從Henriksdal這座山開鑿出來的，位於斯德哥爾摩市區邊緣。它於1941年開始啟用，後來陸續擴建，現在總計達三十萬立方公尺。裡面的隧道長達十八公里，目前每天處理約一百萬人口的污水。

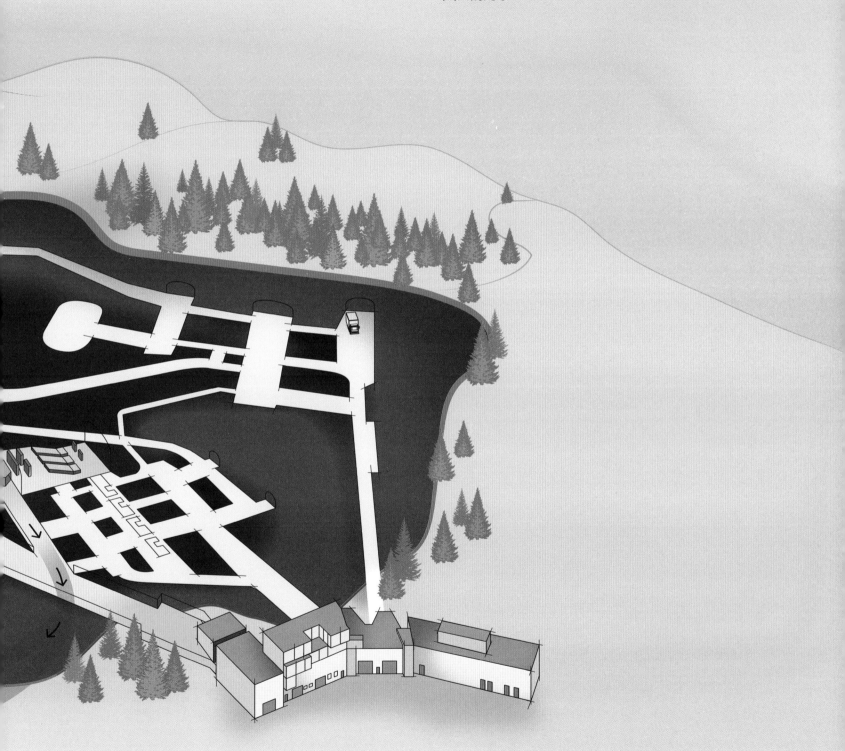

比電車載運量更大的車廂採購進來之後，自1950年起，從Slussen到Hökarängen之間就有了捷運的交通方式。這條線就是後來的地鐵線。一年後，第二條電車線（從Stureby發車）進行改建，使它能在斯坎斯圖爾進入地下隧道。1952年，當時以Hötorget廣場站（就在地鐵中央站北邊，現在已經是斯德哥爾摩地鐵的重要樞紐）為核心的捷運系統還未建構完成，但往西邊市郊的部分已經通車。

1957年，有一條新的地下隧道從Slussen經過老城區，穿過中央站下面，通到Hötorget廣場站，如此一來，兩個交通系統就可以連接在一起，形成現在所謂的綠線。此時，Fridhemsplan與斯坎斯圖爾之間的路線成了整個系統中最繁忙的區段，城市規劃者於是在1960年代提出一個更大膽的計畫，建造更長的地鐵。1964年時，位於地下更深處的第二條地鐵線規劃完成。這條線是從中央站出發，到了城市西邊分成兩條支線：一條往Fruängen，另一條往Örnsberg，之後朝北開往Mörby。這就是

今天眾所周知的紅線，大致上是在1975年完工。

由於斯德哥爾摩地鐵的許多車站位於地下的洞窟中，基本上這些站可說是從岩石中開鑿出來的。在紅線有兩個地下車站，也就是Alby與Masmo（位於通往Norsborg的延伸線上），裡面就刻意保留了當初開挖時留下的裸露岩石。由於效果非常震撼，因此當新的藍線動工時，就決定所有車站都要保留原本的地下岩石（這條藍線幾乎全部都是地下化，有些地方甚至深達三十公尺）。藍線的每個車站都有不同的燈光照明或加上不同的色彩，為城市增添了一種獨特的樣貌。另外有幾個站是經過特別設計，例如中央站有Per Olof Ultvedt設計的藍色植物圖樣；體育場站（Stadion）有Åke Pallarp與Enno Hallek設計的雲朵和彩虹旗；國王花園站（Kungsträdgården）有紅白綠三色的雕塑作品。

斯德哥爾摩地鐵如今總長一百零八公里，共有一百個車站，其中四十七個站、六十二公里長的路段是在地下。紅、綠、藍三

上：這幅插圖描繪的是位於中央站下面三十二公尺的藍線月台。由藝術家Per Olof Ultvedt創作的這些花草主題，是全世界地鐵車站中最具特色、也最容易辨識的圖樣，十分符合這個站位於整個地鐵系統的樞紐地位。

條主線與其支線加起來，總共有七條路線，被暱稱為「全市界最長的藝廊」，因為其中有九十個站是經過特別設計。在Kymlinge則有一個幽靈車站，月台是半露天式的，但是沒有蓋完，現在已經廢棄了。

瑞典人的隧道工程進行得非常順利，斯德哥爾摩鐵路的主要幹線現在都改為地下化，從市區中心下面穿過。這大大抒解了原本擁擠的地面車站（1871年啟用）。自2017年起，所有的通勤路線改為位於地下七點四公里處的隧道，使得地面上的中央車站可以多出空間做為其他國家公務使用。

瑞典人對隧道的熱愛不只侷限於鐵路或捷運，他們現在正在蓋一條全世界第二長的地下道路。斯德哥爾摩繞城公路（Förbifart Stockholm）自1960年代就開始規劃。在工程進行到某個階段時，有個路段預計將通過一連串的橋樑，跨越未受破壞的鄉間地區，但現在規劃幾乎全改為地下化，總計十七公里長。準備工作在2009年時展開，最深的地方將會在梅拉倫湖，達六十五公尺，完工後其總長度將僅次於東京的山手隧道（見稍後關於東京的介紹）。這條公路在2014年動工，預計十年後完成。

山裡的房間

斯德哥爾摩的地下洞穴中，還有一些令人印象深刻的軍事設施。在二次大戰爆發時，挖空了超過一千平方公尺的岩石，建造為船島洞穴（Skeppsholmen Caverns），做為海軍的控制中心。Bergrummet（意思是山裡的房間）現在則是做為展覽之用。

右：十四位藝術家特別為2017年落成的車站提供了自己的作品。這裡看到的鋸齒狀發亮圖形，位於車站西邊的大廳，是藝術家史文森（David Svensson）以「生命線」為概念的作品，靈感來自他兒子出生時在電子監控儀器上顯示的心跳圖。

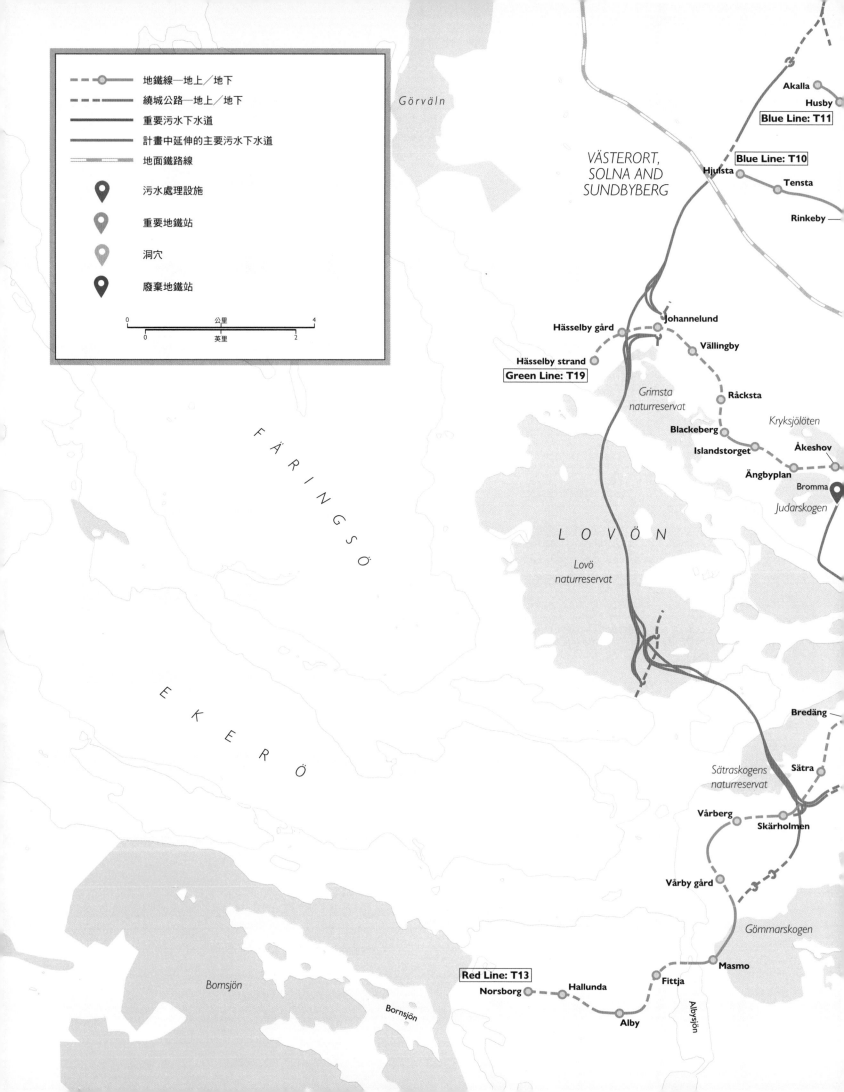

Görväln

VÄSTERORT,
SOLNA AND
SUNDBYBERG

Akalla

Husby

Blue Line: T11

Blue Line: T10

Hjulsta

Tensta

Rinkeby

Johannelund

Hässelby gård

Vällingby

Hässelby strand

Green Line: T19

*Grimsta
naturreservat*

Råcksta

Kryksjölöten

Blackeberg

Åkeshov

Islandstorget

Ängbyplan

Bromma

Judarskogen

L O V Ö N

*Lovö
naturreservat*

F Á R I N G S Ö

E K E R Ö

Bredäng

Sätra

*Sätraskogens
naturreservat*

Vårberg

Skärholmen

Vårby gård

Gömmarskogen

Bornsjön

Bornsjön

Red Line: T13

Norsborg

Hallunda

Fittja

Masmo

Alby

Albysjön

赫爾辛基

防護整座城市

赫爾辛基是位於歐洲最北邊的首都，人口超過一百萬人，市區有將近六十五萬居民，週邊的芬蘭首都區有一百四十萬居民。由於整座城市位於堅硬的底岩上，早期並未在地下進行什麼建設，但到了20世紀一切都改觀了。

早期歷史

早在鐵器時代，赫爾辛基目前所在的地區已有人跡。1300年代，名為赫爾辛格（Helsinge）的小村落建立在一個半島的最前緣，周圍有三百多個小島圍繞。1550年，它更名為赫爾辛弗（Helsingfors），成為一個商業城鎮，雖然有雄心壯志想要跟位於現今愛沙尼亞的塔林（Tallinn）一較高下，但一直都無法發展起來，而且十分貧困。直到1809年之後，在芬蘭大公國時期，這個城鎮才開始發展，並在1812年成為首都。自1819年起，它以赫爾辛基之名為世人熟知，一直到現在。

1827年，赫爾辛基第一所大學成立，同時市中心區由德國建築師卡爾‧路德維格‧恩格爾（Carl Ludvig Engel）重新設計。由於他偏好新古典主義風格，使得赫爾辛基市中心看起來有點類似俄國的聖彼得堡。最引人注目的參議院廣場，有「北方的白色之都」美譽，兩旁是赫爾辛基大教堂與芬蘭總統府。工業革命來臨後，為這個城市帶來了火車，由芬蘭建築師埃列爾‧薩里寧（Eliel Saarinen）設計的中央車站，採新藝術風格，是這個時期的傑出之作。與其他歐洲首都相比，赫爾辛基確實發展遲緩。不過贏得1952年夏季奧運主辦權一事，對整個國家不啻為一大激勵。

冷戰的焦慮

由於芬蘭在歐洲的戰略位置十分重要，還有，它與俄羅斯的邊界長達一千三百多公里，因此在冷戰時期，芬蘭人非常小心翼翼提防來自另一邊的鐵幕國家入侵或攻擊，迄今仍是。幾十年以來，在赫爾辛基的地下避難所隨時都有準備六十萬人份的糧食，實在令人不可思議。這個城市還開鑿了數百公里長的隧道，移除九百萬立方公尺的岩石，建造了約四百個防空避難所，其中很多都是互通的。

雖然大部分防空避難所都是在1960年代冷戰高峰期建造的，但是一直都有加以固定維修，而且配備最新科技。此外還會有經常性的訓練與演習，包括軍人與部分民眾都會參與，而在大型防空避難所裡，有些地方提供了更多的用途。冰上曲棍球場，加上好幾座游泳池、充足的補給品，可以保證整個城市在受到攻擊時，已準備好足以支撐好幾個星期的食物與飲用水。

赫爾辛基地鐵系統

赫爾辛基最早是在1955年開始構想地鐵系統，當時已有建造地下交通運輸的需求，但是要採用哪種方式一直懸而未決。七年後有一份報告建議，興建一個長八十六公里的輕軌系統，其中地下化部分長十四公尺，並且設置一百個以上的車站。

這項提議促使城市規劃者在新建橋樑時預留了空間，並在1964年擴建Munkkivuori購物商場時，闢出一個空間留給車站使用。儘管這個早期計畫似乎有點太過野心勃勃，可是赫爾辛基也漸漸體認到，城市已經發展到一個程度，可以至少興建快捷或捷運系統了。

上：這個隧道有部分是做為赫爾辛基能源公司轉換生質燃料之用。它位於地下三十至六十公尺，長十二公里。

下：通往地下防空避難所的入口，大約有幾百個。這些入口門上會標上藍色的三角形，這是全世界民間防護的符號。

1969年，有人提出一個規模較小的計畫，建議先興建三條線（有的是地鐵）。1971年，一條長二點八公里的測試軌道完工。這第一條地鐵線行駛於赫爾辛基東邊普提拉區（Puotila）與市中心康皮區（Kamppi）之間，大部分位於赫爾辛基的地下工程是在1976年完成。

第一批地鐵車站都有些「建造過頭」，因為都與防空避難所相連，這樣就可以為地下碉堡系統提供更多的空間容量。第一段地鐵在1982年通車，之後增加了好幾段延伸線，總計現在共有二十五個車站，其中十七個是在地面之下。

還有幾段延伸線正在籌劃中。其中往西到Kivenlahti的工程進度超前，預計2022年通車。另一條被稱為Pasila的地鐵線，是從康皮區出發，往北到帕席拉區（Pasila），共計四個站。未來，這條線還可能會延伸到機場，然後往南到桑塔哈米納（Santahamina）島，預計至少有七個站。地鐵還有可能會延伸到市區東北方的佛力奇（Vlikki）與西南方的馬維克區（Majvik），不過這是更久以後的計畫了。

總體規劃

2010年，基於交通建設與民間防護發展，城市規劃者採取了包含更廣泛的赫爾辛基地鐵總體規劃，其目的在於提供整個運輸系統持續的擴展與維護，如此一來，不僅有緊急狀況發生時，可以隨時做好準備，而且有些部分可以隨時供地面上的市民使用。甚至有人提議可以包含一座地下的古根漢博物館。

```
— 0
        典型的芬蘭地窖
— -10   Itäkeskus公立游泳池


— -20
        Bedrock civil defence shelters
        地鐵隧道（平均）

— -30   Pasila水庫
        Kamppi車站（M1與M2線；最深的地方）


— -40   派延奈湖（Lake Päijänne）水底隧道（平均）


— -50


— -60


— -70


— -80   維修隧道


— -90


— -100  愛斯普拉納地公園（Esplanadi Park）水庫
```

Itäkeskus公立游泳池與康皮車站

根據1958年的民防法，所有芬蘭人在戰爭與非戰爭時期都有權利受到保護。內政部應該建造防空避難所，任何住在會遭到攻擊的危險地區的居民都可以使用（主要是都會區）。一般認為，在大型核武爆炸時，當地約五十萬的民眾（主要在市區）待在超級巨大的地下避難所裡是安全無虞。而赫爾辛基的地鐵系統是經過特別建造，不但是交通運輸系統，也是防範核武攻擊的堅固防空避難所。

下： 在Itäkeskus東邊的市郊，避難所裡有個最大的地下公立游泳池，可以容納一千名泳客，裡面甚至還有兩個滑水道與一個五公尺高的跳水台。游泳池在1993年開幕，有四座泳池和一個健身中心，全部是從岩石中開鑿出來的，而且都是在地下。

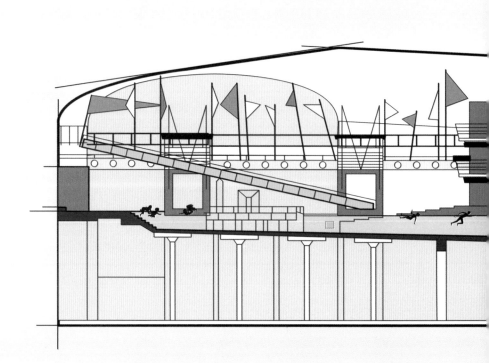

右：位於市中心的康皮地鐵站是在地面之下，旁邊除了民防避難所，現在還有一個Kamppi-Forum大型購物中心。車站的月台位於地下三十一公尺深，是赫爾辛基地鐵系統中位置最深的月台，不過在更下面還規劃了未來其他線使用的月台，這條線將與現有的軌道成直角相交。

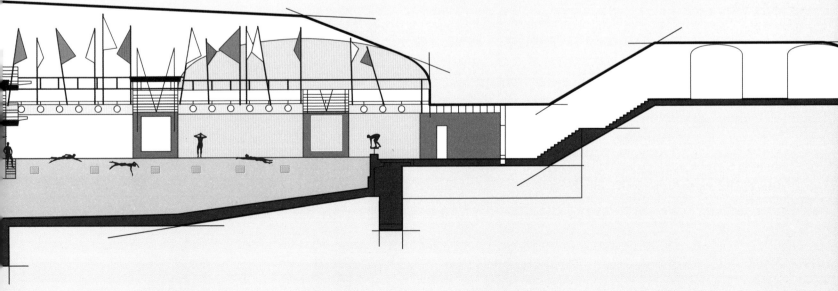

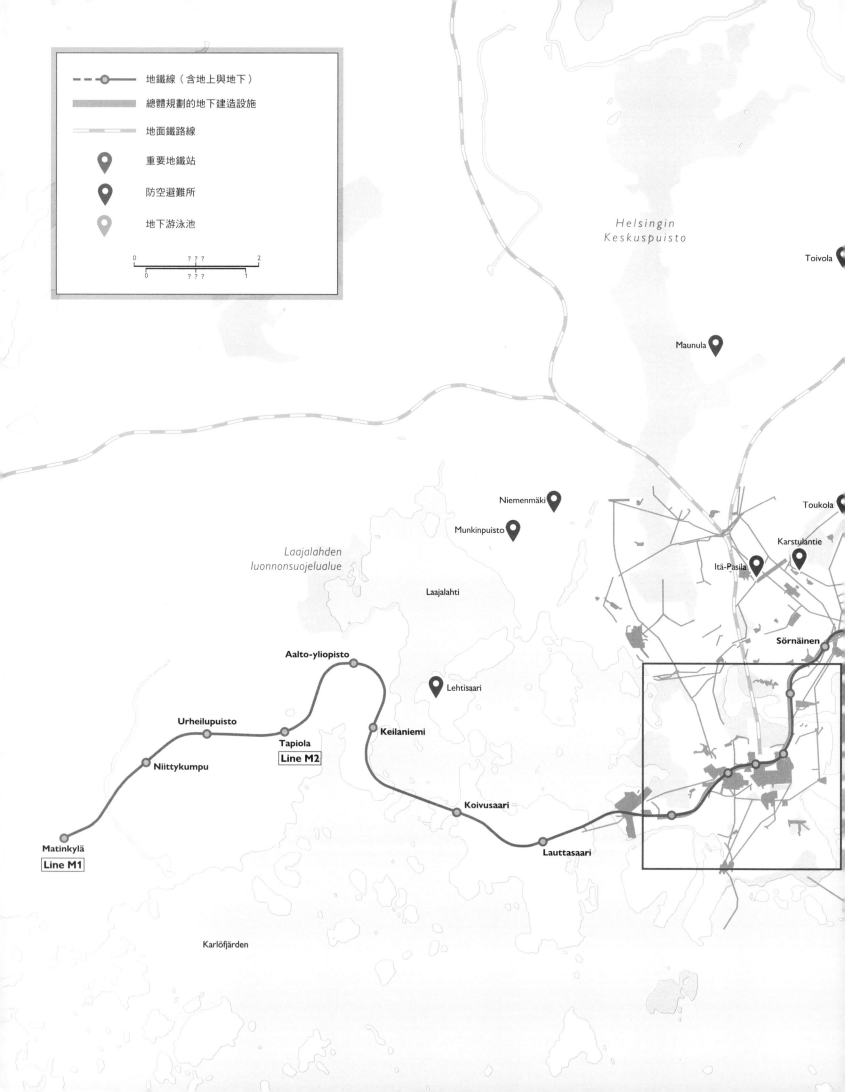

0 　 ？ ？ ？ 　 2

0 　 ？ ？ ？ 　 1

Helsingin
Keskuspuisto

Toivola

Maunula

Niemenmäki

Munkinpuisto

Toukola

Karstulantie

Itä-Pasila

Laajalahden
luonnonsuojelualue

Laajalahti

Sörnäinen

Lehtisaari

Aalto-yliopisto

Urheilupuisto

Tapiola

Line M2

Keilaniemi

Niittykumpu

Matinkylä

Line M1

Koivusaari

Lauttasaari

Karlöfjärden

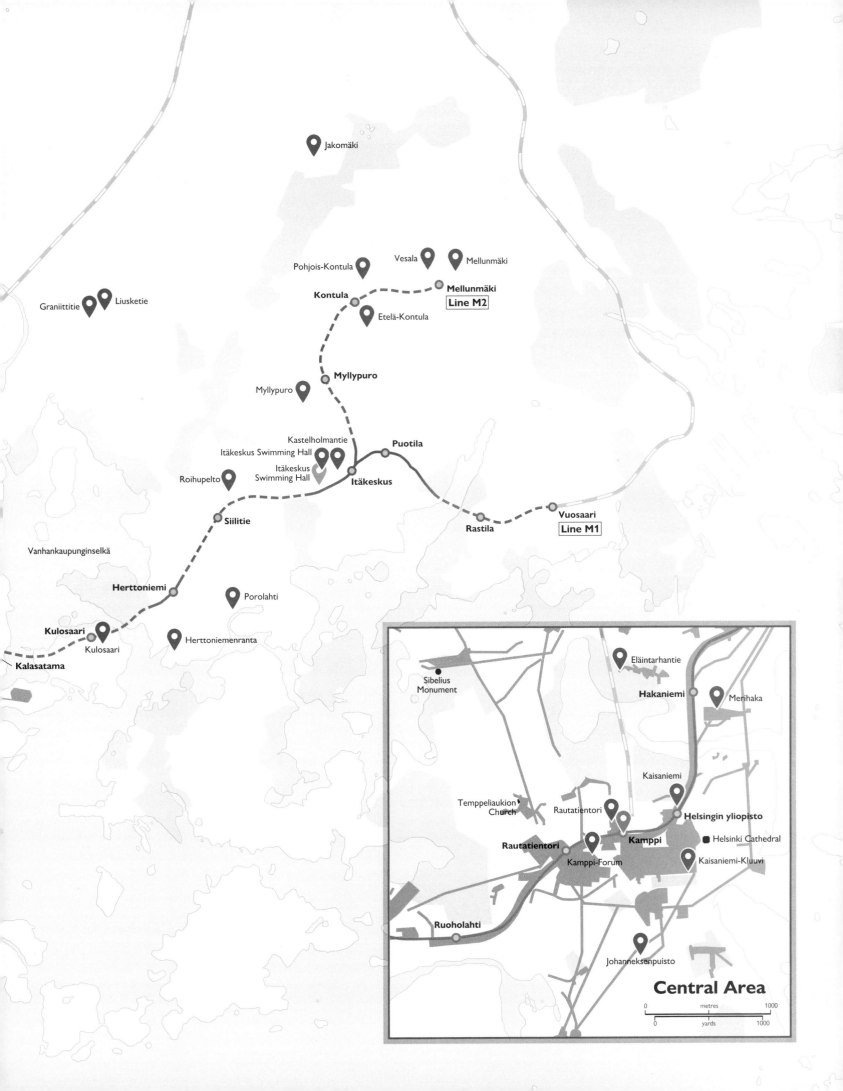

Jakomäki

Vesala

Mellunmäki

Pohjois-Kontula

Kontula

Line M2

Graniittitie Liusketie

Etelä-Kontula

Myllypuro

Myllypuro

Kastelholmantie

Itäkeskus Swimming Hall

Puotila

Itäkeskus
Swimming Hall

Roihupelto

Itäkeskus

Vuosaari

Line M1

Siilitie

Rastila

Vanhankaupunginselkä

Herttoniemi

Porolahti

Kulosaari

Kulosaari

Herttoniemenranta

Kalasatama

Eläintarhantie

Sibelius
Monument

Hakaniemi

Merihaka

Kaisaniemi

Temppeliaukion
Church

Rautatientori

Helsingin yliopisto

Kamppi

Rautatientori

■ Helsinki Cathedral

Kamppi-Forum

Kaisaniemi-Kluuvi

Ruoholahti

Johanneksenpuisto

Central Area

0   metres   1000
0   yards   1000

莫斯科

神秘的地底世界

莫斯科是俄羅斯的首都、歐洲大陸最大的都會區、地球最北邊的巨型城市，市區擁有一千三百二十萬人口，周邊都會區另有七百萬居民。莫斯科有洋蔥式圓頂的教堂，形成讓人可以立即辨認出來的城市天際線，除此之外，還有全歐洲最高的獨立高塔，以及極為迷人的地下空間。

過去在莫斯科河（Moskva River）沿岸已經發現了新石器時代的人類足跡以及鐵器時代的聚落。由於現今莫斯科的所在位置剛好就在許多重要的經貿路線上，東斯拉夫民族在9世紀時便已移居此地。以莫斯科為名的小鎮可以追溯到1147年，不過幾年後蒙古人將其夷為平地。

到了14世紀，莫斯科經過重建後，十分繁榮興盛。1480年時，莫斯科大力支持對抗蒙古政權與韃靼人統治的戰爭，隨後成為俄羅斯和西伯利亞帝國的首都。

大約也是在這個時候，克里姆林宮建造完成，城牆則是於1495年完工，屹立至今。此時的莫斯科已是全世界最大的城市之一，有十萬名居民。不過在1571年被韃靼人佔領後，原本二十萬人口只剩三萬人倖存。1713年時，俄羅斯將首都遷到了聖彼得堡。

1917年俄國革命之後，莫斯科再度成為俄羅斯首都，儘管內戰接踵而至，整個國家仍成為世上第一個馬克斯列寧主義國家：蘇維埃社會主義共和國聯盟，一直持續到1991年。而絕大多數在莫斯科地底下的秘密碉堡與隧道，都是在冷戰時期興建的。

莫斯科的克里姆林宮

克里姆林宮這個位於莫斯科中心的要塞，事實上可說是一個城堡，裡面有教堂跟宮殿，而且根據謠傳，到處是各種新舊的隧道交錯。這裡還有伊凡大帝鐘樓，建於1508年，長久以來一直是莫斯科最高的建築物，1600年時還往上加高至現在的高度。早在1320年代，克里姆林（kremlin）一詞就已出現，指的是一座有圍牆的城市。1359年起，莫斯科大公，德米特里·頓斯科伊（Dmitry Donskoy），統治莫斯科長達三十年，據説他在位期間，克里姆林宮下面挖了許多地道，可以通到外面。後來俄羅斯東正教的領袖們擴延了這些通道，以便在遭到包圍或攻擊時，可以從這座城堡逃脫出去。

16世紀時，統治者伊凡四世（Ivan the Terrible）在克里姆林宮底下的逃生通道暗藏了一整個軍械庫，直到1970年代這裡開挖捷運時才被發現。在彼得大帝（Peter the Great）自1682年起的統治期間，當時的人謠傳說伊凡四世在這裡還藏了一座圖書館，裡面有獨一無二、外覆金箔的書籍，不過這些珍貴的東西從來沒有被找到。

原本統稱為聖三一教堂的九座禮拜堂群，在16世紀中期發展為聖瓦西里主教座堂（Saint Basil's Cathedral）。塔樓設計為洋蔥式的圓頂，在當時可說是無與倫比，據說是想與附近的鐘樓相互映稱，同時也模仿火焰的造型。只是這棟美麗的建築，卻有些不穩固，因為在1500年代建造的地基受到鄰近許多地下建築影響，造成鐘

樓明顯傾斜。而對這個壯麗的古代建築傷害最嚴重的,是史達林弄了一個超大的地下空間,存放戰車。這個地下空間位於紅場東邊一個原本稱為「下交易區」(Lower Trading Rows)的地方,這整個區域在1936年遭到拆除,好讓出空間建造地下的戰車停車場。

接下來的幾個世紀間,克里姆林宮增加了一條護城河,還有更多的防禦工事,莫斯科的城市邊界便由現在的花園環路(Garden Ring)界定。只是接連不斷的戰爭、火災、飢荒、瘟疫、暴動,造成大量人民喪生,更不用提1812年拿破崙入侵時,所有可以燒的東西全燒光光。一直到帝俄時期(1721-1917年),莫斯科才恢復元氣,在第一次世界大戰時人口達到將近二百萬人。

除了莫斯科河之外,市區內其他較小的支流都隨著時間逐漸改成運河,不然就是改道或是填平。例如,涅格林納亞河(Neglinnaya River,它從城市北端流到薩維洛夫斯基[Savyolovsky]站附近),從19世紀就一直是流經紅場與市中心其他歷史建築物的下方。這條河被改導向流入混凝土製的涵管中,直到匯入莫斯科河的出水口。另外有一條新的暴雨水道,建於1974至1979年,全長四公里,則是繞經莫斯科一些最具代表性的建築物,包括克里姆林宮。

莫斯科地鐵

雖然在帝俄時期就有在莫斯科興建地下鐵路的想法,但是一次大戰加上隨後的革命與內戰,中斷了計畫。要等到1923年,「莫斯科都市鐵路委員會」下面成立了一個專責部門後,才繼續探究建造地鐵的可行性。

1928年,第一條線已經規劃好了,這是一條長十一公里的路線,從索科利尼基區(Sokolniki)到達市中心。1931年共產黨中央委員會核准了這條線。

前蘇聯政府後來是打算建造一個包含十條線的系統,並且從英國倫敦交通部請來專家協助設計。這些英國專家主張,應該採用位於地下較深的鑽掘隧道、以手扶梯上下的系統,不贊成使用類似巴黎位於地下較淺的明挖覆蓋隧道、由樓梯(或電梯)上下的系統。

上:涅格林納亞河曾經從北到南流經現在的莫斯科市中心,總長七點五公里,早在1792年就有了第一段涵管完成。目前整條河是從地下流經,直到莫斯科河的匯入口。

184-185頁:莫斯科可以說有全世界最美麗的地鐵站,與其他國家相比,它的地鐵站設計得更華麗,這個傳統是從1935年最早一批地鐵車站就開始了,一直延續到近年完成的車站皆是如此。

184頁上圖: Komsomolskaya站(5號線,1952年通車)

184頁下圖:文化公園站(5號線,1950年通車)

185頁上圖: Troparyovo站(1號線,2014年通車)

185頁下圖: Govorovo站(8A線,2014年通車)。

單位：公尺

0

-10

Troparyovo站（1號線）
Govorovo站（8A線）

-20

-30

Komsomolskaya站（5號線）

-40 文化公園站（5號線）

-50

-60

地堡42（Bunker 42）

-70

2號地鐵（據推測）

-80

勝利公園站（3號線、8A線；最深處）

-90

-100

200 Ramenki地堡（據推測）

Rzhevskaya站與地堡42

莫斯科的地下空間不僅僅是華麗無比，而且位於地下深處，有些還非常神秘。對於是否真的有一個位於地底更深的二號地鐵系統，目前仍存有爭議，不過許多冷戰時期的建築物現在不但重見天日，而且受到大力宣傳。例如像是「地堡42」這類大型建築物，它新的私人業主現在就非常主動招攬觀光客到訪。

下：目前正在建造中的Bolshaya　Koltsevaya線，也就是十一號線，是莫斯科地鐵的第三條環狀線，會遠達至郊區。從這條線位於Rzhevskaya站的月台，可以抵達上面建於1958年的原始車站（這個車站現在位於Kaluzhsko-Rizhskaya線上，即六號線）。此站的月台是由拉托維亞建築師Vaidelotis Aps　tis和A.　Reinfelds設計，位於地下四十六公尺深，從這張插圖可以看到，未來新的月台將會位於更深的地下。

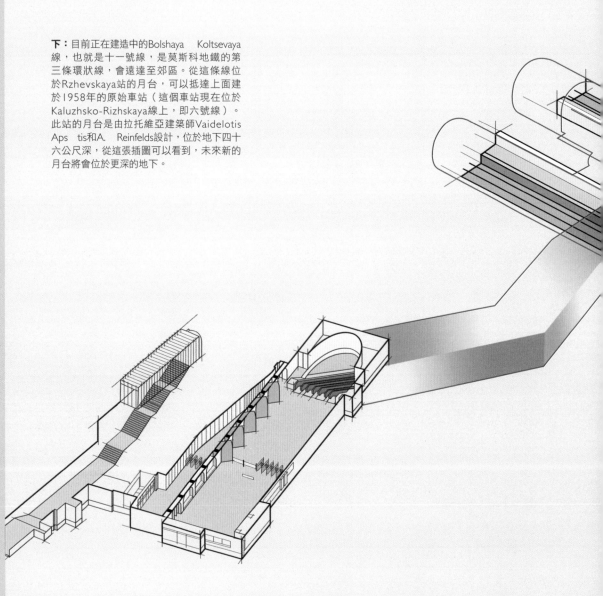

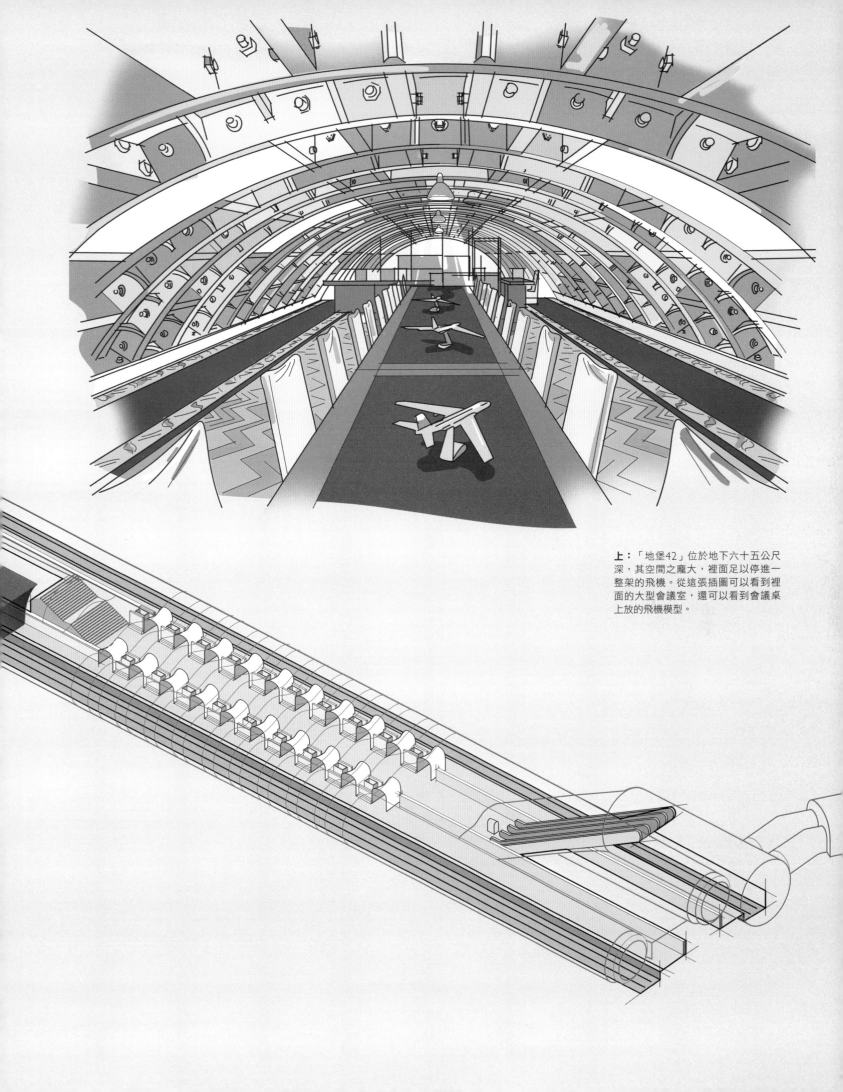

上：「地堡42」位於地下六十五公尺深，其空間之龐大，裡面足以停進一整架的飛機。從這張插圖可以看到裡面的大型會議室，還可以看到會議桌上放的飛機模型。

俄國人採納了英國專家的建議，整個地鐵系統全部採用位於地下很深的鑽掘隧道。這樣的系統證明了有一個極大的優勢，因為後來地鐵還需要有這第二項功能：做為防空避難之用。第一條線是在1935年通車，隨後第二條線在1937年通車。之後莫斯科地鐵都經過特別建造，保護這些避難所不受核武攻擊帶來的最嚴重影響，例如爆炸與放射性落塵。不僅是隧道位於地下很深的位置，還有超大的「防爆門」，可以讓地鐵系統密閉起來，這樣就成為一個可以互通的龐大防空避難所。

莫斯科地鐵總長四百三十七公里，有兩百六十一個車站，共計十六條線，有些路線車間班距非常密集，每天有超過七百萬人次搭乘。早期的車站大部分都是採奢華風格，令人非常驚訝，包括有大理石的柱子、水晶吊燈和上射燈，可說是地球上最為華麗的地下空間。近期增設的車站也是砸大錢裝飾，不過比較現代感。這些車站包括一號線的Troparyovo（2016年）、十號線的Seligerskay和十一號線的Delovoy Tsentr（都是2018年完工）。1986年通車的勝利公園站（Park Pobedy），位於地下八十四公尺，在全世界地下最深的車站中排名第四，而且擁有全歐洲最長的手扶梯。

莫斯科和西方世界的關係開始凍結後，加上瞭解到位於城市底下的隧道可以帶來的好處，據報導，莫斯科當局核准了建造現在所稱的「莫斯科二號地鐵」（Metro-2，傳說中的莫斯科秘密地鐵）。這個地鐵位於五十到兩百公尺深的地下，有至少二十五公里長的秘密隧道（可能還更長），據說是史達林下令建造，連接到克里姆林宮下面的地下指揮所、兩個城市以外的地點，還有一個位於莫斯科國立大學附近的秘密地堡。俄羅斯政府從來沒有證實過這些隧道的存在，不過根據美國的情報，總共有三條地下路線可以從市區逃脫，而當地的「挖掘者」（城市探索者）則宣稱握有照片可以證實有這些秘密通道。

建於1970年代的這三條路線中，至少有一條被認為是一條鐵路線，可以連接到大眾地鐵系統裡的一號線。有一個莫斯科二號地鐵的車站據說可以通到雷曼齊（Ramenki）地下碉堡。另一條路線據推測建於1990年代後半期，據說離開市中心後總長二十八公里，終點為伏努科沃軍用機場（Vnukovo）。

此外，自2012年起，莫斯科的大眾地鐵系統一直在進行擴

左：「地堡42」於1955年完工，是一個防範核武戰爭的軍事設施，佔地七千平方公尺，裡面有一個飛機棚，還有通訊與指揮中心、宿舍、辦公室、餐廳。這裡現在是冷戰博物館，從餐廳可以大概看出裡頭空間有多麼遼闊。

右：「地堡42」裡面有很多像這樣的走廊，有些通往附近的Taganskaya地鐵站，除了讓行人通行之外，火車也曾從地鐵的軌道開進去，協助這裡的建造。

延，到2022年這十年間，有將近一百五十公里的新隧道，將會採用二十四個不同的隧道鑽掘機完成。還有幾條線也正在延伸當中，例如最新的內克拉索夫卡（Nekrasovskaya）線，第一段已經完成通車，預計在2020年全線通車。這條線也被稱為十五號線，最後全長將達二十二點三公里。它建造的方式在莫斯科是較為罕見：以直徑十公尺的雙軌隧道建造，而不是像莫斯科其他地鐵線採用單一的鑽掘隧道建造。

莫斯科的地下碉堡

據說由於莫斯科下面有極大的地下空間，在核武攻擊時可容納全部的莫斯科居民。就莫斯科有一千三百多萬人口來看，這可是需要極大的空間！這些地下避難所主要分為四種：地下室、地鐵避難所（前兩者為一般民眾的主要避難處）、球形地下碉堡、莫斯科二號地鐵的地下碉堡（後兩者為軍方使用）。地下室是最古老的避難所，顧名思義就是在現有的建築物與公園下面挖出一個空間來，相對而言，建造費用便宜，時間快速，只要挖空，在頂上用混凝土覆蓋即可。球形地下碉堡會有一個球形的混凝土防護層，主要是為了在核子武器爆炸時做為緩衝之用。球形地下碉堡有各種尺寸，建造年代也不同，在較近代的球形地下碉堡裡，混凝土防護層是原本建築的一部份，並且還包括了減震器，以保護裡面的人。較早期的球形地下碉堡（通常沒有在很深的地下，而且是在冷戰時期建造），球形防護層是後來才加在現有的建築頂部。至於地鐵地下碉堡，目前所知的一例是塔甘斯基保衛指揮所，又稱「地堡42」（Tagansky Bunker 42），現在它已成為一個博物館。

1992年，時代雜誌報導有一個地下碉堡十分龐大，大到幾乎跟一個地下城市一樣。該雜誌確認，這個地下碉堡是在1960年代開始建造，1970年完成，位置在莫斯科西南方的雷曼齊附近，靠近莫斯科國立大學的校園，預計要做為一個科學研究機構使用。理論上整個建築本體是位於兩百公尺深的地下，可以容納一萬五千人，稱得上是莫斯科位於地底最深、最大型的地下碉堡。據推測它會通到莫斯科二號地鐵，很多網站還說，有一個入口通往這個地下城市，不過這處地址目前是兩個緊急救護單位的所在地：民防救援隊與第一民防救援隊。

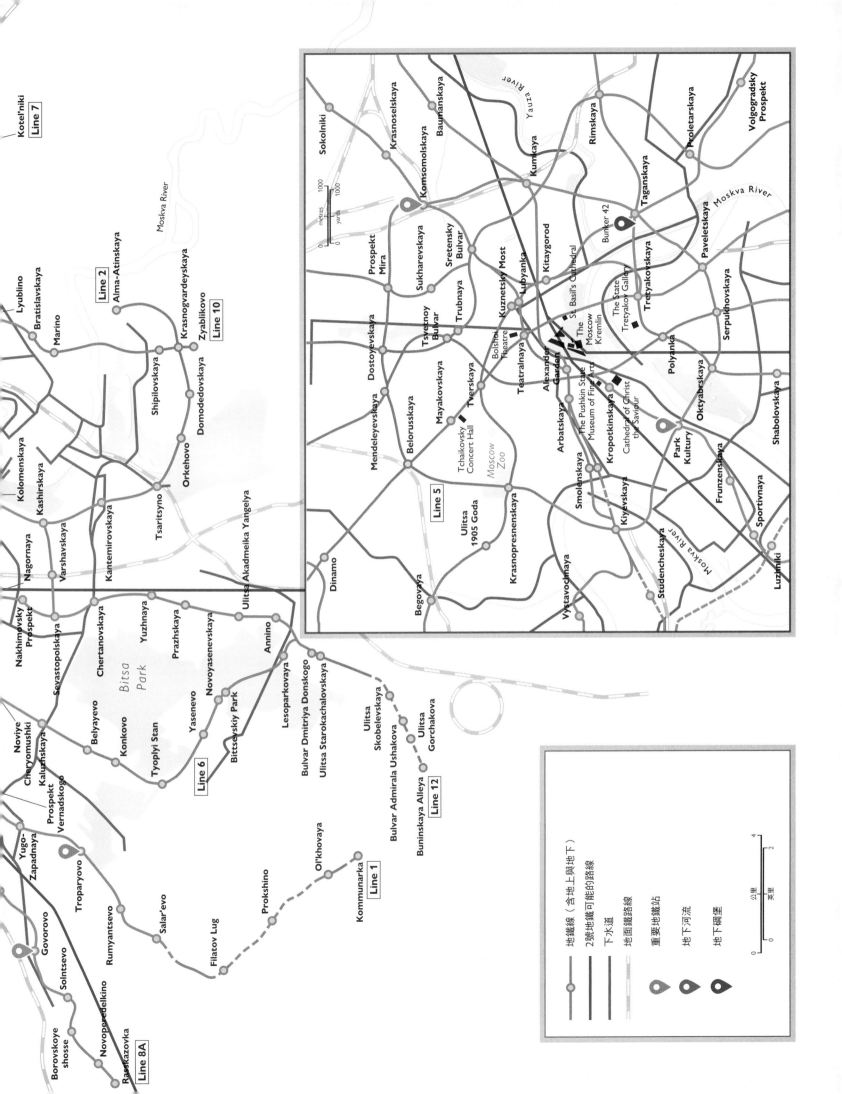

亞洲
與大洋洲

在這張攝於1923年的照片中，可見到雪梨市海德公園附近正在
興建市中心環狀線（City Circle）地鐵的情形。

孟買

七島之城

孟買最早建立於印度西海岸的一個群島上（共計七個島嶼），現在是馬哈拉什特拉邦（Maharashtra）的首府。它的市區有一千兩百萬人口，大都會區有超過倆千一百萬的居民。

有證據顯示，在史前時代，來自古加拉特邦（Gujarat）的人類已聚居在孟買最古老的地區。16世紀時，孟買這些島嶼變成葡萄牙帝國的領土，到了1661年，又租借給不列顛東印度公司（成立於1600年，負責印度洋周圍的貿易）。東印度公司最後接管了整個印度，並且在東南亞殖民方面扮演了關鍵性的角色。

填海造地

自1782年開始，孟買進行了好幾項填海造地的計畫，雄心壯志地藉由各種堆填與建造堤道，要把七個島嶼連接成一個整體。其中一個計畫是「霍恩比填海工程」（Hornby Vellard project），這是在H形的孟買島（Isle of Bombay，裡面最大的島）與小小的沃里島（Worli Island，在孟買島北邊僅零點三公里處）之間，把堤道加高，在上面建造一條很長的車行道路。這條道路南北長四點二公里，東西向的部分為四點五公里。1784年堤道完工後，保護了原本位於孟買中央區的潟湖，免受定期的洪澇侵襲。在填海新生地與各島之間的這一大塊濕地，總計兩百八十三公頃，水分已逐步排乾，堤道部分也陸續擴延，到了1838年，舊的孟買島已不復存在。這幾個島嶼一旦連接起來，並與大陸相連後，孟買的人口便急速增長。

古代隧道

近期孟買重新發現了一條有兩百四十年歷史的古代隧道，從聖喬治堡（St George's Fort）穿過聖喬治醫院的下面，總長一點五公里。這條隧道過去是用來搬運武器與受傷的士兵，考古學家還推測，地底下可能有一個完整的隧道系統，這只是其中一部份而已，其他的隧道有可能通往了教堂門（Churchgate）、藍門（Blue Gate）與阿波羅碼頭（Apollo Bunder，即現在的威靈頓碼頭Wellington Pier，

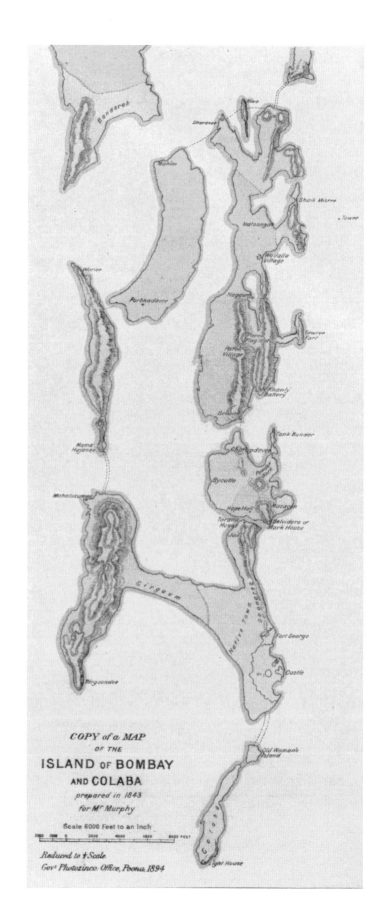

地底城市

它有著遠近馳名的拱門式紀念碑——印度門（Gateway of India）。

不過多數的地下隧道是建於19世紀中期，例如，最近在馬哈拉施特拉邦的前州長官邸（Raj Bhavan）下面，發現了一個秘密碉堡，佔地四百五十平方公尺，顯然是做為軍營之用。確切的建造年代還不明，但確信是在1885年之後。

孟買的交通

孟買還屬於大英帝國的時候，印度的次大陸就已遍佈大型的鐵路系統。孟買的鐵路系統也極為發達，使得現在市郊鐵路的通勤路線沿線，包含西部線、中央線與海港線，人口快速成長，每天都有超過七百萬人次搭乘。1916年，一條長一點三公里、往來於Diva與塔那（Thane）之間的地下鐵路開通，這是印度最古老與最長的一條地下鐵路線。

電車系統也促進了人口增長，不過當孟買整個城市急速擴展的時候，電車卻於1980年停駛。現今的孟買長期飽受交通擁塞之苦，最後不得不下定決心斥資建造大眾運輸系統。孟買地鐵目前還在發展初期的階段，迄今只有一條線，在2014年通車，長十一點四公里，大部分是採高架。整個地鐵系統共有八條線，除了已經通車的這一條線，其他正在興建中。一旦全部完工之後，地鐵系統將會有百分之二十四是在地下，其中主要是三號線全部地下化，總計三十三點五公里長，設置二十七個車站，往返於最南邊中央商業區的庫菲廣場（Cuffe Parade）與北邊的聖克魯斯電子產品出口加工區（Santacruz Electronic Export Processing Zone，EEPZ）之間。預計到2025年時，孟買地鐵的長度會延伸到兩百三十五公里，只是因為要在人口密集的古老城市開挖建造，遇到不少困難，導致現在進度落後。不過若是通車之後，孟買的地鐵就會增加到總共十四條線了。

北京

一磚一瓦

北京為中國首都，人口兩千一百萬人，週邊地區則居住著另外三百萬人，近年來由於發展快速，遂成為世界上人口最密集的都會區之一。

即便有考古證據指出，人類在數萬年前便已居住在這個區域，北京在歷史上的紀錄，大約只能追溯到三千年前西周的薊國。13世紀以降的八百年間，中國歷經三

十四位皇帝的統治，而北京至少有將近半數的時間都是首都，直至20世紀為止。

明代（1368年至1644年）開始在城市的邊界修築城牆，城牆的遺跡形成了現代北京的市中心，包括厚達二十公尺、長二十四公里、高十五公尺的內城牆。內含數百座建築的紫禁城，則是於十五世紀初興建，目前屬於世界文化遺產。

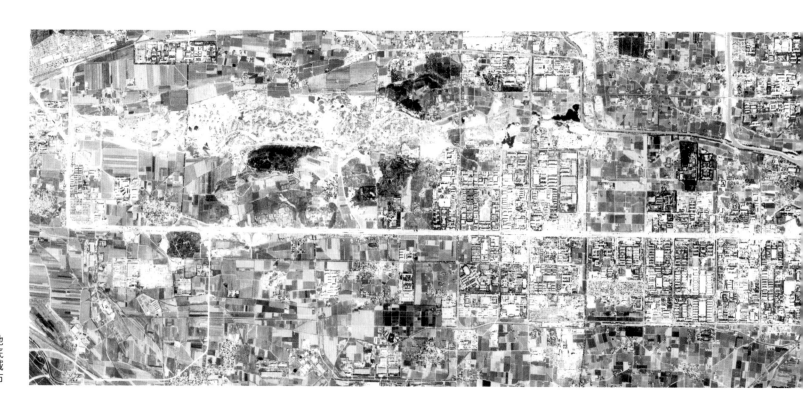

北京的地底空間

雖然中國在悠久的歷史中，已展現出深遠的文明發展，但1945年至1949年的國共內戰，才可說為中國帶來了最劇烈的改變，特別是在1978年的改革開放政策實施之後，情況更是如此。

1960年代中後期，中國擔心和當時的蘇聯爆發戰爭，因而在1969年，毛澤東命令人民開始挖掘隧道，以防禦核子威脅，中國人民欣然接受這個決定。光是在北京，就有三十萬人投入工程，用相當簡陋的工具，在城市下方建造了將近一萬座碉堡，數量和方式都相當驚人。

在冷戰情勢最為緊張的十年間，雖然偶有解放軍協助，北京人民仍是靠自身的意志力，建造出一座面積達八十五平方公里、四通八達的地下城市，就稱為「地下城」，整座城市分為三層，並擁有將近九百個不同的入口。地下城的隧道和所有重要的政府機關連結，空間足夠容納大部分的北京人口，1960年代工程開始時，這個數字是六百萬人。地底深處擁有餐廳、工廠、

倉庫、戲院、運動場、甚至還有一座可以種植簡單作物，例如香菇之類的農場。

撇除礦坑及地鐵不論，這座地下城絕對稱的上是人工地下設施之王。時間進入1980年代，國際情勢逐漸緩和，房地產價格也開始飆漲，因而有些無法負擔高昂房價的居民，就開始佔據北京的地底空間，這些人稱為「鼠族」，即便最近中共政府試圖解決這個問題，仍然無能為力。

近年來，某些企業家及大型地產開發商，開始提議重啟地下城，地下城的某些部分因而改建為購物中心，例如王府井大街附近，有些部分則是由旅遊業者使用，例如長安大飯店，目前就深達地下六樓，便是歸功於過往的地下城。

也有一些猜測指出，當時興建的隧道，不只能供當地民眾躲避空襲，範圍甚至遠至北京之外，有些人還宣稱，地底存在以柏油鋪設的寬闊隧道，和較遠處的解放軍碉堡及坦克庫房連結，甚至可以通往鄰近的城鎮。另外，也有一些說法，認為全中國遍布軍用秘密地下通道及鐵路網等。

下：圖為1967年美軍間諜衛星拍攝到的照片，顯示北京第一條地鐵的興建工程。侵入式的明挖覆蓋法，所造成的古城牆破壞，在圖中清晰可見，目前北京幾乎所有新建的隧道，都採用這種方式建造。

野心勃勃的地鐵計畫

北京第一條地鐵於1969年完工，但其實早在1950年代初期，就已出現興建捷運系統的構想，相關資料指出，當時的莫斯科捷運不僅可以提供運輸服務，同時也能當作軍事用途，中共政府深受吸引，因此在蘇聯的指導下，1957年出現了擁有六條路線共計一百一十四個車站，總長一百七十二公里的捷運計畫，然而卻從未實現。

北京地鐵的興建，要一直到1965年才開始，這條長二十一公里的東西向路線備受爭議，因為必須拆除一部分的古城牆及城門，方能興建。雖然這條路線在1969年大致完工，但是因為技術問題，1971年初啟用時，只開放最初十公里的路段，隔年才繼續擴建。到了1981年，路線總長度已達二十七點六公里，擁有十九座車站，經營權也交給北京地鐵公司，由該公司負責後

續的擴張。三年後，北京地鐵的第二條路線完工，位於明朝古城牆下方，呈馬蹄形。

2001年，北京獲得2008年的奧運主辦權，人類史上最快速的大眾運輸系統興建工程，自此如火如荼展開。一開始喊出的口號「三環、四橫、五縱、七放射」，震驚了整個工程界，後來透過和香港鐵路有限公司（Mass Transit Railway）合作，最終真的興建了擁有十九條路線，總長度達五百六十一公里的北京地鐵。

2008年，又出現了更驚人的構想，預計在2022年前，將北京地鐵的長度延伸至一千公里，其中將有百分之六十二的區段位於地底，完工後路線總數預計增加至二十二條，詳細的車站數量尚未出爐，但根據估計，總站數可能超過六百站。

北京的交通擴張不僅限於地鐵，為了方便

上：為了舉辦2008年的奧運，北京興建了許多大規模的場館，包含可以容納九萬一千人的「鳥巢」體育場等，叫作「奧林匹克森林公園」的大型人工綠地，也在同一時間開幕，而為了方便遊客抵達上述地點，也興建了新的地鐵路線。新建的地鐵八號線中，有些車站擁有非常前衛的現代化設計，像是圖中的森林公園南門站，月台的天花板就相當新潮，該站是由佛山新景實業有限公司設計。

右：由於工期相當短，許多新建的地鐵站都缺乏設計與美感，例如圖中的火器營站，設計就相當功能性，該站位於地鐵十號線，於2012年啟用。

連結北京主要的兩個火車站，北京站及北京西站，九公里長的跨城隧道也於2015年啟用，2017年啟用的市郊副中心線，也經過這條隧道。

衛生及用水需求

中共政府在處理城市汙水上，付出了和興建交通運輸系統同樣巨大的努力，不過仍然有些人認為，北京的下水道急需改進。即便到了1990年代，北京的汙水處理系統仍是相當落後，因而目前還在持續建造新的排水道及管線，總長達三千公里。另外，從公元2000年開始，每年也都會開設新的汙水處理廠，但是整體來說，北京在這方面，還是有很大的改善空間。

除此之外，北京還有嚴重的缺水問題，因此甚至還有人提議，乾脆把整座城市搬到降雨量更高的地方，但問題其實不是出在雨量，而是用水需求太過巨大，因而整體供水還短缺約百分之十六。而北京抽取深層地下水的速度也太快，導致地層下陷非常嚴重，即便如此，仍然無法解決缺水問題，甚至還要從一百五十公里遠的海岸邊，引入經過淡化的海水，以舒緩用水需求。

故宮的文物

沒有什麼證據顯示北京故宮下方埋有古代隧道，但其下方確實擁有兩座巨大的地底儲藏設施，建於1980年代及1990年代，佔地達兩萬九千平方公尺，提供適宜的環境，保存超過一百萬件珍貴的文物。雖然目前這些文物仍然散落在北京各處，但這些新建的地底空間，日後可以直接把倉庫變成展場，倉庫本身則由隧道連接，同時還附有文物保存區，因此便可避免在可能遭受破壞的環境下，運送這些珍貴的文物。

東京

超級大都會底下相見

東京都會區是世界上人口最稠密的地區，位於日本關東平原，擁有超過三千八百萬人口，面積達一萬三千五百平方公里，GDP更高達一點八兆美元，因而同時也是世界上經濟最發達的城市。東京座落於本州島的東京灣，這是日本四大島嶼中面積最大的一座，城市歷經多次地震摧殘，一再於廢墟中重建，中心歷史最悠久的區域原稱「江戶」，即江口之意，不過當時江戶還不是日本首都。要一直到1868年，才由明治天皇建立了現代的東京，意為「東邊的城市」，並將日本首都由京都遷至此處。

自然的力量

東京是一座非常龐大的城市，但其所處的地理位置，使城市很容易受到各式自然災害影響，特別是地震、海嘯、及水災三者，這也連帶影響到都市的建設，包括地上及地下。

日本人興建摩天大樓的慾望幾乎無窮無盡，但東京的地震又很頻繁，因此許多高樓都把地基都打得非常深，以便牢牢抓緊岩床。而新建的建築，則是必須在錯綜複雜的地底設施、下水道、及地鐵間，殺出一條生路，以打下足夠穩固的地基，使地上的建物不致倒塌。東京目前擁有至少三百座高度超過一百公尺的建築，而在最近幾次的大規模地震中，

這些超高的建築物都安然無恙。

都市化的足跡遍及整個東京灣，以前從東邊的木更津，經東京市區，開車到西邊的川崎，需時大約九十分鐘。但在1970年代，展開了一項計畫，預計興建一條包含跨海大橋及海底隧道的公路，連接廣闊的東京灣兩岸。經過將近十年的工期，斥資一百一十億美元，東京灣跨海公路（Tokyo Bay Aqua-Line）於1997年啟用，將原先一百公里的路途，大幅縮短為十四公里。海底隧道深達四十五公尺，長達九點六公里，啟用時為世界上最長的海底汽車隧道。而21世紀啟用的山手隧道更是打破了長度紀錄，長達十八公里，該構想最初於1970年代出現時，是設計為高架高速公路，但飽受環保人士批評，最終於二十年後改採隧道形式，光是建造起始路段，就花了十五年，又過了十年才全線通車。

除了地震之外，水災是東京的另一個問題，因為東京雨量非常高，夏天雨季的時雨量高達一百毫米，1991年發生的大型水災，曾造成三萬棟建築物淹水。為了處理颱風帶來的過多雨量，東京政府提出了相當瘋狂的計畫，稱為「首都圈外郭放水路」（Metropolitan Area Outer Underground Discharge Channel），簡稱「G-Cans」，此外還擁有「地下神殿」的外號。這座防洪系統擁有五座巨

大的混凝土蓄水池，位於東京北邊四十五公里的春日部，地底五十公尺深處，蓄水池之間由六點五公里長的隧道連結，每座蓄水池的容量高達六十七萬平方公尺。防洪系統的建造於1993年展開，總共花了十三年，斥資二十億美金，但這些代價都值得！每年這些巨大的蓄水池，都會被颱風帶來的雨水注滿好幾次，水滿了之後，將會安全排入江戶川，最後匯入東京灣。現代大多運用排水系統，來處理過多的雨水，但這些雨水，最後卻是匯入歷史悠久的聚居地

附近，例如江戶及小傳馬町。有些說法認為，1700年時，江戶是世界上最大的城市，1678年進行的「人口普查」顯示江戶人口為五十七萬零三百六十一人，到了1721年，可能已經超過一百萬人，因而處理廢水，便成了一個重大的問題！當時的學者曾記錄用人力及船隻處理廢水，但最近考古學家發現了1864年的神田下水道，總長大約六十五公里，格局方正，為木製的管線及水道，此外，江戶後來也從四十三公里外的山上，引進多摩川的河水。

上：這幅設計師構想圖，描繪「G-Cans」防洪空間中巨大的混凝土柱及天花板。

單位：公尺

0 — 江戶（古日本首都）

-10 —

地下自行車塔

-20 —

「G-Cans」防洪系統

地鐵隧道平均深度

-30 —

東新宿站（副都心線、大江戶線）

-40 — 神田下水道

六本木站（日比谷線、大江戶線，最深的都營線地鐵站）

東京灣跨海公路

-50 — 首都圈外郭放水路

-60 —

瓦斯管線

-70 —

-80 —

-90 —

-100 —

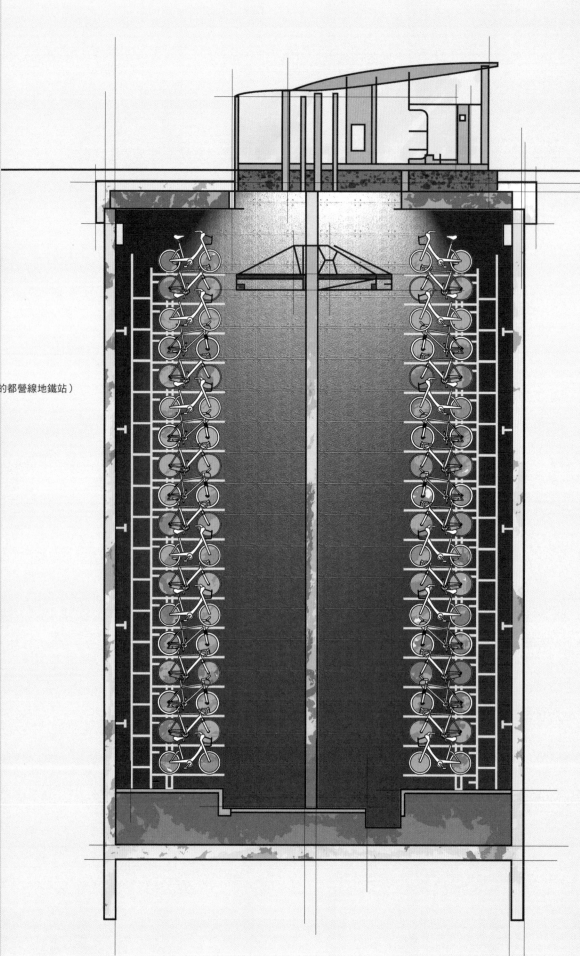

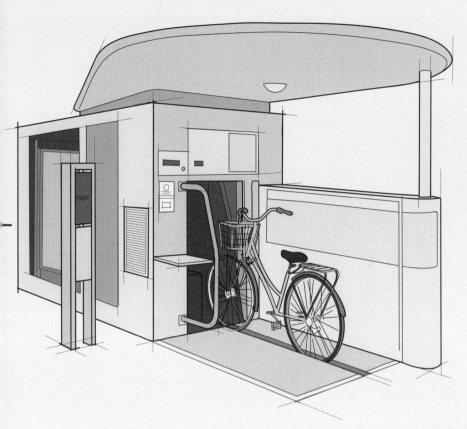

地下自行車塔

為了處理東京空間不足的問題，數以萬計的腳踏車也必須轉往地下停放，東京的腳踏車通勤率為百分之十五左右，在一個規模如此巨大的城市，這代表路面會被好幾萬輛腳踏車塞爆。解決方法便是將腳踏車停放在巨大的地下停車塔中，稱為EcoCycle，下方的插圖描繪了從街道各處的小型停車亭進入地底的自行車，是如何停放於地下停車塔中。

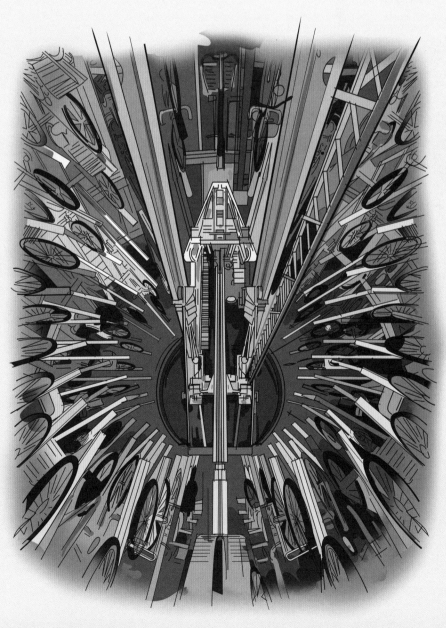

由於日本地形多山，供都市發展的平原空間有限，使得都市的房價居高不下，平面停車場更是成了天方夜譚，因而目前大部分的現代建築，都設有數層地下停車場，但是即便如此，近來仍出現許多自行車，佔據了寶貴的都市空間。於是政府便設立了地下自行車塔，在地底埋設深達十三公尺的圓柱型停車塔，擁有特殊設備，能夠從地面上的入口，直接將自行車停入地底，過程完全自動，車主回來取車時，自行車便從地底升起，過程十分快速。

都市運輸網路

東京是個非常巨大的都會區，而日本又是個對鐵路著迷的國家，因此東京都會區擁有全世界最密集的運輸網路，也可說是理所當然，而其中大多數的路段都位於地底。除了郊區通勤路線外，東京的大眾運輸系統，主要由兩個機構控制：民營的東京地鐵株式會社（Tokyo Metro），擁有九條路線共計一百七十九個車站，路線總長達一百八十公里、以及國營的都營地鐵（Toei Subway），擁有四條路線共計九十九個車站，路線總長為一百零八公里。

東京地下鐵道株式會社的銀座線於1927年啟用，是東京第一條地鐵路線，也可以說是亞洲第一座地鐵，雖然嚴格來說，從1915年起，在東京的主要車站下方，就設有郵政鐵路，但該路線僅供郵件運送，無法運送乘客。

但銀座線最初的成功，卻演變為乘客的惡夢，因為乘客人數實在太多，據說為了搭一趟五分鐘的地鐵，可能需要等上兩小時。1938年，東京的第二條地鐵啟用，由東京高速鐵道株式會社（Tokyo Rapid Transit Company）經營。東京地下鐵道株式會社及東京高速鐵道株式會社於二戰後合併，並更名帝都高速度交通營團（Teito Rapid Transit Authority）。

接下來的數十年間，又新增了許多路線，包括2008年啟用的副都心線，是東京地鐵深度最深的路線，其中東新宿站深達三十五公尺，該線也提供特快車服務，不會停靠某些車站。

奇怪的是，雖然服務距離很長，東京地鐵的廢棄車站卻寥寥可數，像是千代田區的萬世橋站，屬於東京地鐵第一線，於1930年啟用，但在隔年路線繼續往鄰近的河流延伸時，便遭廢棄。

東京的地底城市

東京地鐵近來啟用的新路線，包括第六線日比谷線及第七線大江戶線，興建的速度都比預期還快，使得有些人推測，這些路線可能使用了先前便已存在的隧道。

日本作家秋庭俊（Shun Akiba）認為，現代的東京下方，擁有一座隱藏的地底城市，他起初是無意間在檔案中，發現幾條看起來像是標示錯誤的神祕隧道，位於地鐵下方，接著便開始著手調查。隨著調查逐漸深入，情況也越來越撲朔迷離，他開始注意到從現存的地鐵路線中，延伸出去的神祕隧道，但這些隧道卻不存在於任何地圖或是工程檔案中。

東京大眾運輸路線的總長度，在官方說法中大約是兩百五十公里左右，但秋庭俊認為，東京下方擁有的隧道長度，可能長達兩千公里。他也列出了建立在巨大地底空間之上的建築物，這些空間先前便已存在，卻沒有出現在任何檔案中，例如日本國立國會圖書館（National Diet Library）的地下八層空間，就不是由該機構所建。秋庭俊寫道：「這些都市地底設施，很有可能是為了核子戰爭興建。」然而，針對這些神祕的空間，日本政府從未正面回應。

世界最深的地基

六百三十四公尺高的東京晴空塔，目前是日本最高的建築，但其地位很快就會被超越，因為對現代耐震科技非常有信心的日本建築師，已經開始計畫興建世界最高的摩天大樓，稱為天空里程塔（Sky Mile Tower），預計將建於東京灣外填海而成的小島，高達一千七百公尺，擁有四百層樓，可供五萬五千人居住。可想而知，這座摩天大樓將擁有世界最深的地基，不過要看到這個壯舉成真，可能需要不少耐心，因為目前預計的完工時間為西元2045年。

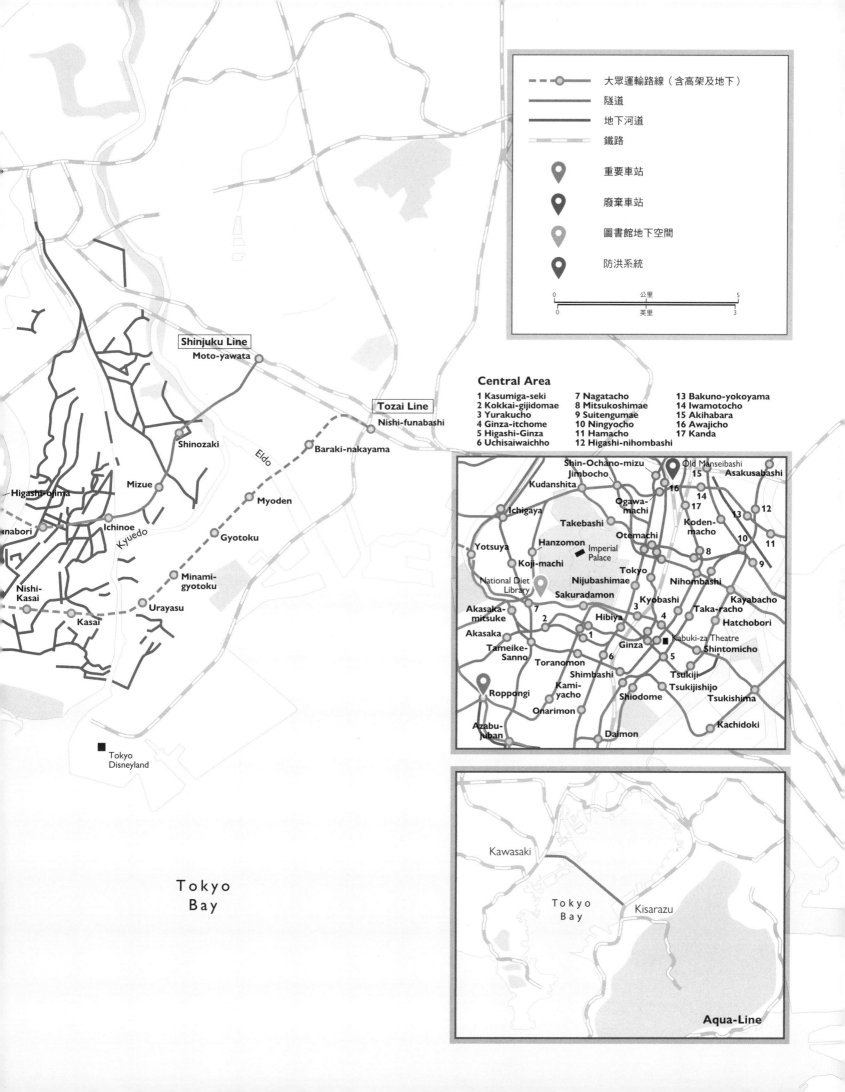

Shinjuku Line

Moto-yawata

Tozai Line

Nishi-funabashi

Shinozaki

Baraki-nakayama

Eldo

Mizue

Myoden

Higashi-ojima

Ichinoe

Gyotoku

Kyuedo

Minami-
gyotoku

Nishi-
Kasai

Urayasu

Kasai

Tokyo
Disneyland

Tokyo
Bay

Central Area

1 Kasumiga-seki   7 Nagatacho   13 Bakuno-yokoyama
2 Kokkai-gijidomae   8 Mitsukoshimae   14 Iwamotocho
3 Yurakucho   9 Suitengumae   15 Akihabara
4 Ginza-itchome   10 Ningyocho   16 Awajicho
5 Higashi-Ginza   11 Hamacho   17 Kanda
6 Uchisaiwaichho   12 Higashi-nihombashi

Shin-Ochano-mizu   Old Manseibashi
Jimbocho   15
                                    Asakusabashi
Kudanshita   16
                                14
Ogawa-   17
Ichigaya   machi   13   12
              Takebashi   Koden-
                      Otemachi   macho
Yotsuya Hanzomon Imperial   10
          Koji-machi Palace   8   11
                              Tokyo   9
National Diet   Nijubashimae   Nihombashi
Library   Sakuradamon
Akasaka-   7   Kyobashi   Taka-racho
mitsuke   2   3   4   Hatchobori
Akasaka   1   Hibiya   Kabuki-za Theatre
Tameike-   Ginza   5   Shintomicho
Sanno   Toranomon 6
              Shimbashi   Tsukiji
          Kami-   Tsukijishijo
Roppongi yacho   Shiodome   Tsukishima
      Onarimon
Azabu-   Kachidoki
juban   Daimon

Kawasaki

Kisarazu

Tokyo
Bay

Aqua-Line

雪梨

此路不通

雪梨座落於澳洲東海岸的天然良港，都會區人口大約有四百四十萬人，如果再加上附近的郊區，人口便超過五百萬，龐大的人口使此地成為澳洲最大的城市，佔澳洲總人口數的百分之二十以上。

三萬多年以前，現今的雪梨已有澳洲原住民定居，有些說法則認為地層中發現的原住民工具，可以再把時間往前推兩萬年。詹姆士·庫克（James Cook）船長與手下的英國殖民者，於1770年抵達植物灣（Botany Bay），他們是第一批登陸澳洲的歐洲人，十八年後，傑克森港（Port Jackson）便建立了罪犯流放地。

早期基礎建設

對剛抵達的殖民者來說，飲用水是個非常重要的問題，因此他們選擇了擁有支流流經的雪梨灣（Sydney Cove）定居，而非登陸時的植物灣。1788年，傑克森港建立，僅僅三年後，便開始計畫興建稱為「水槽溪」（Tank Stream）的供水道，工程也迅速展開。但到了1820年代，水槽溪的汙染實在太過嚴重，因此在橋街（Bridge Street）下方的河段便遭地下化，並於1850年代成為官方的下水道。1827年至1837年間，英國工程師約翰·伯斯比（John Busby）負責興建新的隧道，逐步取代水槽溪的功能，他雇用囚犯挖掘現代澳洲史上第一條隧道「伯斯比隧道」（Busby's Bore），長三點五公里，從現今百年紀念公園（Centennial Park）中的一座湖泊，輸水至雪梨，這條隧道目前屬於古蹟。雪梨於1842年獲得城市地位，需要完善的都市計畫，因而同年便成立了「雪梨水利公司」（Sydney Corporation）。

雖然澳洲第一條鐵路在1835年就已完成，但要一直到1855年，才通車至雪梨市中心邊緣的克里夫蘭平原（Cleveland Fields）。起初車站只擁有一座月台，稱為「雪梨總站」（Sydney Terminal），隨後逐漸擴張，最終擁有十四座月台，並於1906年，往北搬遷數百公尺，落腳現址所在的艾迪大道（Eddy Avenue），目前改稱雪梨中央車站（Central station）。

雪梨港灣大橋

隨著城市越發擴張，興建雪梨港灣大橋（Sydney Harbour Bridge）的計畫也不斷演進，最早可追溯至1816年，目的是為了連結雪梨中央車站以及海灣對岸北端的米爾森角（Milsons Point）。雪梨港灣大橋的興建總共花了九年，部分是因為兩端的地基都必須挖得非常深，直至廣闊的地下洞穴，大橋於1932年啟用。

雪梨港灣大橋完工後，雪梨中央車站已經不再是終點站，而是能夠繼續往其他地方延伸，所以也催生了大型的路線調整與改建，需要一整段全新的軌道，包括從雪梨中央車站往外延伸的主要路線。這些路段最先是從地底的市政廳站（Town Hall）及溫亞德站（Wynyard）出發，接著往上來到地面，橫越新建的港灣大橋，最後接上對岸米爾森角的北方支線。

雪梨市中心環狀線（City Circle）的興建，也影響了港灣大橋的路線。這條距離頗短的路線始於雪梨中央車站，在中央商業區（Central Business District）下方形成環線，包括雪梨中央車站在內，共擁有六座車站，其餘五座為市政廳站、溫亞德站、環形碼頭站

左：這張照片攝於1975年，一名澳大利亞皇家工兵團（Royal Australian Engineers）人員在清潔及整修伯斯比隧道後，正從維多利亞軍營（Victoria Barracks）的豎井離開。

（Circular Quay）、聖詹姆斯教堂站（St. James）及澳洲博物館站（Museum），後兩站位於地底。環狀線花了一段時間才完工，和雪梨地面的通勤路線連接，使得原稱雪梨城市鐵路（CityRail）的雪梨列車公司（Sydney Trains），路線總長度來到超過八百公里，並擁有一百七十八個車站。

環線的設計者為工程師約翰·布萊德菲爾德（John Bradfield），原先是要當成地底捷運網路的中心，但雖有幾條隧道已經完工，這個夢想卻從未實現。目前聖詹姆斯教堂站下方，就有一條蓋到一半的廢棄隧道，隧道已經進水，被戲稱為「聖詹姆斯湖」，裡面原本擁有兩座月台，預計通往雪梨東部郊區，但從未啟用。這條路線本來預計從達令港（Darling Harbour）進入雪梨，並從市政

廳站走隧道通往歐康納街（O'Connell Street）及聖詹姆斯教堂站，市政廳站的月台已經蓋好，目前由東部郊區鐵路（Eastern Suburbs Railway）使用。另一條廢棄隧道則是從溫亞德站橫跨雪梨港灣大橋，在1932年至1958年間由電車使用，過橋之後有一條從未使用的隧道，位於北雪梨，長五百公尺，通往莫斯曼（Mosman）。

抵達郊區

東部郊區鐵路於1970年代興建，先前光是設計就花了三十年，但在1979年完工時，只能提供雪梨中央車站及邦代區站（Bondi Junction）之間的短程接駁服務，只有預計規模的一半，離著名的邦代海灘也有一段距離，這條路線有三座地底車站：馬丁廣場站

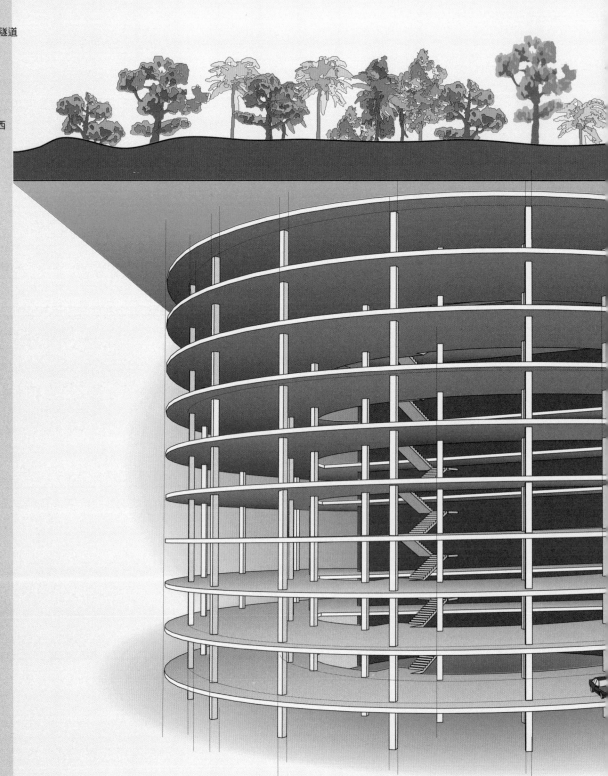

0 ─── 市中心環狀線

聖詹姆斯「湖」

北堡壘控制室（North Fort Plotting Room）

10

20 ─── 跨城隧道
維多利亞軍營水道

雪梨港灣隧道／連恩灣隧道／伯斯比隧道

30 ─── 東部高速公路

北雷德站（North Ryde Station）（西北線，最深的捷運站）／西部高速公路／雪梨歌劇院地下停車場

40 ─── 捷運市中心及西南線隧道

50

60 ─── 西三角旗高地（West Pennant Hills）下方的捷運西北線隧道（艾平至貝拉遠景區）

70

80

90

100

雪梨歌劇院地下停車場及麥考瑞燈塔

雪梨是個規模龐大、歷史悠久的城市，因而也擁有南半球數一數二複雜的地底設施，僅次於巴西的聖保羅與阿根廷的布宜諾斯艾利斯。不過，雪梨始終無法興建規模類似的城市所擁有的捷運系統，只有許多次徒勞嘗試留下的廢棄隧道，另外還有三條先前皮爾蒙特貨運公司（Pyrmont Goods）使用的運貨隧道。在雪梨所有的地下停車場當中，雪梨歌劇院的地下停車場不僅規模最大，也最為驚艷。

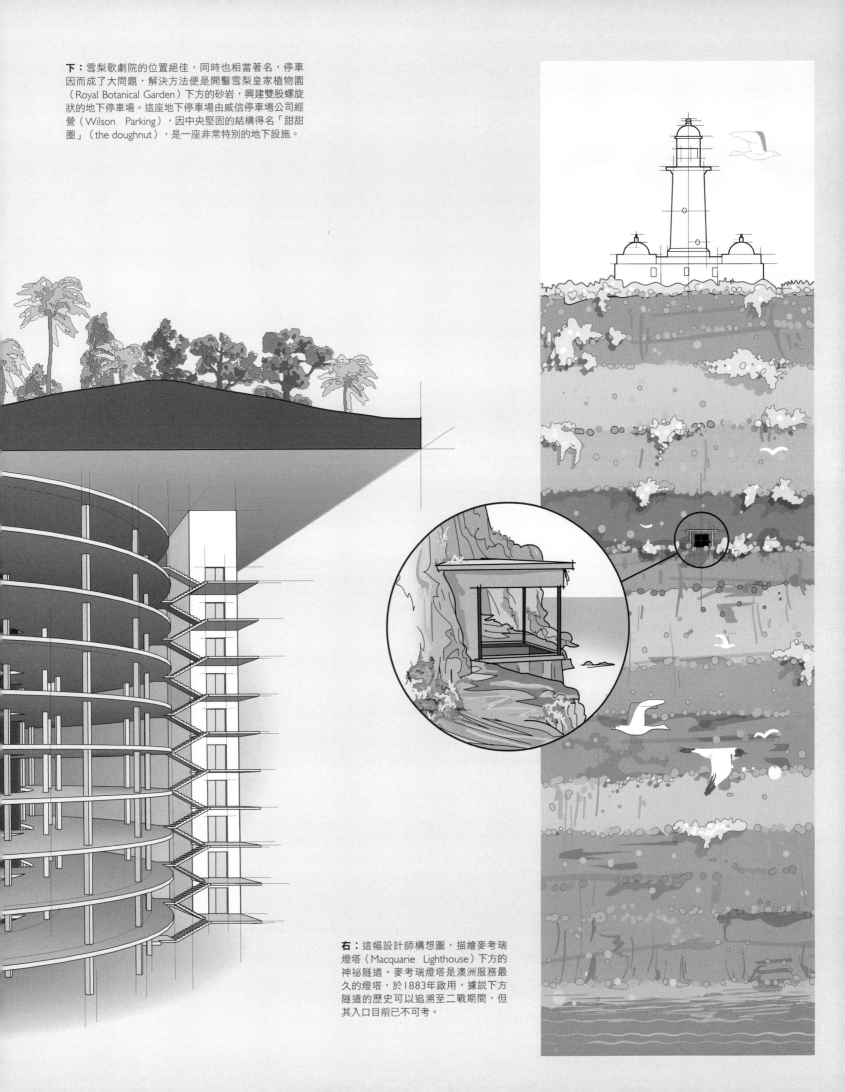

下：雪梨歌劇院的位置絕佳，同時也相當著名，停車因而成了大問題，解決方法便是開鑿雪梨皇家植物園（Royal Botanical Garden）下方的砂岩，興建雙股螺旋狀的地下停車場。這座地下停車場由威信停車場公司經營（Wilson Parking），因中央堅固的結構得名「甜甜圈」（the doughnut），是一座非常特別的地下設施。

右：這幅設計師構想圖，描繪麥考瑞燈塔（Macquarie Lighthouse）下方的神祕隧道。麥考瑞燈塔是澳洲服務最久的燈塔，於1883年啟用，據說下方隧道的歷史可以追溯至二戰期間，但其入口目前已不可考。

（Martin Place）、國王十字站（King's Cross）、及邦代區站。此外，雪梨中央車站也興建了兩座新月台，以及一小段隧道，打算供通往梅斯卡特（Mascot）的南部郊區鐵路（Southern Suburbs Railway）使用，但同樣也胎死腹中。當時興建的月台甚至已經編號，分別為二十六號及二十七號，現在仍靜靜聳立在雪梨最大的車站下方，等待啟用的那天到來。目前這些「幽靈月台」，預計將成為新的雪梨捷運（Sydney Metro）的調度空間。此外，雷德芬站（Redfern）下方也有興建到一半的月台，本來也是要供梅斯卡特線使用。

而1990年代興建的機場線（Airport Link），則是幾乎全線都位於地底，總長十公里，其中有四公里的路段必須鑿穿堅硬的岩層，該線於2000年啟用，始於雪梨中央車站，在機場附近擁有兩站，同時於沃利溪區（Wolli Creek）和伊拉瓦拉線（Illawarra Line）連結。北部郊區也需要新的路線連接艾平（Epping）及切斯伍德（Chatswood），這條路線於2009年啟用，總長十二點五公里，全程位於地底，然而啟用不到十年，便需要暫時關閉，以便和雪梨捷運

西北線（Sydney Metro Northwest）整合。

大眾運輸系統

雪梨的大眾運輸系統已經計畫了數十年，只有一小部分成功實現，例如上述的環狀線，其餘大多數都胎死腹中，直到2011年，新政府終於決定要開始建設雪梨急需的大眾運輸系統。由於雪梨先前已擁有散布各處的地底車站，雪梨捷運的建設也分為不同部分，預計於2024年全線合併。雪梨捷運的第一部分稱為西北線，運用先前就已蓋好的艾平至切斯伍德地下路段，並繼續往兩端延伸，隧道於2016年完工，位於地底五十八公尺處，總計十五公里長，可供雙向行駛，連接艾平與貝拉遠景區（Bella Vista）。此外，貝拉遠景區與勞斯丘（Rouse Hill）之間的路段為高架路線，之後經地面通往位於塔拉旺（Tallawong）的終點站。西北線於2019年啟用，雪梨捷運的其他路線則預計通往帕拉瑪塔（Parramatta）及新建的西雪梨南西伯德華頓國際機場（Western Sydney International (Nancy-Bird Walton) Airport）。雪梨捷運的第二部分，則是一系列新隧道，從

上：澳洲博物館站於1926年啟用，車站標誌的設計和倫敦地鐵相當類似，都是圓圈中央寫上站名。當時計畫興建「市中心環狀線」，以及其他幾條地底路線，其中有些確實已經完工，但卻從未使用。從澳洲博物館站離開，駛往聖詹姆斯教堂站時，便能窺見某些未曾通車的隧道。

下：新建的雪梨捷運西北線中，有一處稱為「城堡山洞穴」（Castle Hill Cavern）的巨大地底空間，供會車使用。這樣的會車空間在現代鐵路及道路興建中，相當普遍，交通工具能夠在此安全變換路線，以防緊急情況發生，另外也有可能是為了其他需求而設計。

切斯伍德往南通往市中心,於2018年動工,稱為「市中心及西南線」(City and Southwest),跨越北雪梨往南走,並經港口及市中心下方,通往席登漢姆(Sydenham),抵達地面的席登漢姆站前,會先經過七個全新的地底車站,接著再繼續駛向河岸鎮(Bankstown)。市中心及西南線共擁有十八個車站,長度達三十公里,深度則介於二十五至四十公尺間。

輕軌系統

雪梨一度擁有南半球最大的電車系統,但在1961年前便遭逐步汰換,然而輕軌近年又捲土重來。雪梨第一條輕軌L1線於1997年啟用,總長十二點八公里,擁有兩座地下車站。另一條新的路線,中央商業區及東南區輕軌(CBD and South East Light Rail),總長則達十二公里,擁有十九個車站,全都在地面上,另外還有一小段隧道位於摩爾公園區(Moore Park)下方。其他數條延伸路線目前也正在研擬中,通往帕拉瑪塔區、灣區重劃區(Bays Precinct)、格林廣場區(Green Square)、及澳紐軍團凱旋遊行路(Anzac Parade)等。

路面交通

替雪梨的車輛興建道路,就和興建大眾運輸系統一樣艱鉅。早在1948年的坎伯蘭郡計畫(Cumberland County Plan),就已提出興建輻射狀高速公路的構想,但到了1970年代初期,仍是沒有太多成果。後來由於雪梨的發展重心轉移至城市南邊及機場附近,原先的計畫便遭1978年的新提案取代,即便該提案某些部分充滿爭議,仍是完成了不少工程。

後續的道路擴張及拓寬計畫,催生了許多隧道,包括1992年啟用,長九百公尺,位於海平面下二十五公尺的雪梨港灣隧道(Sydney Harbour Tunnel);2005年啟用,長二點一公里,東西向的跨城隧道(Cross City Tunnel);2007年啟用,長三點六公里的連恩灣隧道(Lane Cove Tunnel)等。另外還有大型的「東部高速公路隧道」(Eastern Distributor),屬於一百一十公里的雪梨環城公路(Sydney Orbital Network),該隧道長六公里,於1999年啟用,透過舊的南部高速公路(Southern Cross Drive),連接雪梨機場及中央商業區,興建過程總計挖出四萬立方公尺的土石。雖然該隧道大部分位於地底,但仍擁有一點七公里長的「疊羅漢」(piggyback)路段,就位於澳洲人口最稠密的都會地區下方三十二公尺處。

另外,雪梨環城公路還擁有稱為「西部高速公路」(WestConnex)的路段,這是一條長達三十三公里的主要幹道,位於地底,連接M4及M5高速公路。雪梨環城公路規模相當龐大,最後一塊拼圖將於2020年由「北部高速公路」(NorthConnex)補上,這是一條長九公里的隧道,連接M1及M2高速公路。

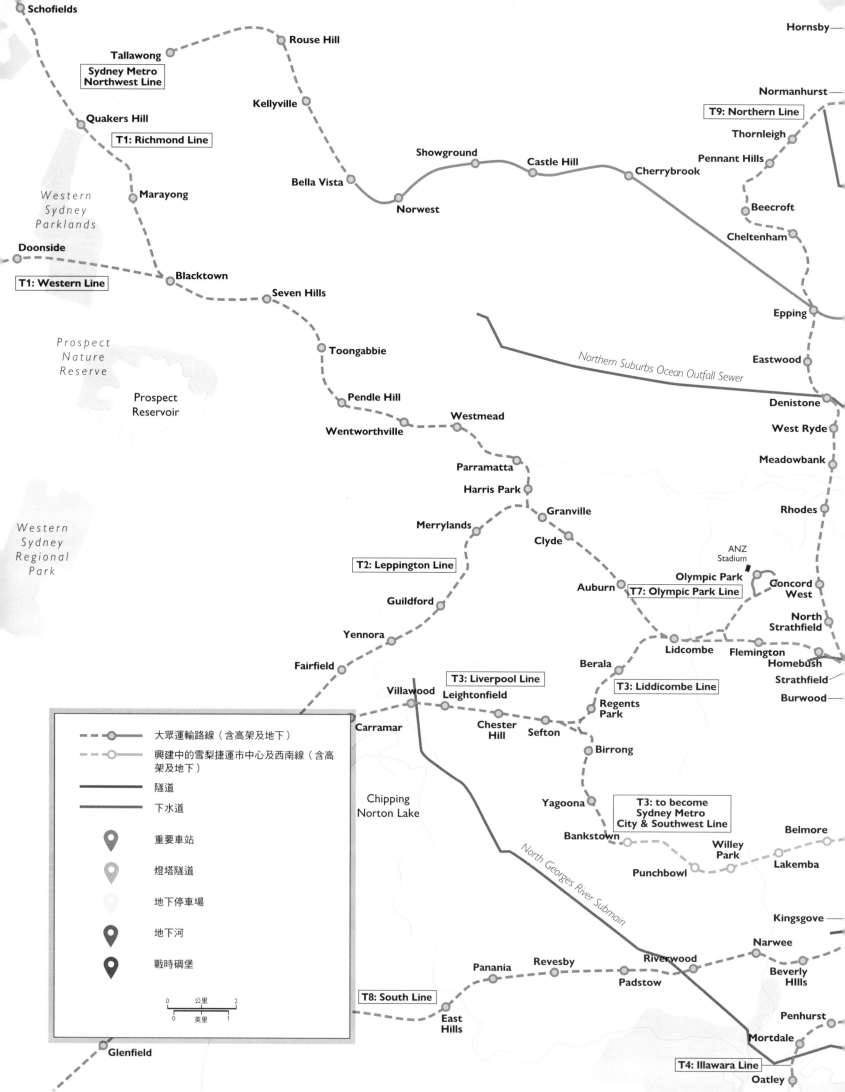

Schofields

Rouse Hill

Tallawong

**Sydney Metro
Northwest Line**

Kellyville

Quakers Hill

T1: Richmond Line

Hornsby

Normanhurst

T9: Northern Line

Thornleigh

Pennant Hills

Showground

Castle Hill

Cherrybrook

Beecroft

Bella Vista

Norwest

Cheltenham

Marayong

*Western
Sydney
Parklands*

Doonside

T1: Western Line

Blacktown

Seven Hills

Epping

*Prospect
Nature
Reserve*

Toongabbie

Northern Suburbs Ocean Outfall Sewer

Eastwood

Prospect
Reservoir

Pendle Hill

Denistone

Westmead

West Ryde

Wentworthville

Meadowbank

Parramatta

Harris Park

Rhodes

Granville

*Western
Sydney
Regional
Park*

Merrylands

Clyde

ANZ
Stadium

Olympic Park

Auburn

T7: Olympic Park Line

Concord
West

T2: Leppington Line

Guildford

North
Strathfield

Yennora

Lidcombe

Flemington

Berala

Homebush

Fairfield

T3: Liverpool Line

Villawood

Leightonfield

Regents
Park

T3: Liddicombe Line

Strathfield

Burwood

Carramar

Chester
Hill

Sefton

*Chipping
Norton Lake*

Birrong

Yagoona

**T3: to become
Sydney Metro
City & Southwest Line**

Belmore

Bankstown

Willey
Park

Lakemba

Punchbowl

North Georges River Submain

Kingsgove

Narwee

Riverwood

Panania

Revesby

Padstow

Beverly
Hills

T8: South Line

East
Hills

Penhurst

Mortdale

T4: Illawara Line

Glenfield

Oatley

Legend:

大眾運輸路線（含高架及地下）

興建中的雪梨捷運市中心及西南線（含高
架及地下）

隧道

下水道

重要車站

燈塔隧道

地下停車場

地下河

戰時碉堡

0 ——— 公里 ——— 2

0 ——— 英里 ——— 1

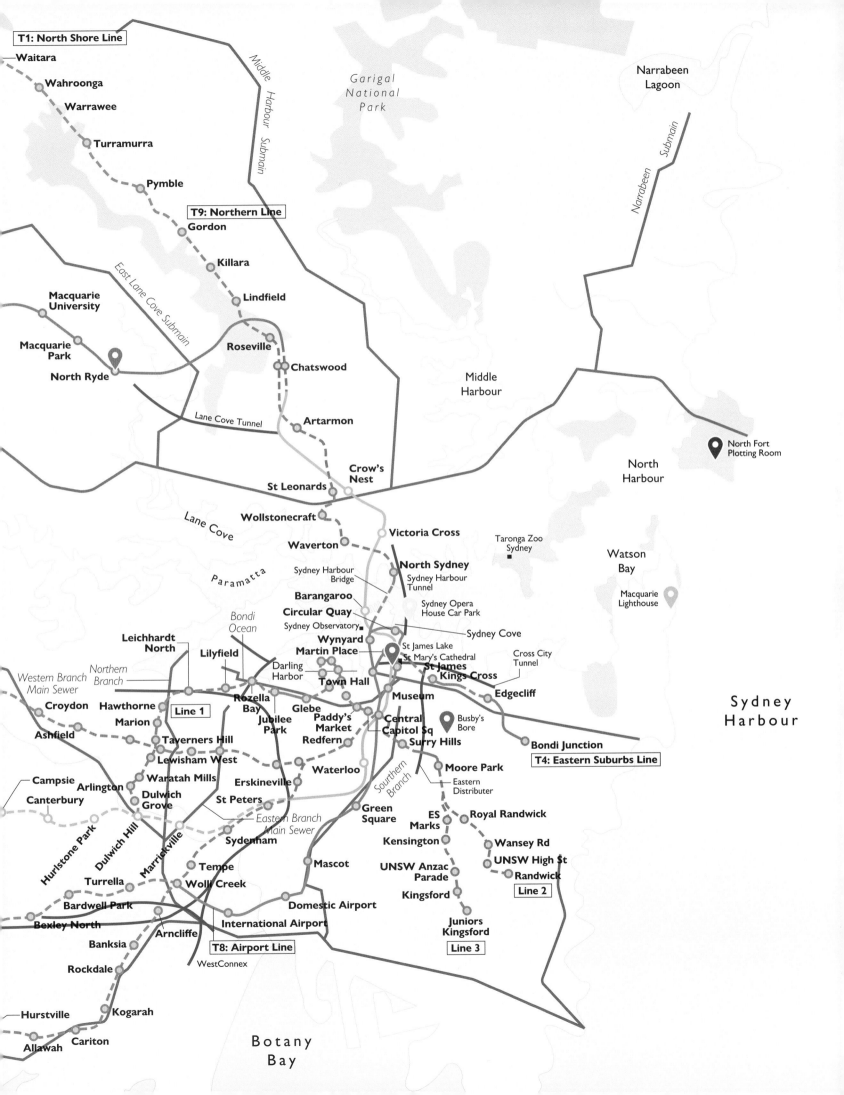

特別提及

本書雖然收錄了許多城市，但不代表世上其他城市的地底沒有奇景。限於篇幅，本書僅能針對少數的城市加以介紹，但還有許多城市的地底下擁有令人驚嘆的景觀。我們在編輯此書時，對於哪些城市該收入，哪些不該收入，確實煞費苦心。不過，在此必須特別提及以下這些城市：

歐本尼，美國（Albany, USA）。這裡的「帝國廣場」（Empire State Plaza）內有個地底警局。

亞特蘭大，美國（Atlanta, USA）。擁有一個地底購物與娛樂綜合商城，1969年開幕。

亞丁提，土耳其（Aydıntepe, Turkey）。三千年前，這裡的居民就在火山岩當中挖鑿出一個地下聚落。

貝克斯菲爾德，美國（Bakersfield, USA）。一系列的隧道將本市與五十六公里外的特哈恰皮市（Tehachapi）連結起來。

貝拉克拉瓦，烏克蘭（Balaklava, Ukraine）。本市的海軍博物館，在冷戰時期是地底潛艇基地。

伯明翰，英國（Birmingham, UK）。伯明翰的地底有一個地下電話電訊中心，一座廢棄的戲院，一條皇家郵政隧道，還有不計其數的防空洞。

波依斯，美國（Boise, USA）。市府建築群和國會購物中心之間，透過地下通道相互連通。

布拉里吉亞，土耳其（Bulla Regia, Turkey）。此地有一座半埋地底的遠古遺跡，許多房舍依舊可見。

克利夫蘭，美國（Cleveland, USA）。高塔市區中心（Tower City Center）是一群透過地底通道相連通的高樓建築群。

庫伯佩地，澳洲（Coober Pedy, South Australia）。這個城市相當有趣，許多房屋、旅館都建造在地底。

寇斯翰，英國（Corsham, UK）。中央政府戰時大本營（Central Government War Headquarters）是一個廣達三十五英畝的地下辦公與居住空間。

水晶城，美國（Crystal City, USA）。這是一個位在維吉尼亞州阿靈頓（Arlington）、幾乎全部都在地底的區域。

達拉斯，美國（Dallas, USA）。市內有一個由救火通道、人行通道組成的完整網絡，範圍廣達三十六個街區，連接了無數商店、旅館及辦公大樓。

戴林庫猷，土耳其（Derinkuyu, Turkey）。這裡一度曾經有多達兩萬人生活在深度達六十公尺的地下居住空間，甚至還有隧道可以通往九公里外的凱馬克里地下城（Kaymakli）。

底特律，美國（Detroit, USA）。二十世紀早期美國實施禁酒令的時期，市內隨處都有隧道，進行私酒交易。

多佛，英國（Dover, UK）。這裡的白堊地形底下，挖滿了互相連結的防禦性質隧道。

杜魯斯，美國（Duluth, USA）。市內有很多地下通道。

愛丁堡，英國（Edinburgh, UK）。市內有許多地下連通道，而且市區內的「南橋」之下有許多拱頂的空間。

法蘭克福，德國（Frankfurt am main, Germany）。這裡的地下購物商城叫做B-Ebene，而且市內還有一條專供船隻使用的隧道。

佛雷斯諾，美國（Fresno, USA）。佛斯提爾地下花園（Forestiere Underground Gardens）共有六十五個地下空間，遊人在此可免受地面的高溫之苦。

日內瓦，瑞士（Geneva, Switzerland）。市內有一處地下購物商場，且週邊很多建築物都有地底通道連結到這個商場。

格拉斯哥，英國（Glasgow, UK）。空襲避難空間就挖在市區內大型道路正中央底下，因為道路兩旁公寓已住滿居民。格拉斯哥港有一處防空避難室，可容納一千多人。

廣州（Guangzhou）。市區的交通樞紐與辦公大樓底下，都有相連的通道。

哈李法克斯，加拿大（Halifax, Canada）。市中心很多建築物之間都是透過地底通行道而連結起來。

哈瑞，美國（Havre, USA）。1904年這裡發生大火，火災之後整個城鎮就改建成地下都市。

廣島，日本（Hiroshima, Japan）。紙屋町地下商店街可以直接連通到大眾交通車站。

霍爾，挪威（Hole, Norway）。此地的名稱寫成英文，就是「洞」的意思。它的地下擁有挪威全國最大的戰爭避難空間，名叫「中央系統」（Sentralanlegget）。

休士頓，美國（Houston, USA）。市中心的「地下通道」系統（The Tunnel）是擁有空調系統的餐廳、步道、商店綜合區域，連結九十五個街區，總長度超過六英里。

印第安納波里斯，美國（Indianapolis, USA）。市中心的市場底下有許多挖鑿出來的空間，通常作為低溫儲藏之用。

肯多凡，伊朗（Kandovan, Iran）。居民在峭壁上挖鑿出居住空間，至今仍在使用。

堪薩斯市，美國（Kansas City, USA）。本市的「地底城」（SubTropolis）號稱全球面積最大的地下倉儲空間。

凱馬克里，土耳其（Kaymakli, Turkey）。這個小城擁有將近一百條隧道與地下避難空間，而且還可透過地底連通到戴林庫歙城（Derinkuyu）。

馬斯垂克，荷蘭（Maastricht, Netherlands）。這裡有一個巨大、錯綜複雜的底下洞穴群，以兩萬多條走道相互連通，裡面還有一座古老的砲台。近年來此地不斷興建更多的隧道，使得洞穴群具備完整的民防避難功能。

諾爾，法國（Naours, France）。二次世界大戰期間，德國佔領軍將古老採石場內的隧道空間當成指揮部使用。

那波里，義大利（Naples, Italy）。地底有許多平時看不見的墓穴、地下空間與相連的通道。

諾丁罕，英國（Nottingham, UK）。諾丁罕市內的地底，有許多於中古時期開鑿出來的洞穴。

奧克拉荷馬，美國（Oklahoma, USA）。早在1930年代，此地就已經興建地下人行通道，湧來連結市內的各大建築物。

大阪，日本（Osaka, Japan）。市內有幾處地下商城，其中一個商場擁有一千多家商店。

渥太華，加拿大（Ottawa, Canada）。市區內連接各商店、辦公大樓的地下通行道，總共長度超過五公里。

歐宜，伊朗（Ouyi, Iran）。這裡的地底城名為「飲水城」（Noushabad）因為此地的水源清新可飲。

佩特拉，約旦（Petra, Jordan）。早在西元前七千年，遠古居民就在岩層之間開鑿出生活空間，至今此地仍是知名的地下城市。

費城，美國（Philadelphia, USA）。市區內大街的底下，有綿延數英里的通道，把公共交通車站與市內重要的商辦大樓連接起來。

波特蘭，美國（Portland, USA）。市區內中國城附近的古老「上海隧道」（Shanghai Tunnels）起初興建的目的，是要讓河邊的貨物通過這些地底隧道而運送到市區內的建物裡。

瑞里，美國（Raleigh, USA）。此地的「地下村居購物中心」（Village Subway）原本兼具商業及娛樂的功能，現在已成了廢墟。

鹽湖城，美國（Salt Lake City, USA）。市區內的教會建築底下，大多都有地道相互連通。

舊金山，美國（San Francisco, USA）。市區內有許多已經廢棄的貨運及軌道車輛隧道。

西雅圖，美國（Seattle, USA）。這裡有許多地下空間，原本都位於平面層，後來市區內的地基架高之後就變成地下了。深圳。此地的連城新天地有許多位在地下的商店街，也可直大眾交通車站。

新加坡（Singapore）。這個島國擁有為數極多的地下購物中心，還有地下通行道連結到捷運站。最大的地下購物中心叫做「都會連結」（CityLink），面積達到五千五百七十五平方公尺。新加坡還計畫興建一處地底科技園區，取名叫「科學城」（Science City）。

首爾，韓國（Seoul, Korea）。在捷運的會賢站（南大門市場）以及明洞有兩處重要的地下商店街，而且韓國人打算興建更多地下商場。

史塔克港，英國（Stockport, UK）。本市在地底的沙岩地質中，開挖了四組地下空襲避難空間，總共可容納六千人。

台北（Taipei）。台北市區擁有不少地下街道與商店區，例如市民大道底下的台北地下街。

天神，日本（Tenjin, Japan）。福岡天神區的地下街非常名。

托雷多，西班牙（Toledo, Spain）。古代居民就把這裡的地下洞窟當成浴場、墳塋與宗教敬拜的場地。

華府，美國（Washington, D.C., USA）。國會山莊建築群（Capitol Complex）地下樓層之間有繁複的連通道系統，甚至還有一個小型的地下捷運系統，專供公務人員往返各建築物之用。

溫尼伯，加拿大（Winnipeg, Canada）。這裡的連通道系統（Walkway）很像蒙特婁與多倫多的地下購物中心。

蘇黎世，瑞士（Zurich, Switzerland）。名聞遐邇的地下購物中心「鐵路城」（RailCity）就在這裡。

其他資料

書目

Ackroyd, Peter, *London Under, The Secret History Beneath The Streets*, Chatto & Windus, London, 2011

Alfredsson, Björn, et al, *Stockholm Under – 50 år-100 stationer*, Brombergs, Stockholm, 2000

Andreu, Marc, et al, *La ciutat transportada; Dos segles de transport collection al servei de Barcelona.* TMB, Barcelona, 1997

Bautista, Juan, et al, *Color Subterráneo*, Metrovias, Buenos Aires, 2007

Clairoux, Benoît, *Le Metro de Montreal*, Hurtubise HMH, Montreal, 2001

Collectiv, *Montréal en métro*, ULYSSE/STM, Montreal, 2007

Cudahy, B.J., *Under the sidewalks of New York; the story of the greatest subway system in the world*, Fordham University Press, New York, 1995

Dost, S. *Richard Brademann (1884–1965) Architekt der Berliner S-Bahn, Verlag Bernd Neddermeyer*, Berlin 2002.

Emmerson, Andrew and Beard, Tony, *London's Secret Tubes*, Capital Transport, Harrow Weald, 2004

Greenberg, Stanley, *Invisible New York: The Hidden Infrastructure of the City*, Johns Hopkins University Press, Baltimore, 1998

Hackelsberger, Christoph, *U-Bahn Architektur in München*, Prestel-Verlag, New York, 1997

Homberger, Eric, *The Historical Atlas of New York City: A Visual Celebration of 400 Years of New York City's History*, Henry Holt & Company, New York, 2005

Jackson, A. and Croome, D,. *Rails Through The Clay*, George Allen & Unwin, London, 1962

Lamming, Clive, *The Story of the Paris Metro*, Glenat, Paris, 2017

Macaulay, David, *Underground*, HMH Books for Young Readers, 1983

Marshall, Alex, *Beneath The Metropolis – The Secret Lives of Cities*, Carroll & Graff, New York, 2006

Moffat, Bruce G, *The "L" – The Development of Chicago's Rapid Transit System, 1888–1932*, Central Electric Railfans Assn, Chicago, 1995

New York Transit Museum, *The City Beneath Us: Building the New York Subway*, W. W. Norton & Company, 2004

Ovenden, Mark, *Paris Underground – The Maps, Stations And Design Of The Metro*, Penguin, New York, 2009

——, *London Underground by Design*, Penguin, London, 2013

——, *Transit Maps of the World*, Penguin Random House, London, 2015

——, *Metrolink – The First 25 years*, Rails Publishing/TfGM, 2017

Pepinster, Julian, *Le Metro de Paris – Plus d'un un Siecle d'Histoire*, La Vie du Rail, Paris, 2016

Price, Jane, *Underworld – Exploring The Secret World Beneath Your Feet*, Kids Can Press, Toronto, 2013

Schwandl, Robert, *Berlin U-Bahn Album*, Robert Schwandl Verlag, Berlin, 2002

——, *Metros in Spain*, Capital Transport, Harrow Weald, 2001

——, *München U-Bahn Album*, Robert Schwandl Verlag, Berlin, 2008

Strangest Books, *Strangest Underground Places in Britain*, Strangest Books, 2006

Talling, Paul, *London's Lost Rivers*, Random House Books, London, 2011

Warrender, Keith, *Below Manchester*, Willow Publishing, Altrincham, 2009

網站目錄

Please note: all the transit systems, most of the shopping malls and places that can be visited mentioned in this book have official operators websites which can easily be found with a simple online search. The list provided here is mainly of unofficial sites run by enthusiasts.

Canada
Montreal Metro fan: **emdx.org/rail/metro/index.php**
Montreal underground: **montrealundergroundcity.com**
Toronto PATH: **toronto.ca/explore-enjoy/visitor-services/path-torontos-downtown-pedestrian-walkway/**
Toronto Subway fan: **transit.toronto.on.ca**

China
Rail & Metro fans: **en.trackingchina.com**

Finland
Helsinki underground masterplan: **hel.fi/helsinki/en/housing/planning/current**

France
French subterranean spaces: **souterrains.vestiges.free.fr**
Paris catacombes explorer: **annales.org/archives/x/gillesthomas.html**
Paris Metro curiosities: **paris-unplugged.fr/category/metro-2/**
Paris Metro fan site: **siteperso.metro.pagesperso-orange.fr**

Paris Metro preservation society: ademas.assoc.free.fr

Germany
Berlin underground fan: berliner-unterwelten.de/en.html
Munich U-Bahn fan: u-bahn-muenchen.de
U-Bahn Archive: u-bahn-archiv.de/
U-Bahn fan: berliner-u-bahn.info

Hungary
Metro fan site: metros.hu

India
Transit fan: themetrorailguy.com
Urban transit news: urbantransportnews.com

Italy
Milan Metro fan: sottomilano.it
Rail fans: cityrailways.com
Rome underground fan: sotterraneidiroma.it/en

Mexico
Metro fan: mexicometro.org

Russia
Metros across Russia fan site: meta.metro.ru
Moscow Metro fan site: metro.ru
Other Russian Metros fan site: mirmetro.net

South America
Buenos Aires Subte fan: enelsubte.com
Latin America Subways: alamys.org/es/

Spain
Metro fans: anden1.es
Train fans: trenscat.com

UK
Abandoned stations: disused-stations.org.uk
Closed Mail Rail: postalmuseum.org/discover/attractions/mail-rail/
Hidden London tour: ltmuseum.co.uk/whats-on/hidden-london
Hidden Manchester tour: hidden-manchester.org.uk/tunnels.html

Liverpool tunnels: williamsontunnels.co.uk/view.php?page=about
Subterranea Britannica: subbrit.org.uk
Underground fan: londonreconnections.com
Underground forum: districtdavesforum.co.uk

USA
Chicago El: chicago-l.org
Chicago Pedway: chicagodetours.com/images/chicago-pedway-
    map-detours.pdf
LA Transit Coalition: thetransitcoalition.us/RedLine.htm
NYC Subway: nycsubway.org
NYC Transit: rapidtransit.net
Transit advocates news: thetransportpolitic.com

Worldwide
All urban rail systems: urbanrail.net
Forbidden places: forbidden-places.net
Metro data: mic-ro.com/metro/
Strange places: atlasobscura.com
Subways forum: skyscrapercity.com/forums/subways-and-urban-
    transport.130/
Transit maps: transitmaps.tumblr.com
Underground explorers: undergroundexplorers.com

Wikipedia
en.wikipedia.org/wiki/List_of_metro_systems
en.wikipedia.org/wiki/Underground_city
en.wikipedia.org/wiki/Urban_exploration

A

AEG experimental rail tunnel, Berlin 136, 152–153
AHR consultancy practice 99
Albert Cuyp Car Park, Amsterdam 128–129
Alfonso XII of Spain 82
American revolutionary War 64
Amsterdam, Netherlands 126–131
    Albert Cuyp Car Park 128–129
    bomb shelters 51
    cellars 51
    IJ tunnel 126
    map of sub-surface systems 130–131
    rapid transit 126–127
    waterways 126
    Weesperplein Station 127, 128
Apsītis, Vaidelotis 186
Aqua Virgo, Rome 147
Aqua-Line Tunnel, Tokyo Bay 200, 204
archaeology
    Amsterdam 126
    Barcelona 104, 105
    Beijing 196, 199
    Buenos Aires 72
    Gibraltar 80
    London 94–95
    Madrid 82
    Mexico City 21, 22
    Milan 134
    Moscow 182
    Mumbai 194–195
    Paris 112
    Rome 142–147
    Rotterdam 125
    Sweden 168–169
    Sydney 208
    Tokyo 201
Arquitectoma 21
Augustus 142
Autopista de Circunvalacíon M-30, Madrid 85
Ayotte et Bergeron 51
Aztecs 18, 21, 22

B

Balázs, Mór 164
Barbosa, Alfons Soldevila 107
Barcelona, Spain 104–111
    bomb shelters 108
    Llefia Station 106–107, 108
    map of sub-surface systems 110–111
    Metro 105–108
    Diamond Square Air-raid Shelter 106–107
    Roman roots 104
    urban planning 104–105
    water collection tanks 108
Bazalgette, Joseph 98, 99

Beach, Andrew Ely 55, 57
Beijing, China 196–199
    ancient treasures 199
    Dìxià Chéng 197
    sanitation and water needs 199
    subway plans 198–199
Belgrand, Eugène 113
Berlier, Jean-Baptiste 114
Berlin, Germany 100, 152–159
    Berlin Wall 156
    combined and separate sewer systems 154–155
    Hitler's legacy 153–156
    Lindentunnel 152
    map of sub-surface systems 158–159
    reunification 156–157
    railway tunnels 152–153
    water management 152
Besteiro, Julián 83
Biancoshock 136, 137
Bibliothèque National de France,
    Paris 119
Bienvenue, Fulgence 115
bike vaults, Tokyo 202–203, 204
Bonaparte, Napoleon 112, 113, 183
Bonaparte. Joseph 82
Boring Company 13, 14–15
Borioli, Baldassare 135
Boston, USA 31, 54, 64–71
    Big Dig 68
    early rail and road networks 64–68
    map of sub-surface systems 70–71
    old streams 64
    original brick sewer network 64
    Steinert Hall 64, 66
    Ted Williams Tunnel 66–67, 68
Bradfield, John 209
Brame, Édouard 114
Brand, Bill Masstransiscope 60
breweries 61, 127, 151, 165
British East India Company 194
Broggi, Carlo 136
Brunel, Marc Isambard 101
Bucharest, Romania 137
Budapest, Hungary 100, 160–167
    Hospital in the Rock 163
    Kálvin tér Station 162–163
    karst landscape 160–164
    Kőbánya Mine 165
    map of sub-surface systems 166–167
    Metró development 164–165
    Rákosi-bunker 165
Buenos Aires, Argentina 72–77
    El Zanjon de Granados 72, 74–75
    Manzana de las Luces tunnels 72
    map of sub-surface systems 76–77

    Paseo del Bajo Road Corridor Project 74–75
    Subte 72–73
Bunker 42, Moscow 186–187, 189
Bunker Arquitectura 23
Bunker Hill, Los Angeles 11, 12–13
Burnham, Andy 91
Bury, Thomas Talbot 87
Busby, John 208
Busby's Bore, Sydney 208, 209
buses 12, 133
Los Angeles 10–11

C

Calumet TARP Pumping Station, Chicago 33
canals 90
    Amsterdam 126
    Canal de Marseille au Rhône 132
    Rotterdam 122–125
Candiani, Leopolodo 135
Cané, Miguel 73
Carey, Hugh L. 55
cars 12
    Albert Cuyp Car Park, Amsterdam 128–129
    underground car parks, Tokyo 201–204
    Vatican City Car Park, Rome 147
Casa Loma, Toronto 43
Castiglioni, Carlo 135
catacombs 61, 112, 147
Cathedral Steps, Manchester 92, 93
Cerdà, Ildefons 104–105
Champlain, Samuel de 46
Châtelet-les-Halles, Paris 116–117
Chesbrough, Ellis S. 26
Chester, UK 86
Chicago, USA 26–35, 38, 58
    cable cars 27–30
    Calumet TARP Pumping Station, Chicago 33
    Clark/Lake Station 28–29
    elevating the city 26
    freight train tunnels 28–29, 31–32
    Great Chicago Fire 1871 27
    map of sub-surface systems 34–35
    Pedway 13, 32–33
    rail innovations 30–32
    tunneling beneath the river 26–27
Christ 142
Churchill War Rooms, London 100, 101
Cincinnati, USA 36
    Hopple Street Tunnel 37
    thwarted subway plans 36–37
Clark/Lake Station, Chicago 28–29
Cloaca Maxima, Rome 142
Close, Chuck 56
Cold War 12, 81, 92, 125, 127, 156, 160, 164, 165,
    176, 182, 186, 197

Colosseum, Rome 142, 144–145, 146
Connell, William 93
Cook, James 208
Cook, Michael 42
Cortés, Hernán 18
Crillon, Duc de 81
Crossrail, London 100
Crown Finish Caves, New York City 61
crypts 61, 134

D
Diamond, Robert 55
Diamond Square Air-raid Shelter 106–107
disease 26, 80, 95–98, 112
Dixià Chéng, Beijing 197
Domus Aurea, Rome 145, 146
Donskoy, Dmitri 182
Dutch East India Company 122, 126
Dutch West India Company 54

E
earthquakes 22–23, 200, 205
earthscrapers 22–23
Eckstein, Jorge 72
Edison 134, 136
Eiffel Tower 112, 115
Eiffel, Gustave 115
Engel, Ludwig 176
Erasmusbrug, Rotterdam 123–125
Expo 67, Montreal 47, 50
Exposition Universelle 1889, Paris 115

F
First World War 55, 113, 136, 183
Flachat, Eugène 114
flooding 18, 32
    Barcelona 108
    Great Flood 1913, Ohio 36
    Munich 151
    Paris 113
    Rotterdam 122
    Tokyo 200–201
food storage 165
Forum des Halles, Paris 116–117
Foshan Xinjing Industrial Company 198
Franco, Francisco 82

G
Gaudi, Antoni 105
Gehry, Frank 10
Gellért Hill, Budapest 160, 164
ghost stations 60, 73, 105–108, 115,
    139–140, 153, 156–157, 173, 204–205
Gibraltar 80
    clean water 80–81
    Great Siege Tunnels 80, 81
    strategic base 81
Glasgow, UK 100
gold reserves 40, 43, 60
Granche, Pierre Système 50
Grand Paris Express 118–119
Grease 10
Great Depression 36, 50, 60
Grimshaw Architects 39
Guardian Underground Telephone Exchange
    (GUTE), Manchester 92–93
Guinness World Records 55
Guzmán, Juan Alonso de 80

H
Haakon V of Norway 138
Hallek, Enno 172

Hancox, Joy 93
Hanseatic League 169
Harald Hardrada 136
Haussmann, Georges 113
Heins & Lafarge 57
Helsinki, Finland 176–181
    Cold War anxiety 176
    early history 176
    Helsinki Underground Master Plan 177
    Itäkeskus Swimming Hall 178–179
    Kamppi Station 178–179
    map of sub-surface systems 180–181
    metro system 176–177
Henriksdal Wastewater Treatment Plant,
    Stockholm 169–171
Hitler, Adolf 153–156
Hobrecht, James 152
Holden, Charles 97
Hollywood, USA 10
Hollywood/Highland Station, Los Angeles 13
Hollywood Vine Station, Los Angeles 14–15
Hospital in the Rock, Budapest 160–164
Hunt, Henry Thomas 36
Huntingdon, Henry 11–12
Hurricane Sandy (2012) 55

I
ice storage 61, 95
Ingalls Building, Cincinnati 36
Iron Curtain 156, 176
Itäkeskus Swimming Hall, Helsinki 178–179
Ivan the Terrible of Russia 182

J
John 86
John Mowelm 97
Julius Caesar 142

K
Kálvin tér Station, Budapest 162–163
Kamppi Station, Helsinki 178–179
Klein, Sheila 13
KMD Arquitectos 21
Kremlin, Moscow 182–183

L
Labelle, Marchand et Geoffroy 50
Leonardo da Vinci 134
LFO Arkitektur og Design 139
Liniers, Santiago de 72
Liverpool, UK 31, 54, 55, 86–89
    developing railway network 87–88
    Williamson's Tunnels 88–89
    world's first major underground rail
        infrastructure 86–87
Llefia Station, Barcelona 106–107, 108
London, UK 38, 58, 94–103, 113–114
    London Silver Vaults 101
    London Underground 98–100
    map of sub-surface systems 102–103
    Piccadilly Circus Station 96–97
    Roman roots 94–95
    super-sewer 95–98
    unique feats of engineering 100–101
Longueil, Canada 50
Los Angeles, USA 10–17
    automobile traffic 12
    Boring Company test tunnel 14–15
    Bunker Hill 11, 12–13
    Hollywood/Highland Station 13
    Hollywood/Vine Station 14–15
    Hyperloop 13

Los Angeles Aqueduct 10, 11
    map of sub-surface systems 16–17
    Metro 12
    Regional Connector 13
    streetcars 10–11
    subways 11–12
    water management 10
Louvre, Paris 112, 119
Ludwig I of Germany 150
Luján, Gilbert (Magu) 15

M
Maastunnel, Rotterdam 122, 123
Madrid, Spain 82–85
    city transport 83–85
    hill tunnels 82
    Royal Palace tunnels 82
    Spanish Civil War 82–83
Maeslantkering, Rotterdam 124, 125
Manchester, UK 54, 58, 90–93
    canals 90
    hidden gems 92–93
    Manchester & Salford Junction Canal
        90, 91
    scuppered metro plans 90–91
Manzana de las Luces, Buenos Aires 72, 76
Mao Zedong 197
maps of sub-surface systems
    Amsterdam 130–131
    Barcelona 110–111
    Berlin 158–159
    Boston 64–65, 70–71
    Budapest 166–167
    Buenos Aires 76–77
    Chicago 34–35
    Helsinki 180–181
    London 102–103
    Los Angeles 16–17
    Mexico City 24–25
    Montreal 52–53
    Moscow 190–191
    New York City 62–63
    Paris 120–121
    Rome 148–149
    Stockholm 174–175
    Sydney 214–215
    Tokyo 206–207
    Toronto 44–45
Marseille, France 132–133
    Canal de Marseille au Rhône 132
    road tunnels 133
    towards a metro system 132–133
Mass Transit Railway, Hong Kong 198
McQuarrie Lighthouse, Sydney 211
Meiji of Japan 200
Merola, Mario 51
Mexico City, Mexico 18–25
    early transportation 18–19
    Garden Santa Fe 20–21, 22
    mammoth bones at Talisman Station
        20–21, 22
    map of sub-surface systems 24–25
    Metro 19–22
    sewage solutions 18
    structural wonders 22–23
Miami and Erie Canal, USA 36
Milan, Italy 134–137
    Biancoshock 136, 137
    historic remains 134
    Metropolitana 135–137
    Piazza Oberdan 136, 137
    trams 134–135

Minorini, Franco 136
Minuit, Peter 54
Mira, Carlo 135
Miró, Joan 108
Molnár János caves, Budapest 160
Montreal, Canada 40, 46–53
    early city development 46
    map of sub-surface systems 52–53
    Metro 50–51
    RÉSO 48–49
    subterranean waterworks 46–47
    Underground City 47–50
Monza, Italy 134, 136
Moscow, Russia 182–191
    bunkers 42 186–187, 189
    Kremlin 182–183
    map of sub-surface systems 190–191
    Metro 183–189, 198
    Rzhevskaya Station 186–187
Moses, Robert 56
Mumbai, India 194–195
    ancient tunnels 194–195
    reclamation 194
    transportation 195
Munich, Germany 150–151
    U-Bahn 150–151
    water management 151
Municipal Ossuary, Paris 116–117
mushroom growing 165
Musk, Elon 13
Mussolini, Benito 147

N
Napoleon III of France 113
Nationaltheatret Station, Oslo 139, 140
Neanderthals 80
necropolises 146–147
Nero 143, 145, 146
New York City, USA 31, 54–63, 64, 100
    6½ Avenue 60
    cheese storage 61
    city history 54
    early railroad tunnels 55–56
    ghost stations 60
    ice storage 61
    map of sub-surface systems 62–63
    mass public transport 56–57
    McCarren Park pool complex 60
    New York Steam Company 54–55
    Second Avenue Line 57–60
    St Patricks Old Cathedral, Soho 61
    Times Square–42nd Street Station
        58–59
    Wall Street cylindrical vault 60
    West Side Cow Pass 61
New York Steam Company 54–55
Nieuwe Maas River, Rotterdam 122–125
nuclear shelters 12, 37, 47, 125, 127, 156,
    160, 164, 165

O
Olympic Games 10, 47, 151, 176, 198
Oslo, Norway 138–141
    Opera Tunnel system 140–141
    rail network 138–140
ossuaries 116–117, 147
Osterrath, Pierre 51

P
Pacific Electric Railway, Los Angeles 11–12
Palacios, Antonio 84

Palais Garnier underground lake,
    Paris 119
Pallarp, Åke 172
Pape, Chris 'Freedom' 56
Paris, France 38, 46, 58, 100, 112–121, 147
    Bibliothèque Nationale de France 119
    floods and clean water 113
    Forum des Halles 116–117
    Louvre 112, 119
    map of sub-surface systems 120–121
    Métro 31, 50, 113–115
    Municipal Ossuary 116–117
    quarries 112
    Second World War 115, 119
    serving the suburbs 118–119
    underground lake 119
Parsons, William Barclay 57
Paseo del Bajo Road Corridor Project,
    Buenos Aires 74–75
PATH, Toronto 40–41, 42–43
Paul Raff Studio 39
Pearson, Charles 99
Pedway (Downtown Pedestrian Walkway System),
    Chicago 13, 32–33
Pellatt, Sir Henry 43
Peter the Great of Russia 182
Philadelphia, USA 31, 54, 58
Piccadilly Circus Station, London 96–97
pneumatic mail systems 38, 55–56, 191
Ponte, Vincent 47
Privately Owned Public Spaces (POPS),
    New York City 60–61
psychiatric hospitals 43

Q
Queensway Tunnel, Liverpool 88, 89
Quintana, Bernardo 19

R
railways
    Beijing 199
    Berlin 152–153
    Chicago's Elevated (L) 30–32
    Liverpool 86–88
    London 98–99, 101
    Madrid 82, 85
    Mexico City 18–19
    Mumbai 195
    Munich 150
    New York City 55–56
    Oslo 140
    Paris 113–115, 118–119, 165
    Rome 147
    Sydney 208–212, 213
    Tokyo 204
Raj Bhavan bunker, Mumbai 195
Rákosi, Mátyás 165
Rat Tribe, Beijing 197
Reagan, Ronald 13
Reinfelds, A. 186
Réseau Électrique Métropolitain (REM),
    Montreal 50–51
Réseau Express Régional (RER), Paris 118–119, 165
RÉSO, Montreal 47–50
roads
    Central Artery/Tunnel Project (CA/T), Boston 68
    Gibraltar 81
    Madrid 85
    Marseille 133
    Oslo 140–141
    Paseo del Bajo Road Corridor Project, Buenos
        Aires 74–75

Rotterdam 123–125
Stockholm 173
Sydney 213
Ted Williams Tunnel, Boston
    66–67, 68
Tokyo 200
Rome, Italy 142–149
    ancient history 142
    car parks 147
    cities of the dead 146–147
    Cloaca Maxima 142
    Colosseum 142, 144–145, 146
    Domus Aurea 145, 146
    Great Fire (64 CE) 143
    map of sub-surface systems 148–149
    Metropolitana 147
    underground ruins 143
Roosevelt, F. D. 60
Rotes Rathaus, Berlin 157
Rotterdam, Netherlands 122–125
    Nieuwe Maas River 122–125
    storm protection 125
    subterranean remains 125
    Time Stairs 125
Rzhevskaya Station, Moscow 186–187

S
Saarinen, Eliel 176
Saint Basil's Cathedral, Moscow 182–183
Second Avenue Line, New York City 57–60
Second World War 12, 46, 60, 81, 90, 92, 100,
    101, 115, 119, 122, 123, 134, 135, 147, 150,
    153–156, 173, 182
Seven Years' War 38
sewers
    Beijing 199
    Berlin 152, 154–155
    Boston 64
    Buenos Aires 72
    Chicago 26
    London 95–98
    Mexico City 18
    Montreal 46–47
    Paris 113
    Rome 142
    Stockholm 169–171
    Tokyo 201
    Toronto 42
shopping malls
    Garden Santa Fe, Mexico City 20–22
    Toronto 40–41, 42–43
Skeppsholmen Caverns, Stockholm 173
Sky Mile Tower, Tokyo 205
slave trade 64, 86
Spanish Civil War 81, 82, 108
Speer, Albert 156
St Petersburg, Russia 176, 182
St. Peter 146
St. Stephen 160
Stalin, Josef 183, 188
Statue of Liberty, New York City 54
Stefini, Evaristo 136
Steinert Hall, Boston 64, 66
Stephenson, George 86, 87
Stockholm, Sweden 168–175
    city transportation 169–173
    Henriksdal Wastewater Treatment Plant
        170–171
    map of sub-surface systems 174–175
    mountain room (Bergrummet) 173
streetcars
    Chicago 27–30

Cincinnati 36
Los Angeles 11–12
Mexico City 18–19
Toronto 38
Suárez, Esteban 23
subways
Amsterdam 126–129
Barcelona Metro 105–108
Beijing Subway 198–199
Berlin U-Bahn 153, 156–157
Boston 64–68
Budapest Metró 164–165
Buenos Aires Subte 72–73
Chicago 32
Cincinnati 36–37
Helsinki Metro 176–179
London Underground 98–100
Los Angeles Metro 12
Madrid Metro 82, 83–85
Manchester 90–91
Marseille 132–133
Metropolitana di Milano 135–137
Metropolitana di Roma 147
Mexico City Metro 19–22
Montreal Métro 50–51
Moscow Metro 183–189, 198
Mumbai Metro 195
Munich U-Bahn 150–151
New York City Subway 56–60
Oslo Tunnelbanen 139–140
Paris Métro 31, 50, 113–115
Réseau Électrique Métropolitain (REM),
Montreal 50–51
Rotterdamse Metro 122–123
Stockholm Tunnelbana 169, 172–173
Sydney Metro 212–213
Tokyo Metro 204–205
Toronto Subway 38–42
Svensson, David 173
Sydney, Australia 208–215
early infrastructure 208
light-rail system 213
Macquarie Lighthouse 211
map of sub-surface systems 214–215
rapid transit 212–213
reaching the suburbs 209–212
road traffic 213
Sydney Harbour Bridge 208–209
Sydney Opera House Car Park
210–211

T
Tallin, Estonia 176
Tarquinius Superbus 142
Ted Williams Tunnel, Boston 66–67, 68
Thames Tideway Tunnel, London 98
Thames Tunnel, London 100–101
Thury, Louis-Étienne Héricart de 117
Tijdtrap, Rotterdam 125
Times Square–42nd Street Station,
New York City 58–59
Tokyo, Japan 23, 200–207
bike vaults 202–203, 204
earthquakes and flooding 200–203
hidden city 205
map of sub-surface systems 206–207
Tokyo Skytree 205
urban rail network 204–205
world's deepest foundations 205
Toronto, Canada 38–45, 50
early infrastructure 38
Casa Loma tunnels 43

Great Fire (1904) 38
Lakeshore psychatric hospital tunnels 43
map of sub-surface systems 44–45
PATH 40–41, 42–43
subterranean shopping 42–43
subway 38–42
underground waterways 42, 43
Vault, The 40
Tower Subway, London 101
trams 12
Barcelona 105
Berlin 152
Boston 64–65
Budapest 164
Buenos Aires 73
Madrid 83
Marseille 132
Milan 134–135
Mumbai 195
Munich 150
Oslo 138
Rotterdam 122, 125
Stockholm 169–172
Sydney 213
tsunamis 200
Tunel Emisor Oriente (TEO),
Mexico City 18
Tunnel du Rove, Marseille 132

U
Ultvedt, Per-Olof 172
Underground City, Montreal 47–50
USSR (Union of Soviet Socialist Republics) 182

V
Vatican City, Rome 142, 146, 147
Vaughan Metropolitan Centre,
Toronto 39
Vault, The, Toronto 40
vegetable growing 101
Vezér, Ferenc 160

W
Warhol, Andy 60
water management 108, 126, 151,
200–201
water supply
Beijing 199
Chicago 26
Gibraltar 80–81
Los Angeles 10, 11
Montreal 46–47
Toronto 42, 43
Weesperplein Station, Rotterdam
127, 128
Who Framed Roger Rabbit 12
Willem IV of Holland 122
Williams, Arthur Robert Owens 81
Williamson, Joseph 88–89
Woolwich foot tunnel, London 101
Workhorse and PAC 60
Wren, Christopher 95
Wright, Frank Lloyd 169
Wyman, Lance 22

Y
Yamate Tunnel, Tokyo 173, 200

Z
Zanjon de Granados, Buenos Aires 72,
74–75
Zero Carbon Food 101

資料出處

感謝

Author's appreciation for their assistance on compiling this book: Richard Archambault, Mike Ashworth, Jennifer Barr, Laura Bulbeck, Luca Carenzo, Pat Chessell, Roman Hackelsberger, Leo Frachet, Kate Gunning, Reka Komoli, Juan Loredo, Peter B. Lloyd, Geoff Marshall, Julian Pepinster, Maxwell Roberts, Chris Saynor, Rob Shepherd, Julia Shone, Guy Slatcher, Anna Southgate, Paul Talling, Adam Wales, Mike Walton, Lucy Warburton.